Beck-Wirtschaftsberater

Aktien

dtv

Beck-Wirtschaftsberater

Aktien

Grundlagen, Bewertung, Strategien

Von Dr. Dr. Gerald Pilz

Deutscher Taschenbuch Verlag

Im Internet:

dtv.de

beck.de

Originalausgabe
Deutscher Taschenbuch Verlag GmbH & Co. KG,
Friedrichstraße 1a, 80801 München

Druck und Bindung: Druckerei C. H. Beck, Nördlingen
(Adresse der Druckerei: Wilhelmstraße 9, 80801 München)
Satz: ottomedien, Weiterstadt
Umschlaggestaltung: Agentur 42 (Fuhr & Partner), Mainz

ISBN 978-3-423-50853-7 (dtv)
ISBN 978-3-406-56093-4 (C. H. Beck)

Vorwort

Die Altersvorsorge ist zu einem der wichtigsten Themen in Deutschland geworden, denn in Zukunft wird das Rentenniveau nur noch den Grundstandard abdecken. Viele Menschen machen sich bereits jetzt Sorgen um ihre finanzielle Absicherung im Alter. Doch die wenigsten Deutschen haben Aktien, da diese als risikoreich gelten. Wer jedoch mit kapitalbildenden Lebensversicherungen, Banksparplänen oder privaten Rentenversicherungen vorsorgt, erzielt nur eine mäßige Rendite.

Aktien hingegen haben im langfristigen Durchschnitt einen jährlichen Wertzuwachs von 10 bis 14 Prozent pro Jahr erreicht. Die 1980er und 1990er waren Boomjahre, die noch weit höhere Renditen mit sich brachten. So konnte die *Porsche*-Aktie in einem Zeitraum von 14 Jahren eine Wertsteigerung von 2600 Prozent erzielen. Die Aktie des Reifenherstellers *Continental* stieg innerhalb von 5 Jahren um mehr als 500 Prozent. Auch wenn solche Rekordwerte nicht alltäglich sind, erweist sich die Aktie als eine solide und gewinnträchtige Anlageform. Auch in den Schwellenländern in Osteuropa, Asien und Lateinamerika boomen die Aktienmärkte.

In diesem Buch erfahren Sie, was Sie bei der Aktienanlage berücksichtigen müssen und welche Strategien besonders lohnenswert sind, wie Sie kostengünstig Aktien kaufen und weshalb die Finanzplanung von erheblicher Bedeutung für Ihre Zukunft ist.

In der Weltwirtschaft des 21. Jahrhunderts werden Anleger, die auf innovative Unternehmen und neue, aufstrebende Märkte setzen, zu den Gewinnern zählen. In diesem Sinne wünsche ich Ihnen großen Erfolg.

Kornwestheim, im Mai 2007 *Gerald Pilz*

Inhaltsverzeichnis

1. Einführung

Stellen Sie sich bitte folgendes Szenario vor: Im Jahre 1993 legen Sie jeweils 10.000 Euro in einer Lebensversicherung, in den DAX und in **Porsche**-Aktien an. Im Jahre 2007 sind aus der Lebensversicherung 17.000 Euro geworden. Ihre Anlage in den DAX, der die wichtigsten Aktiengesellschaften Deutschlands zusammenfasst, hat Ihnen 60.000 Euro eingebracht. Wären Sie damals mutig gewesen und hätten die gesamte Summe auf den Stuttgarter Sportwagenhersteller Porsche gesetzt, dann könnten Sie heute 270.000 Euro Ihr Eigen nennen.

Angesichts solcher Zahlen verwundert es, dass die Mehrzahl der Deutschen Altersvorsorge in erster Linie mit Lebensversicherungen in Verbindung bringt. Erst als der Gesetzgeber die steuerlichen Vergünstigungen einschränkte, verloren die Policen an Attraktivität. Dennoch haben auch heute viele Haushalte oft mehrere kapitalbildende Lebensversicherungen. Gleich an zweiter Stelle folgen Bausparverträge und Banksparpläne. Die Aktie hingegen fristet hierzulande ein Schattendasein und gilt bei vielen als risikoreich. In den USA und in Schweden hingegen erreicht die Altersvorsorge mit Aktienanlagen einen Spitzenwert.

Was ist nun der Vorteil von Aktien? Stellen Sie sich bitte vor, Sie kaufen eine Anleihe. Dann schuldet Ihnen der Emittent den Betrag, den Sie ihm geliehen haben. Dafür erhalten Sie regelmäßig Zinsen. Eine sichere Sache - werden Sie sagen. Tatsächlich sind die meisten Staatsanleihen der EU-Länder und Nordamerikas relativ sicher. Sie können also darauf vertrauen, dass Sie Ihr Geld zurückerhalten. Wenn man allerdings bedenkt, dass Deutschland mit 1,4 Billionen Euro (zur Erinnerung; eine Billion ist eine Eins mit 12 Nullen) verschuldet ist, dann erkennt man, dass Anleihen keineswegs eine so zuverlässige Angelegenheit sind, wie immer vermutet wird. Natürlich wird Deutschland den Verpflichtungen dank des hohen Steueraufkommens jederzeit nachkommen können, aber niemand wagt zu prognostizieren, wie der Schuldenstand im Jahre 2030 oder 2050 sein wird, zumal schon jetzt laufende Tilgungen durch Umschuldungen finanziert werden. Der Staat hat die Möglichkeit, international Schulden aufzunehmen, und die weltweiten Gläubiger nehmen natürlich an, dass das Steueraufkommen auch in Zukunft kräftig sprudeln wird. Solange das Karussell der Umschuldungen funktioniert, fragt niemand genauer nach. Schon jetzt muss der Staat ein Viertel des gesamten Haushalts für Zinszahlungen und Schuldentilgungen aufwenden.

Wenn Sie Anleihen für sicher halten, muss ich Sie also enttäuschen. Hinzu kommt, dass nach Abzug der Inflationsrate die reale Verzinsung relativ niedrig ist. Lebensversicherungen investieren überwiegend in Anleihen, deshalb liegt die Durchschnittsrendite bei mageren 3 bis 5 Prozent. Wenn Sie davon eine durchschnittliche Inflationsrate von zwei Prozent abziehen, erhalten Sie ein bescheidenes Ergebnis. Eine Anleihe ist letztlich nur eine Art Schuldschein; wenn der Schuldner Insolvenz anmelden muss oder nicht mehr die Zinsen zahlen kann, sind Sie der Verlierer.

Wie sieht es mit Immobilien aus? Für viele Geldanleger haben Immobilien geradezu eine magische Ausstrahlung und üben eine seltsame Faszination aus, denn ein Haus ist für die meisten Menschen ein prestigeträchtiges Statussymbol. Im eigenen Heim fühlt man sich geborgen und sicher. Tatsächlich haben Untersuchungen ergeben, dass Hauseigentümer wohlhabender und reicher als Mieter sind. Dies liegt jedoch weniger an den vermeintlich hohen Renditechancen von Immobilienanlagen, sondern an der Disziplin, die mit einer langfristigen Baufinanzierung verbunden ist. Immerhin laufen viele Kredite in diesem Bereich fast 30 Jahre, und so hat der Kauf eines Hauses oder einer Eigentumswohnung die Wirkung, dass sich Eigentümer mehr Gedanken über ihre finanzielle Zukunft machen und fleißig sparen. Gerade der Automatismus, dass die Bank jeden Monat Zins und Tilgung vom Konto abbucht, trägt zum beständigen Vermögensaufbau bei.

Nüchtern betrachtet erscheinen aber Immobilien in einem anderen Licht. Der Wert Ihrer Immobilie hängt entscheidend von der Lage ab. Auch wenn Sie ein noch so wunderschönes Haus in Mecklenburg-Vorpommern besitzen, wird die Wertentwicklung bescheiden sein. Im Zweifelsfall verlieren Sie sogar Geld. Ein renovierungsbedürftiger Altbau im Stadtzentrum von München hingegen wird auch dann an Wert zulegen, wenn Sie kaum Sanierungsarbeiten vornehmen lassen, da der Grund und Boden allein einen beträchtlichen Wertzuwachs verzeichnen wird. Die meisten Hauseigentümer kennen den Wert ihrer Immobilie nicht genau und sind daher auch bei Verlusten nicht sonderlich beunruhigt. Immobilien erzielen im langfristigen Durchschnitt bei sehr guter Lage eine Rendite von zirka 4 Prozent; die meisten Wohngebäude schneiden aber schlechter ab. Als Altersvorsorge eignet sich daher diese Anlageklasse nur bedingt. Bei fremdvermieteten Häusern und Eigentumswohnungen kann man zumindest durch steuerliche Vorteile eine etwas höhere Rendite erzielen, die aber nur Besserverdienenden zugute kommt. Ein häufig vorgebrachtes Argument ist, dass ein selbstgenutztes Eigenheim zumindest Sicherheit schafft und einem im Alter die Miete erspart. Ist dieses Argument plausibel?

Aus psychologischer Sicht schafft ein eigenes Haus natürlich Sicherheit und Geborgenheit. Doch angesichts eines angespannten Arbeitsmarktes wird in Zukunft Flexibilität großgeschrieben. Führungskräfte, die nicht bereit sind, um ihrer Karriere willen von München nach Hamburg oder gar nach London zu ziehen, werden schnell zu den Schlusslichtern zählen und auf einer unteren Führungsebene verbleiben. In einer globalisierten Weltwirtschaft mutet der alteingesessene Hauseigentümer, wie man ihn von den Dörfern kennt, wie ein Anachronismus an. Und wie sieht es im Alter aus? Aufgrund der ständig steigenden Lebenserwartung ist die Wahrscheinlichkeit, dass Sie eines Tages pflegebedürftig werden, gewachsen. Sie mögen mit 70 noch Ihren eigenen Haushalt führen können, doch wie sieht es mit 80 oder 90 Jahren aus? „Dann werden mich meine Kinder pflegen und mit mir im eigenen Haus wohnen“, werden Sie an dieser Stelle entgegnen. Das ist natürlich eine Illusion, denn Ihre Kinder werden inzwischen in einer anderen Stadt oder in einem anderen Land leben und nicht mehr bereit sein, in ihr Elternhaus zurückzukehren.

Sie werden im Zweifelsfall, so bitter es klingen mag, auf einen Pflegedienst angewiesen sein. Da die Pflegeversicherung langfristig auf eine Krise zusteuert, was aufgrund der Umlagefinanzierung und der Bevölkerungsentwicklung wenig erstaunlich ist, werden

Sie einen Großteil der horrenden Pflegekosten selbst tragen müssen. Im schlimmsten Fall werden Sie gezwungen sein, Ihr Haus zu veräußern.

Und wie sieht die Rendite aus? Vielfach wird vorgebracht, dass Mieter ein Leben lang zahlen, aber Hauseigentümer gleichsam mit den Zinsen und Tilgungsraten ihr Kapital aufbauen. Eine solche Rechnung vernachlässigt einen Aspekt, den man in der Betriebswirtschaftslehre die Opportunitätskosten nennt. Wenn Sie ein Haus kaufen, investieren Sie Hunderttausende von Euro in ein Gebäude und ein Grundstück, dessen Wert einzig und allein von der Lage abhängt. In gewisser Weise spielt natürlich auch die Innenausstattung eine Rolle. Wenn Sie Pech haben und in einer Region wie Mecklenburg-Vorpommern, Sachsen-Anhalt oder Brandenburg leben, sinkt der Wert Ihrer Immobilie oder deren Rendite tendiert über Jahre gegen Null. In München, Stuttgart oder Frankfurt am Main haben Sie vielleicht mehr Glück und bringen es auf eine Durchschnittsrendite von 4 Prozent. Nach Abzug einer Inflation von zirka zwei Prozent bleiben Ihnen bescheidene zwei Prozent Rendite. Wenn Sie dagegen Ihr Kapital am Aktienmarkt angelegt hätten, dann wäre Ihnen über einen Zeitraum von 10 oder 20 Jahren eine Rendite von 10 bis 14 Prozent pro Jahr sicher gewesen. Insgesamt betrachtet binden Wohnimmobilien enorme Mengen an Kapital bei einer spärlichen Verzinsung. Wenn Sie unbedingt ein Haus kaufen wollen, sollten Sie die Grundlage für die Finanzierung durch Aktien oder andere Wertpapiere schaffen.

Und welchen Vorteil bieten nun Aktien? Stellen Sie sich vor, Sie kaufen Porsche- oder *IBM*-Aktien. Was ist der Unterschied zu einer Immobilie oder Anleihe? Wenn Sie eine Aktie kaufen, werden Sie Miteigentümer eines Unternehmens, d.h. ein Bruchteil des Unternehmens gehört Ihnen. Viele Anleger machen sich diesen Sachverhalt nicht wirklich bewusst; denn aufgrund der elektronischen Verwaltung sind für die meisten Anleger Aktien Zahlen auf einem Depotauszug.

Wenn Sie als Aktionär ein Unternehmen besitzen, verfügen Sie über Gebäude, Maschinen und Patente. Jeden Tag arbeiten dort Tausende von hoch qualifizierten Ingenieuren, Informatikern,

Kaufleuten, Marketingexperten, die Kunden suchen, neue Ideen und technische Innovationen entwickeln. Eine Anleihe hingegen ist nur ein Stück Papier, auf dem Ihnen der Schuldner verspricht, seine Verbindlichkeiten mit Zinsen pünktlich zurückzuzahlen.

Wenn es einer Biotechnologie-Firma nach jahrelanger Forschung gelänge, einen Impfstoff gegen Krebs, ein Medikament gegen Multiple Sklerose oder einen Chip zu entwickeln, der Blinde sehend macht, dann würde der Aktienkurs dieses Unternehmens sich über Nacht vervielfachen. Denken Sie an ein anderes Beispiel. Als 1986 ein völlig unbekanntes Unternehmen namens Microsoft zum ersten Mal an der amerikanischen Technologiebörse NASDAQ notiert wurde, nahm es kaum jemand zur Kenntnis. Denn zu dieser Zeit konkurrierten mehrere Betriebssysteme auf dem PC-Markt miteinander, und kaum ein Privathaushalt besaß damals einen eigenen Computer. Wer auf die unbekannte Firma 100 Dollar gesetzt hätte, wäre heute Multimillionär. Natürlich gibt es nicht nur Shooting Stars und Überflieger wie *Microsoft*, *Nokia* und *Porsche* an der Börse, aber es ist vorteilhafter, Geld in ein Unternehmen als in eine Anleihe oder ein Haus zu investieren.

Fragen Sie doch einmal Ihre Kinder beim Frühstückstisch, was ein *Porsche* ist. Selbst Ihre fünfjährige Tochter oder Ihr neunjähriger Sohn werden Ihnen auf Anhieb beschreiben können, wie so ein Sportwagen aussieht. Wenn Sie die Aktien haben, gehört Ihnen gleichsam ein Teil des Geländes und des Gebäudes in Stuttgart-Zuffenhausen. Sie sind Miteigentümer der Montagehalle und der Förderbänder, der wichtigen Patente und Konstruktionspläne; für Sie arbeiten jeden Tag Tausende von Ingenieuren, die sich tagein, tagaus Gedanken machen, wie der beste Automotor der Welt aussehen könnte. Schon die Tatsache, dass selbst Ihre Kinder wissen, wie eine solche Nobelmarke aussieht, erklärt auch, warum der Sportwagenhersteller innerhalb von 14 Jahren eine Wertsteigerung von 2600 Prozent erzielen konnte.

Wenn Sie eine Reihe von Qualitätsaktien auswählen, werden Sie auch in Zukunft zu den Gewinnern zählen; denn nur Unternehmen können langfristig Wohlstand schaffen.

1.1 Was ist eine Aktie?

Eine Aktie ist ein Wertpapier, das für einen Anteil an einem Unternehmen steht. Aktien werden in der Regel an der Börse gehandelt. Das ist für Sie ein großer Vorteil, denn dadurch können Sie jederzeit Ihr Wertpapier veräußern. Es dauert nur ein paar Tage, bis die Bank den Gegenwert auf Ihrem Konto gutschreibt. Es gibt noch andere Möglichkeiten, sich an Unternehmen zu beteiligen – beispielsweise durch einen GmbH-Anteil. Gut verdienende und lukrative mittelständische Unternehmen haben in Deutschland häufig die Rechtsform einer GmbH; einen solchen Anteil können Sie nur erwerben, wenn das Unternehmen einverstanden ist und die einzelnen vertraglichen Rahmenbedingungen geklärt sind. Jedoch ist die Übertragung eines solchen Anteils mit vielen formaljuristischen Finessen verbunden, und es nimmt einige Zeit in Anspruch. Auch der Wiederverkauf ist sehr problematisch, da es für GmbH-Anteile keinen offenen und transparenten Markt gibt.

Der Kauf einer Aktie hingegen ist in ein paar Sekunden zu bewerkstelligen. Bei einem Online-Broker können Sie mit ein paar Mausklicks die gewünschte Aktie ordern. Heutzutage werden Aktien nicht mehr in Form einer Urkunde ausgehändigt; vielmehr werden die Papiere elektronisch verwaltet. Vor einigen Jahrzehnten wurden Aktien noch als richtige Wertpapiere den Kunden ausgehändigt und zu Hause oder im Schließfach der Bank verwahrt. Die meisten Unternehmen gestalteten ihre Aktien aufwändig im Druck und versahen sie mit kostbaren Vignetten und einem ansprechenden Design. Solche alten Aktien bezeichnet man als Nonvaleurs, und sie werden heute wie Briefmarken oder Münzen gesammelt und auf Auktionen versteigert. Man hat lange Zeit nach einem Namen für dieses Sammelgebiet gesucht und schließlich das Kunstwort „Scripophilie" geprägt, das aber weniger gebräuchlich ist. Inzwischen gibt es kunstvoll aufgemachte Kalender, die aus solchen Aktien bestehen. Ähnlich wie bei seltenen Briefmarken lassen sich auch mit historischen Wertpapieren gelegentlich beträchtliche Gewinne erzielen. Obwohl das Gros der alten Aktien nur geringe Wertsteigerungen vorweisen kann, gibt es einzelne Ausnahmen. Was kaum bekannt sein dürfte: Goethe war nicht nur einer der bedeutendsten Dichter der Literaturgeschichte, sondern verdiente seinen Lebensunterhalt in Weimar als – wie wir es heute nennen würden – Bergbauminister. Anteile an solchen Unternehmen, die heute keine Rolle mehr spielen, nennt man Kuxe. Es sind Originalkuxe aus jener Zeit erhalten, die persönlich von dem Dichter signiert wurden. Mit solchen historischen Wertpapieren werden auf Auktionen Rekordsummen erreicht. Dasselbe gilt für historische Aktien, die von berühmten Industriemagnaten wie *Werner von Siemens* oder den Tycoons amerikanischer Industriedynastien wie *Carnegie* oder *Ford* unterzeichnet wurden. Heutzutage werden Aktien jedoch ausschließlich elektronisch verwaltet und erscheinen dem Anleger nur als Zahlen auf einem Depotauszug oder auf dem Bildschirm.

Aufgrund der intensiven Berichterstattung in den Medien glauben viele, dass es in Deutschland unzählige Aktiengesellschaften gibt. Tatsache ist aber, dass nur schätzungsweise ein Prozent aller deutschen Unternehmen die Rechtsform einer Aktiengesellschaft hat. Die überwältigende Mehrheit besteht – so erstaunlich das klingen mag – aus Einzelunternehmen. Selbst GmbHs sind relativ selten. In Deutschland gibt es rund 1000 Aktiengesellschaften, die an den Wertpapierbörsen notiert sind. Nicht jede Aktiengesellschaft hat auch eine Börsenzulassung, denn es ist durchaus möglich, eine Aktiengesellschaft zu gründen, ohne an die Börse zu gehen. Mit solchen Wertpapieren sollten Sie als Anleger aber äußerst vorsichtig sein; da diese Aktien nicht an der Börse notiert sind, kann ihr Preis auch nicht objektiv bestimmt werden. Wenn Ihnen Prospekte oder Broschüren ins Haus flattern, die für solche Aktien werben, sollten Sie das Angebot anlehnen; denn solche nicht börsennotierten Aktien sind äußerst riskant, da es für sie keinen transparenten Markt gibt.

Neben den deutschen Aktien sind viele ausländische Aktien erhältlich, die in Frankfurt am Main oder anderen deutschen Börsenplätzen notieren. Ihre Zahl liegt bei mehreren Tausend. Am häufigsten vertreten sind Aktien aus anderen EU-Ländern und Nordamerika. Nahezu jede wichtige Aktiengesellschaft aus den USA kann an einer deutschen Börse erworben werden. Aber auch

Papiere aus weniger gängigen Ländern wie China, Russland, Indien, Kroatien, Polen und Rumänien sind in Deutschland notiert.

Sie sollten beim Kauf ausländischer Aktien Folgendes beachten: Schauen Sie sich im Internet auf den entsprechenden Plattformen Ihrer Hausbank oder einer Direktbank die Börsenumsätze an, wenn Sie das Wertpapier aufrufen. Sind die Umsätze in Deutschland sehr niedrig, empfiehlt es sich, das Papier im Ausland zu ordern. Denn niedrige Börsenumsätze führen schon bei geringen Kaufaufträgen zu enormen Ausschlägen. An der ausländischen Börse hingegen ist genügend Liquidität vorhanden, so dass Sie dort auch größere Aufträge platzieren können. Viele Direktbanken bieten beispielsweise den Börsenhandel in den USA zu fast denselben Konditionen wie in Deutschland an. Problematischer wird es, wenn Sie eine Aktie direkt in Hongkong oder beispielsweise in Shanghai oder an einem anderen exotischen Börsenplatz kaufen wollen. Während es in der Finanzmetropole Hongkong noch relativ billig sein mag, ist es in Shanghai bereits teurer. Ein Kauf im Ausland ist stets mit höheren Gebühren verbunden.

1.2 Für wen sind Aktien geeignet?

In Deutschland stoßen Aktienanlagen häufig auf Vorbehalte, denn viele Anleger wollen ihr Geld sicher anlegen. Sie sollten dabei bedenken, dass jede Geldanlage von vier Faktoren bestimmt wird, die man auch als das magische Viereck der Geldanlage bezeichnet:

- Rendite
- Liquidität
- Risiko
- Steueroptimierung

Manchmal spricht man auch vom magischen Dreieck, wenn die steuerlichen Aspekte ausgeblendet werden. Diese vier Gesichtspunkte können niemals gleichermaßen optimiert werden, daher wird dieser Zusammenhang als „magisch“ bezeichnet. Wenn Sie eine hohe Rendite anstreben, können Sie Ihr Risiko nicht völlig reduzieren. Je höher die Gewinnchancen eines Investments sein sollen, desto größer ist das Risiko, das Sie eingehen müssen. Mit einer Anleihe erzielen Sie aktuell in Deutschland eine Verzinsung von 4 Prozent. Wenn Sie eine Aktie nehmen, kommen Sie vielleicht auf eine Rendite von 10 Prozent; und wenn Sie Glück haben, erreichen Sie mit einem Optionsschein oder einem Hebelzertifikat innerhalb weniger Monate eine Wertsteigerung von über 100 Prozent. Doch das Risiko ist unterschiedlich: Eine Anleihe der Bundesregierung ist relativ sicher. Eine Aktie kann bei einem Börsencrash beträchtlich sinken. Manche Technologieaktien verloren mit dem Niedergang des Neuen Marktes und der New Economy innerhalb weniger Monate mehr als 90 Prozent ihres Wertes. Wenn das Unternehmen insolvent wird, können Sie mit einer Aktie alles verlieren. Noch drastischer ist es, wenn Sie auf Derivate wie Optionsscheine oder Hebelzertifikate setzen. Bei diesen Anlageinstrumenten kann innerhalb von wenigen Minuten oder Stunden ein Totalverlust entstehen, wenn Sie die Marktlage und die Börsentendenz nicht richtig einschätzen.

Eine Geldanlage mit hoher Rendite und niedrigem Risiko gibt es nicht. Beide Ziele schließen sich aus. Dasselbe gilt für den Zusammenhang von Rendite und Liquidität. Wenn Sie Ihr Geld kurzfristig anlegen, es also jederzeit flüssig machen können, dann bekommen Sie eine niedrigere Verzinsung als bei einer langfristigen Anlage. Besonders bei Termingeldern wird dieser Zusammenhang anschaulich: Ein Termingeld mit einer Kündigungsfrist von einem Monat hat eine niedrigere Verzinsung als eines, das auf drei Monate festgelegt wurde. Analog verhält es sich mit der Steueroptimierung: Wird Geld langfristig angelegt, müssen zumindest, solange es noch nicht die geplante Abgeltungssteuer gibt, Kursgewinne nach einem Jahr nicht versteuert werden. Bei Geschäften mit Optionsscheinen, die häufig nur wenige Monate oder Wochen gehalten werden, entstehen steuerpflichtige Spekulationsgewinne.

Das magische Viereck beschreibt zwar die idealen Ziele einer Geldanlage; diese können aber niemals gleichzeitig erreicht werden, da sie sich ausschließen.

Für wen eignen sich nun Aktien? Aktien eignen sich vor allem für Anleger, die eine hohe Rendite erreichen wollen, aber auch bereit sind, ein gewisses Risiko in Kauf zu nehmen.

Sie sollten Aktien nur kaufen, wenn Sie einen Verlust von 40 bis 50 Prozent verkraften können. In der Realität ist das Risiko natürlich geringer, da es Strategien gibt, mit deren Hilfe man sich gegen einen solchen Verlust wappnen kann. Da es aber auch Börsencrashs, politische Turbulenzen und andere Unwägbarkeiten gibt, sollten Sie vorsorglich mit einem Verlustrisiko von 50 Prozent rechnen. Bei Technologieaktien oder Werten aus Schwellenländern wie China, Indien, Lateinamerika und anderen Regionen, die als Emerging Markets bezeichnet werden, ist das Verlustrisiko noch deutlich größer.

Aktien sind daher nichts für ängstliche Naturen, die ihre Verzinsung bis auf die zweite Stelle hinter dem Komma berechnen möchten. Falls Sie vor einem solchen beträchtlichen Verlustrisiko zurückscheuen, sollten Sie Ihr Geld lieber in Qualitätsanleihen, Bausparverträgen oder gut bewerteten Immobilien anlegen. Nichts ist ärgerlicher, als wenn Sie schlaflose Nächte mit Ihren Aktien verbringen und bereits beim Frühstückstisch aufgeregt die Aktienkurse im Fernsehen verfolgen und bei jedem Euro und bei jedem Cent Verlust um Ihr Geld zittern.

Andererseits sollten Sie berücksichtigen, dass das Risiko bei allen Geldanlagen durch geschickte Strategien gesenkt werden kann. Zwar ist es nicht möglich, das Risiko völlig zu beseitigen, denn auch das Leben selbst ist mit vielen Risiken behaftet, aber Sie können zumindest einige der Gefahren reduzieren oder ganz ausräumen.

Einer der wichtigsten Grundsätze, der für alle Investments gilt, ist das Prinzip der Streuung oder Diversifikation. Die Alltagsweisheit, man solle nie alle Eier in einen Korb legen, gilt auch hier. Wenn Ihr Depot nur eine Aktiengesellschaft enthält, sind Sie auf Gedeih und Verderb diesem Unternehmen ausgeliefert. Wenn das Unternehmen Insolvenz anmeldet, haben Sie alles verloren. Wenn Sie hingegen 100 verschiedene Aktien besitzen, ist die Streuung so groß, dass ein Totalverlust auf jeden Fall ausgeschlossen ist. Das Prinzip der Streuung oder Diversifikation lässt sich noch perfektionieren. Durch Untersuchungen weiß man beispielsweise, dass manche Aktien sich stets in die gleiche Richtung bewegen, während andere gegenläufig sind. Wenn beispielsweise Ölaktien steigen, sinken die Aktien der Airlines. Der Grund dafür ist, dass steigende Erdölpreise die Gewinne von Airlines schmälern. Ein solcher Zusammenhang wird in der Mathematik als Korrelation bezeichnet. Wenn zwei Aktien sehr stark korrelieren, d.h. sich immer in die gleiche Richtung entwickeln, tragen sie nicht zur Streuung des Depots bei. Sie sollten bei der Zusammensetzung Ihrer Aktienauswahl vor allem darauf achten, dass die Aktien darin wenig miteinander korrelieren, d.h. sich gegenläufig entwickeln und damit das Depot austarieren. Wenn beispielsweise Ihre Automobilaktien gerade schwächeln, steigen dafür Ihre Chemie- oder Pharmawerte. Das Verlustrisiko von Aktien lässt sich dadurch deutlich senken. Nun werden Sie sich fragen, wie viele Aktien sollte man in einem Depot haben. Ein Börsenexperte gab darauf die vollmundige Antwort: So viele, wie Sie sich Kinder zu erziehen zutrauen. Bevor Sie nun ernsthaft Ihre pädagogischen Fähigkeiten überprüfen, sollten Sie Folgendes beachten: Zu wenige Aktien in einem Depot bedeuten ein zu großes Risiko. Ein gut gestreutes Depot umfasst daher zirka 4 bis 7 verschiedene Aktien. Wenn Sie mehr Aktien in Ihrem Depot haben, laufen Sie Gefahr, dass Sie den Überblick verlieren. Wer 20 Aktien in seinem Portefeuille hat, besitzt im Grunde nur ein Sammelsurium unterschiedlicher Werte, die nicht sinnvoll betreut, analysiert und beobachtet werden können.

Aber selbst 4 oder 7 Werte stellen noch ein relativ großes Risiko dar, denn die Streuung ist auch hierbei relativ gering. Daher ist es für alle Anleger empfehlenswert, unter Aktienanlage nicht nur den Kauf einzelner Aktien zu verstehen, sondern auch andere indirekte Aktienanlagen mit einzubeziehen. Hierzu gehören vor allem Zertifikate und Aktienfonds. Nur durch solche Instrumente ist eine große Streuung gewährleistet. Darüber hinaus sollten Sie bei der Aktienauswahl (dem Stockpicking) einer wissenschaftlich fundierten Strategie folgen.

Das Prinzip der Streuung beschränkt sich nicht nur auf Aktien oder aktienähnliche Investments, sondern bezieht sich auf alle Geldanlagen. Die Diversifikation beginnt bereits bei der Auswahl und Zusammenstellung der Vermögens- oder Assetklassen. Darunter versteht man eine grundsätzliche Einteilung aller Anlageformen in Aktien, Anleihen, Rohstoffe und Immobilien. Ihr Geld ist nur dann sicher angelegt, wenn Sie neben Aktien auch diese anderen Assetklassen besitzen. Der Grund dafür ist, dass sich Rohstoffe, Anleihen und Immobilien anders verhalten und andere Zyklen haben als die Aktienmärkte. Als beispielsweise im Jahr 2001 die Börsen wegen der Krise der Technologie- und Internetwerte auf Talfahrt gingen, begann ein weltweiter Boom der Immobilien und der Rohstoffe. Gold, Platin und viele Industriemetalle erreichten rekordverdächtige Wertsteigerungen. Der Immobilienmarkt in Großbritannien und in den USA verbuchte enorme Zuwächse, während die Technologieaktien ins Bodenlose fielen und den Anlegern Verluste von über 90 Prozent bescherten.

Darüber hinaus sollten Sie beachten, dass auch Währungen ein Risiko darstellen. Wenn Sie eine ausländische Aktie oder eine Fremdwährungsanleihe kaufen, gehen Sie immer ein Währungsrisiko ein, auch wenn die Aktie an der deutschen Börse in Euro notiert. Lassen Sie sich davon nicht blenden: Ein ausländisches Unternehmen notiert stets in der Heimatwährung – es erfolgt nur eine Umrechnung in Euro. Dasselbe gilt übrigens auch für Indizes, die nicht durch ein so genanntes Quanto-Zertifikat speziell währungsgesichert sind. Der Dow Jones bezieht sich immer auf den US-Dollar, der Nikkei-Index auf den japanischen Yen.

Ein solches Währungsrisiko erkennen Sie auch bei Fremdwährungsanleihen: Während Sie beispielsweise für eine Bundesanleihe, die in Euro notiert, nur 4 Prozent erhalten, bekommen Sie für eine Anleihe in türkischen Lira fast 18 Prozent Zinsen pro Jahr. Das Risiko ist aber beträchtlich, denn wenn die türkische Volkswirtschaft eine Wachstumspause einlegt oder die Inflation zu sehr zunimmt, droht der Wechselkurs der Lira gegenüber dem Euro nachzugeben. Im schlimmsten Fall büßt die Lira 30 oder 40 Prozent ein, und dann ist ein Zinssatz von 20 Prozent zu niedrig, da Sie unweigerlich Verluste machen. Währungsprognosen sind selbst für Experten äußerst schwierig, und viele Vorhersagen erweisen sich im Nachhinein als falsch. Bei Ihrer Geldanlage sollten Sie daher stets das Währungsrisiko beachten. Natürlich sollten auch Ihre Investments über eine Vielzahl von Währungen gestreut sein, aber der Euro sollte einen größeren Anteil einnehmen.

Nach diesen Betrachtungen zum Risiko sollten man noch folgendes Argument berücksichtigen. Auch wenn Aktien in einem Jahr im schlimmsten Fall 50 Prozent verlieren können (oder bei Technologieaktien sogar 90 Prozent oder alles), lässt sich das Risiko erheblich verringern, wenn Sie Ihr Geld auf verschiedene Vermögensklassen verteilen. Wenn Sie neben Aktien auch Anleihen, Rohstoffe und Immobilien haben, sind Sie wesentlich besser geschützt. Darüber hinaus sollten Sie das Risiko auf eine Vielzahl von Aktien oder aktienähnlichen Anlagen verteilen. Wenn Sie beispielsweise ein Indexzertifikat auf den amerikanischen Index S&P500 kaufen, verteilt sich Ihr Risiko auf über 500 nordamerikanische Aktien, die in diesem Index zusammengefasst sind.

Eine andere, aber wesentlich weniger preisgünstige Möglichkeit besteht darin, Aktienfonds zu kaufen. Bei einem Aktienfonds werden im Durchschnitt 50 bis 100 verschiedene Aktien gehalten und aktiv vom Management betreut. Natürlich können Sie Ihr Depot auch um einzelne Aktien ergänzen, aber das Risiko steigt dann natürlich, vor allem wenn Sie nur 4 bis 7 Einzelwerte haben. Im Zweifelsfall ist es besser, auf eine breite Streuung durch Aktienfonds und Zertifikate zu setzen.

Das Risiko einer solch diversifizierten Aktienanlage reduziert sich noch beträchtlich, wenn Sie einen langen Zeitraum festlegen. Wenn Sie Aktien oder aktienähnliche Anlagen nur ein Jahr oder ein paar Monate halten, gehen Sie ein enormes Risiko ein, da niemand die Wertentwicklung einer Aktie für einen solch kurzen Zeitraum sicher und fundiert prognostizieren kann. Lassen Sie sich nicht durch die Zielkurse beirren, die in fast allen Börsenzeitschriften angegeben werden. Diese Zielkurse beruhen zwar meist auf der Auswertung von Bilanzkennzahlen und technischen Analysen, sind aber in der Realität nur Anhaltspunkte. Ein Zeitraum von einem Jahr ist zu kurz, um die Entwicklung einer Aktie sinnvoll vorhersagen zu können. Manche Aktien verlieren in einem Jahr 40 Prozent, andere steigen um 70 Prozent. Wie die Finanzmarktforschung zeigt, kann es sich hierbei um statistische Ausreißer handeln, die viel größer ausfallen können, als man bislang vermutete, wie die so genannte fraktale Analyse belegt. Je länger

Sie aber eine Aktie halten, desto mehr pendelt sich der Wert auf die Durchschnittsrendite von 10 bis 14 Prozent pro Jahr ein.

Nach fünf Jahren ist das Risiko eines Verlustes bereits deutlich niedriger, und nach zehn Jahren kann man ein Verlustrisiko – zumindest bei einem Index – fast ausschließen. Nehmen wir als Beispiel den DAX. Wenn Sie 1999 in der Boomphase ein DAX-Zertifikat erworben hätten, dann hätten Sie bis zum März 2003 nur Verluste gemacht. Der DAX fiel von über 8000 Punkten auf klägliche 2500 Punkte. Im DAX sind die 30 größten Standardwerte enthalten, diese konnten sich in der Baisse noch einigermaßen behaupten. Technologieaktien stürzten dagegen in einen Abgrund. Der NEMAX, der Aktienindex des Neuen Marktes, der inzwischen abgeschafft wurde, büßte über 90 Prozent seines Wertes ein.

Im Jahre 2007 sieht die Rechnung für den DAX bereits sehr viel besser aus; der Aktienindex ist inzwischen auf 6900 Punkte geklettert. Zwar würde ein Anleger damit immer noch unter dem Einstandskurs von 8000 Punkten liegen, aber in einem Zeitraum von zehn Jahren dürfte dieser Verlust wieder behoben sein.

Sie werden nun argumentieren, dass ein Investment in den DAX seit dem Jahr 1999 wenig eingebracht hätte. Das ist richtig, aber bedenken Sie das Prinzip der Streuung: Wenn Sie Ihr Geld auch in den Aktienmärkten anderer Länder wie China, Russland oder Indien angelegt hätten, hätten Sie eine Rendite von mehreren hundert Prozent erzielt. Das Risiko an den Aktienmärkten ist relativ gering, wenn Sie Ihre Investments über eine Vielzahl von Aktien (über Zertifikate und Aktienfonds) und Aktienmärkten streuen und für einen Zeitraum von mindestens zehn Jahren planen.

Falls Sie nun trotzdem Lebensversicherungen und Immobilien bevorzugen, muss ich Ihnen sagen, dass solche Anlageformen ebenfalls Risiken in sich bergen. Beispielsweise sind Lebensversicherungen intransparent; Sie erfahren bislang nicht, wie hoch die Verwaltungsgebühren und Vertriebskosten sind. Die Durchschnittsrendite von Lebensversicherungen liegt zwischen 3 bis 5 Prozent; der gesetzliche Garantiezins wurde im Jahre 2007 sogar auf 2,25 Prozent abgesenkt, d.h. wenn Ihre Lebensversicherung nicht genügend Rendite erwirtschaftet, muss sie gesetzlich nur den Garantiezins bezahlen. Wenn Sie davon eine jährliche Inflationsrate von 2 Prozent abziehen, erreicht Ihre Geldanlage kaum noch eine reale Verzinsung.

Viele Menschen sind der Auffassung, Altersvorsorge habe etwas mit Versicherungen zu tun; in Wirklichkeit ist die Altersvorsorge in erster Linie ein Geldanlageproblem. Wie dramatisch der Unterschied ausfallen kann, zeigt Ihnen eine Modellrechnung. Nehmen wir einmal an, Sie legen im Alter von 30 Jahren einen Geldbetrag von 10.000 € mit einer Rendite von 4 Prozent bei einer Lebensversicherung und mit 10 Prozent in einer breit gestreuten Aktienanlage bis zu Ihrem 65. Lebensjahr an. Der Versicherungsnehmer hat dann ein Endkapital von 39.460 €, während der Aktionär auf 281.024 € kommt. Der Aktionär hat aufgrund des langen Zeitraums mehr als das 7-fache erwirtschaftet. Angesichts solcher Zahlen gehen Sie eher ein enormes Risiko ein, wenn Sie Ihre Altersvorsorge auf vermeintlich sichere Anlageformen beschränken und nur eine niedrige Rendite erzielen.

Wie sicher sind denn diese 10 Prozent der Aktienanlage? Wenn Sie Ihr Depot für einen Zeitraum von mindestens 10 oder besser 20 Jahren planen, die Werte über Zertifikate und Aktienfonds breit über viele Regionen der Welt streuen, dann sind 10 Prozent im langfristigen Jahresdurchschnitt realistisch. Mit einzelnen Strategien, die wissenschaftlich untersucht wurden, konnte man sogar in Modellstudien höhere Renditen erzielen als der Durchschnitt des jeweiligen Aktienmarktes.

Für Ihren Aktienanteil am Depot gibt es eine Faustregel, die Sie jedoch flexibel und Ihren Verhältnissen angepasst handhaben sollten: 100 minus Lebensalter = Aktienanteil in Prozent. Wenn Sie jetzt 30 Jahre alt sind, wäre ein Aktienanteil von 70 Prozent nach dieser Regel sinnvoll. In der Realität sollten Sie sich aber an Ihren persönlichen Lebensumständen orientieren. Eine solche schematische Regel eignet sich nicht für jeden Anlegertyp. Eine andere Regel besagt, man solle das gesamte Vermögen zu jeweils einem Drittel in Aktien, Anleihen und Immobilien anlegen. Da Rohstoffe in den letzten Jahren in Mode gekommen sind, müsste man heute auch einen angemessenen Rohstoffanteil berücksichtigen. Bei Immobilien sollten Sie nicht nur an ein Eigenheim oder an fremdvermietete Wohnungen denken, sondern auch an Immobilienaktien, -zertifikate und so genannte REITs, Real Estate Investment Trusts, die in Deutschland erstmals 2007 eingeführt wurden. Gerade mit solchen Instrumenten können Sie auch mit Immobilien Renditen erzielen, die das Niveau der Aktienanlage erreichen.

Wenn Sie bereits über 60 Jahre alt sind, kommen Aktienanlagen nur noch als Depotbeimischung in Frage; es sei denn, Sie sind sehr spekulativ eingestellt. Dennoch sollten Sie Ihren Aktienanteil drastisch reduzieren und Ihr Vermögen überwiegend in sicheren Qualitätsanleihen und zur Streuung in Immobilien (-zertifikaten) anlegen. Achten Sie zudem darauf, Ihre Anleihen zu streuen und nur Schuldverschreibungen mit hoher Bonität in Euro auszuwählen.

1.3 Welche Renditen erzielt die Aktienanlage?

Die Fragen, die sich aufdrängen, sind: Sind Aktien wirklich so lukrativ, wie immer wieder behauptet wird? Kann man mit Aktien reich oder zumindest wohlhabend werden? Natürlich lassen sich diese Fragen nicht einfach beantworten, aber man kann dennoch einige wichtige Aussagen machen. Die empirische Finanzmarktforschung hat eine Vielzahl wissenschaftlicher Studien angefertigt, um die langfristigen Renditen der Aktienanlage zu ermitteln. Teilweise wurden Daten für einen Zeitraum erhoben, die sich auf ein ganzes Jahrhundert erstrecken. Glücklicherweise sind Börsendaten leicht verfügbar, da die Kurse in Zeitungen veröffentlicht wurden, so dass man sogar die Börsenentwicklung bis zur Mitte des 19. Jahrhunderts zurückverfolgen kann. Beispielhaft sind dafür die USA, in denen es eine kontinuierliche Börsengeschichte gibt, die weder durch Kriege noch durch andere historische Ereignisse unterbrochen wurde.

In der Geschichte gab es Perioden, in denen die Aktienanlage sehr schlecht abschnitt; in anderen Jahrzehnten hingegen boomten die Aktienmärkte und bescherten den Anlegern traumhafte Gewinne. Eine besonders ungünstige Phase waren die Jahre nach 1929; in diesem Jahr begann die Weltwirtschaftskrise, die an dem so genannten „schwarzen Freitag“ im Oktober in New York begann. Die Aktienkurse rutschten an einem einzigen Tag um fast 20 Prozent ab und fielen danach kontinuierlich. Manche Aktien verloren innerhalb von Monaten oder Jahren über 90 Prozent ihres Wertes. Die Szenen, die sich damals an der Wall Street abspielten, waren unbeschreiblich. Verzweifelte Anleger, die vollkommen ruiniert waren, sprangen aus dem Fenster. Banken brachen reihenweise zusammen, und die Arbeitslosigkeit stieg auf Rekordwerte. Vorausgegangen waren die 1920er Jahre, die als „Roaring Twenties“ in die Geschichtsbücher eingingen. Lebensfreude und Erfolgsstreben prägten die Dekade; die Aktienkurse kannten nur noch eine Richtung – nämlich die nach oben, und immer mehr Anleger kauften Aktien auch auf Kredit. Die Börsenaufsicht ließ die Zügel locker, und die Banken spekulierten immer mehr ohne Sicherheiten an der Börse.

Als der Zusammenbruch kam, war niemand darauf vorbereitet. Die 1930er und 1940er Jahre waren magere Börsenjahre; denn die meisten Aktienkurse waren um mehr als die Hälfte gefallen. Selbst Standardaktien erreichten Tiefstwerte, und niemand war bereit, an der Börse zu kaufen. Erst Ende der fünfziger Jahre setzte eine leichte Erholung ein, die jedoch nicht lange währte. Bereits Ende der 1960er Jahre zeichnete sich wieder ein Rückgang ab. Die siebziger Jahre waren geprägt von den Ölkrisen und den Konflikten im Nahen Osten. Während der Goldpreis zum Höhenflug ansetzte, stagnierten die meisten Aktienmärkte.

Angesichts dieser Rückschau werden Sie nun denken, dass Aktien nicht wirklich lukrativ sind. Tatsächlich hätten Anleger, die 1929 Aktien gekauft hätten, fast 30 Jahre warten müssen, um ihre Einstandskurse wieder zu erreichen. Dennoch hätte man auch damals einen Reibach machen können, wenn man bei Tiefstkursen etwa im Jahre 1932 wieder eingestiegen wäre. Darüber hinaus verloren nicht alle Aktien. Anleger konnten auch in den dreißiger und vierziger Jahren reich werden, wenn sie auf die richtigen Unternehmen setzten.

Der eigentliche Aufschwung der Börsen setzte 1983 ein, als niemand mehr wirklich Vertrauen zu den Aktien hatte. Unmerklich begannen die Kurse zu steigen. Was dann geschah, war ein wahres

Kursfeuerwerk, das bis zum Jahr 2000 mit kleinen Unterbrechungen anhielt. Wer damals in Aktien eingestiegen wäre, hätte bis zur Jahrtausendwende eine jährliche Rendite von fast 30 Prozent erwirtschaftet. Die 1980er und 1990er Jahre sind in der gesamten Börsengeschichte einzigartig. In diesen zwei Jahrzehnten hätten Sie mit etwas Glück innerhalb weniger Jahre Millionär werden können.

Natürlich gab es auch in dieser Zeit Krisen und Einbrüche; beispielsweise brach die Börse 1987 kurzfristig ein, so dass die wichtigsten Aktienindizes an einem Tag bis zu 15 Prozent einbüßten. Doch schon zwei Jahre später war das Debakel vergessen, und die Aktienkurse erreichten wieder Höchststände. In den neunziger Jahren erschütterte der Irak-Krieg kurzfristig die Märkte, die sich aber schnell wieder erholten. Für kleinere Eintrübungen sorgten eine Krise in Lateinamerika 1995, die Asienkrise 1997 und die Russlandkrise 1998. Trotz dieser Ereignisse stiegen die Aktienkurse danach um so deutlicher, und als der Neue Markt als Börsensegment in Deutschland eröffnet wurde, gab es kein Halten mehr. Einige der Technologie- und Internetaktien waren bereits nach der Erstnotierung an der Börse ein Vielfaches ihres Ausgabepreises wert. Manche Aktien der so genannten New Economy zeigten atemberaubende Wertsteigerungen von mehreren hundert oder gar tausend Prozent. Internetunternehmen, die allenfalls Bücher oder CDs verkauften, hatten eine höhere Marktkapitalisierung als bekannte Unternehmen. Manche Menschen gaben ihren Beruf auf und setzten sich vor den Bildschirm, um täglich die Aktienkurse zu studieren. Daytrader spekulierten mit winzigen Kursschwankungen im Minutentakt. Die staunende Öffentlichkeit sah Zivis, die in Luxuslimousinen durch die Kaiserstraße in Frankfurt fuhren und über Nacht reich geworden waren. Selbst renommierte Unternehmen wie Siemens, die Deutsche Bank und andere hatten das Gefühl, hoffnungslos altmodisch zu sein und suchten händeringend nach Jungunternehmern mit innovativen Ideen für eine hippe Dot.com, wie man damals die aufstrebenden Internetunternehmen nannte. Die verrücktesten Ideen fanden ungeteilten Applaus. Beispielsweise hatte ein Student in den USA die simple, aber bestechende Idee, Pannenvideos auf eine Webseite zu stellen.

Sie kennen sicherlich diese Slapsticks, bei denen die Braut bei der Hochzeit auf einer Bananenschale ausrutscht oder der Hund die Geburtstagstorte vernascht. Die Videos wurden kostenlos im Internet publiziert; die Seite selbst finanziert sich über Werbeeinnahmen. Inzwischen residiert dieses Unternehmen in Manhattan und der Student ist Multimillionär geworden. Doch solche Erfolgsgeschichten bleiben die Ausnahmen; viele andere Internetunternehmen scheiterten.

Als der Siemens-Ableger *Infineon* an die Börse ging, kannte die Euphorie keine Grenzen mehr. Tausende von Rentnern, Hausfrauen und Studenten strömten in die Banken, um noch rechtzeitig ein Wertpapierdepot zu eröffnen und um *Infineon*-Aktien vor der ersten Börsennotiz zu zeichnen. Taxifahrer sprachen mit ihren Fahrgästen nicht mehr über Fußball oder das Wetter, sondern über die Börse. Selbst die Boulevard-Zeitungen berichteten nun ausführlich über Wertpapiere. Früher hätte man dieses Phänomen als Milchmädchen-Hausse bezeichnet.

Es kam, wie es kommen musste. Die Kurse fielen drastisch in die Tiefe. Die Kursverluste bei Technologieaktien waren so dramatisch, dass sie selbst die Weltwirtschaftskrise von 1929 in den Schatten stellten. Der Index des Neuen Marktes, der NEMAX, der nach diesem Prestigeverlust schlicht abgeschafft wurde, büßte mehr als 90 Prozent seines Wertes bis 2003 ein. Anleger, die auf Technologiewerte gesetzt hatten, verloren nahezu alles. Anders als 1929 hatte diesmal die Krise glücklicherweise keine größere Auswirkung auf die Gesamtwirtschaft; das Wirtschaftswachstum verlangsamte sich, aber die Arbeitslosigkeit stieg nicht rasant an. Der DAX, der Aktienindex der wichtigsten 30 deutschen Standardwerte, fiel von über 8000 Punkten auf magere 2500 Punkte im Frühjahr 2003. Erst als der Irak-Krieg einsetzte, stiegen die Kurse wieder, so dass der DAX im Jahre 2007 wieder die Marke von immerhin 7000 Punkten zurückgewinnen konnte.

Angesichts dieser turbulenten und spannenden Börsengeschichte werden Sie Aktien eher mit gemischten Gefühlen betrachten. Sie sollten aber bei der Beurteilung Folgendes berücksichtigen: Wenn Sie in den 1980er Jahren Aktien gekauft hätten, hätten Sie trotz aller Turbulenzen, Krisen, Unwägbarkeiten und trotz des Zusammenbruchs des Neuen Marktes im Schnitt bis heute fast 20 Prozent Rendite pro Jahr erzielt. Das ist mehr, als Sie je mit den meisten Anleihen, einer Lebensversicherung oder einer Immobilie hätten verdienen können.

Sie werden nun einwenden, dass die guten Jahrzehnte nach so einer langen Erfolgsperiode vermutlich vorbei sind. Das kann niemand wirklich sicher prognostizieren, aber ein anderer Gesichtspunkt spielt eine Rolle. Die oben genannte Rendite hätten Sie mit dem Durchschnitt der wichtigsten Aktien erreicht, d.h. beispielsweise mit den Standardwerten, die im DAX enthalten sind. Wenn Sie einseitig auf Technologiewerte gesetzt hätten, hätten Sie drastische Verluste erlitten. Das Ergebnis wäre anders ausgefallen, wenn Sie beispielsweise auf osteuropäische, brasilianische, indische und chinesische Aktien gesetzt hätten. Diese Märkte boomen seit der Jahrtausendwende.

Es gibt verschiedene Anlagestrategien, die Ihnen helfen können, die Durchschnittswerte noch zu übertreffen. Diese Phänomene, die man als Überrendite-Effekte bezeichnet, sind bereits wissenschaftlich untersucht worden und können Ihnen helfen, eine noch höhere Wertsteigerung zu erreichen. Was Sie jedoch nicht tun sollten, ist nur auf eine Aktie oder wenige Werte zu setzen; denn Unternehmen können insolvent werden oder sich schlecht den Marktbedingungen anpassen, was unweigerlich zu Verlusten führt.

Sie haben die Wahl zwischen zwei grundsätzlich verschiedenen Methoden: Sie können den Durchschnitt einer Aktienauswahl kaufen; dann erhalten Sie in der Regel auch eine Durchschnittsrendite. Man bezeichnet dieses Vorgehen als Index- oder passive Investmentstrategie, denn Sie kaufen gleichsam mit dem Index einen ganz Korb voller Aktien. Wenn Sie nun denken, diese Strategie sei langweilig, mittelmäßig und eben nur „durchschnittlich", kann ich Sie beruhigen: Ein Großteil der angeblich so professionell gemanagten Investmentfonds erreicht noch nicht einmal diese Durchschnittswerte. Im Gegenteil: Die Mehrheit der Investmentfonds schneidet wesentlich schlechter ab. Wenn Sie also beispielsweise einen Aktienfonds mit deutschen Standardwerten in Ihrem Wertpapierdepot haben, der um 12 Prozent gestiegen ist, während der DAX im gleichen Zeitraum um 15 Prozent zulegte, dann sollten Sie diesen Investmentfonds verkaufen und gleich in ein DAX-Zertifikat investieren. Machen Sie sich einmal den Spaß und vergleichen Sie die Wertentwicklung von ein paar Fonds mit dem jeweiligen Index, der als Vergleichsmaßstab oder Benchmark dient. In fast allen Fällen werden Sie bestürzt feststellen, dass der Aktienfonds hinter dem Index zurückfällt. Nur wenige Spitzenfonds schaffen es, den Vergleichsindex um wenige Prozentpunkte zu übertreffen. Dabei ist häufig umstritten, ob diese Spitzenfonds „zufällig" besser sind als der Markt oder ob dies auf besserem Wissen, Management und Können beruht.

Sie werden einwenden, wenn ein Fonds schon seit fünf oder zehn Jahren den Vergleichsindex geschlagen hat, dann kann dies kein Zufall sein. So leicht ist die Beweisführung nicht. Stellen Sie sich vor, Sie würden 500 Affen nehmen, und jeder Affe könnte den Anstieg des DAX durch ein Armheben signalisieren. Irgendwann wäre ein Großteil der Affen ausgeschieden, der die Entwicklung des DAX nicht richtig vorausgesagt hat. Aber ein oder zwei Affen hätten jedes Mal den Arm gehoben, wenn der DAX tatsächlich gestiegen ist. Würden Sie nun behaupten wollen, dass diese Affen herausragende Börsenexperten sind?

Sicherlich nicht. Ein ähnliches Problem entsteht beim so genannten Data Mining. Dabei werden riesige Datenmengen vom Computer durchwühlt und nach Gesetzmäßigkeiten durchsucht. Irgendwann führt diese akribische Suche dazu, dass man scheinbare Zusammenhänge herausfindet. So konnte man beispielsweise ermitteln, dass die Wertentwicklung des amerikanischen Aktienindex Dow Jones an der New Yorker Börse mit der Butterproduktion in Bangla Desh zusammenhängt. Natürlich ist das reiner Zufall. Oder glauben Sie, dass General Electric bei den vielen Tagungen die Sandwichs mit Butter aus Bangla Desh bestreicht und in schlechten Zeiten weniger Butter aus dem asiatischen Land bezieht? Verschwörungstheoretiker mögen bei solchen Szenarien vielleicht erst richtig in Fahrt kommen, aber wenn man es genau betrachtet, fördert das Durchforsten großer Datenmengen skurrile Zusammenhänge an den Tag. In der Mathematik nennt man solche scheinbaren Beziehungen Scheinkorrelationen. Was bei der

Butter offensichtlich sein mag, ist es bei anderen gefundenen Zusammenhängen möglicherweise nicht. Es kann auch vorkommen, dass zwei Variablen zwar einen Zusammenhang aufweisen, dass er aber über eine andere (intervenierende) Variable vermittelt wird. Beispielsweise besteht ein Zusammenhang zwischen den Sprachfertigkeiten und der Schuhgröße. Was anfangs grotesk anmutet, hat einen plausiblen Hintergrund: Die Schuhgröße hängt vom Alter ab. Kinder haben einen geringeren Wortschatz und eine geringere Sprachfertigkeit als Erwachsene.

Beim Data Mining ergeben sich also gleich mehrere Probleme: Zum einen muss man die Scheinkorrelationen herausfiltern, die sich durch Zufall ergeben. Das ist jedoch in der Praxis fast unmöglich, da es kein Ausgrenzungskriterium gibt. Zum anderen muss man bei möglicherweise wahren Zusammenhängen erst prüfen, ob es nicht eine dritte Variable gibt, die die eigentliche Ursache ist. Auch dies ist bei den vielen Faktoren, die das Börsengeschehen beeinflussen, nur schwer möglich.

Trotz all dieser Probleme haben Wissenschaftler bestimmte Einflussgrößen herausfiltern können, die zu einer Überrendite führen, d.h. Anleger, die bestimmte Strategien verfolgen, können eine höhere Wertentwicklung als der Durchschnitt des Marktes erreichen. Als Anleger haben Sie die Wahl: Sie können auf die Indexstrategie setzen und sich gleichsam an den Markt ankoppeln und erzielen damit die marktübliche Rendite. Diese Strategie ist zumindest weitaus sicherer, als auf Investmentfonds zu setzen. Die andere Herangehensweise besteht darin, gezielt eine Strategie zu verfolgen, die wissenschaftlich überprüft wurde und eine Überrendite sichert. Ich werde Ihnen die einzelnen Strategien ausführlich in einem eigenen Kapitel vorstellen.

Doch eine andere Frage, die Sie interessieren wird: Kann man mit Aktien wohlhabend oder reich werden? In vielen Börsenratgebern wird eine Strategie empfohlen, die wie von selbst dazu führt, dass Sie am Ende Millionär werden, und dazu müssen Sie Ihr Geld noch nicht einmal in Aktien anlegen. Allerdings muss ich Ihre Euphorie an dieser Stelle etwas bremsen: Die Strategie funktioniert zwar im Prinzip hundertprozentig, hat aber einige Voraussetzungen, die nicht jeder erfüllen kann.

Die einfachste Möglichkeit, sich als Millionär zur Ruhe zu setzen, beruht auf dem Zinseszinseffekt. Stellen Sie sich vor, dass Sie im Alter von 20 Jahren eine Summe von 10.000 Euro mit einem Zinssatz von 5 Prozent anlegen. Viele Leser werden entgegnen, dass Sie nicht mehr 20 Jahre alt sind oder dass Sie in diesem Alter keine 10.000 Euro zur Verfügung hatten. Sie haben natürlich Recht; aber die Zinseszinsstrategie beruht auf solchen Voraussetzungen. Ich werde später erläutern, ob es noch andere Möglichkeiten gibt. Wenn Sie nun das Geld zu diesen Konditionen anlegen, haben Sie im Alter von 60 Jahren 70.400 Euro. Sie sind damit noch nicht Millionär; aber wenn Sie jeden Monat zusätzlich 50 oder 100 Euro ansparen und entsprechend verzinsen, kommen Sie dem Ziel relativ nahe. Noch besser ist es, wenn Sie einen höheren Zinssatz wählen. Mit geschickt ausgewählten Anleihen war es in der Vergangenheit möglich, zwischen 6 und 7 Prozent Rendite zu erzielen. Mit einer Aktienanlage, die langfristig mit 10 bis 14 Prozent rentiert, werden bei einem durchschnittlichen Satz von 12 Prozent aus 10.000 Euro in 40 Jahren 930.510 Euro.

Sie sehen, es ist viel einfacher, Millionär zu werden, als manche Menschen glauben. Allerdings ist diese Rechnung in der Realität nicht so einfach, da es einige Hürden und Problempunkte gibt, die aber durch einiges Geschick ausgeräumt werden können.

Der erste Kritikpunkt an dieser Argumentation lautet in der Regel, dass 40 Jahre ein sehr langer und unüberschaubarer Zeitraum sind, in dem sich vieles ereignen kann. Dieser Einwand ist teilweise richtig. Wenn Sie im Jahre 1915 Geld auf diese Weise angelegt hätten, dann hätten Sie den Ersten Weltkrieg, die katastrophale Hyperinflation von 1923, die Weltwirtschaftskrise von 1929, das Dritte Reich, den Zweiten Weltkrieg und die Währungsreform überstehen müssen. Unter diesen historischen Bedingungen wäre von Ihrer Anlage leider nichts übrig geblieben. Denn schon die galoppierende Inflation im Jahr 1923 hätte Ihr Geld komplett vernichtet. Bedenken Sie bitte, dass damals bereits ein Laib Brot mehrere Millionen Reichsmark kostete. Um diesen Zeitraum unbeschadet zu überstehen, hätten Sie Ihr Vermögen in neutralen Ländern wie der Schweiz oder in Schweden in Aktien oder Anleihen anlegen müssen. Aber wer wusste das schon im Jahr 1915?

Ein Anleger, der diese Strategie im Jahre 1965 begonnen hätte, könnte sich heute eines beträchtlichen Vermögens erfreuen und wäre sicher mehrfacher Millionär, da die Aktienmärkte in den achtziger und neunziger Jahren besonders stark boomten.

Ein anderer Kritikpunkt an der Zinseszinsstrategie lautet, dass man die Inflation mit einbeziehen müsse. Tatsächlich wird eine Million im Jahre 2020 oder 2040 wesentlich weniger wert sein als heute, so dass selbst Millionäre in der Zukunft wahrscheinlich nur noch als relativ wohlhabend eingestuft werden. Aber wenn Sie Ihr Geld mit 7 oder gar 12 Prozent angelegt haben, haben Sie schon alles unternommen, um die Inflation erheblich auszugleichen. Dieses Argument spricht nicht wirklich gegen die Zinseszinsstrategie. In der Vergangenheit lag die Inflationsrate in Deutschland im Durchschnitt bei zirka zwei Prozent, wenngleich es auch Phasen wie in den siebziger Jahren gab, als die Geldentwertung Rekordwerte von über 7 Prozent erreichte.

Ein dritter Kritikpunkt gegen diese Strategie bezieht sich auf die Realisierbarkeit. Bei Anleihen ist es relativ einfach, eine solche Anlagestrategie umzusetzen, da es Langläufer mit über zehn Jahren gibt. Ein Problem ergibt sich meist aus der Wiederanlage. Nehmen wir an, Sie legen Geld in einer Anleihe an, die Ihnen 6 Prozent Rendite einbringt. Nach zehn Jahren müssen Sie Geld erneut anlegen, doch diesmal rentieren sich Anleihen vielleicht nur mit vier Prozent. In dieser Situation können Sie nur Fremdwährungsanleihen nehmen, die höhere Zinssätze aufweisen; aber hier ergibt sich ein gewaltiges Währungsrisiko. Beispielsweise ist der Dollar gegenüber der D-Mark kontinuierlich gesunken. Ein Anleger, der in den sechziger Jahren Dollar-Anleihen für 30 Jahre gekauft hätte, hätte enorme Verluste verbucht. Eine andere Möglichkeit besteht darin, Anleihen mit geringerer Bonität zu kaufen. Doch in diesem Fall riskieren Sie, wenn der Schuldner nicht mehr zahlen kann, den totalen Verlust. Bei Staatsanleihen war dies erfreulicherweise relativ selten der Fall; in den letzten Jahren sorgte nur Argentinien mit einem Staatsbankrott für Aufsehen. Doch bei Unternehmensanleihen häuften sich auch in der Vergangenheit die Insolvenzen.

Solche Schwierigkeiten sind nicht nur bei Anleihen anzutreffen, sondern auch bei Aktien. Sie haben zuerst das Problem, dass

Sie ein Aktienportfolio zusammenstellen müssen. Eine Auswahl von Aktien bedeutet immer ein Risiko, das Sie aber minimieren können, wenn Sie sich an bestimmte Strategien halten. Für Anleger, die eine Indexstrategie bevorzugen, wäre diese in den sechziger Jahren nicht realisierbar gewesen, denn es gab damals keine Anlageinstrumente, mit denen man den gesamten Index hätte erwerben können. Erst seit den 1990er Jahren gibt es nämlich in Deutschland Indexzertifikate, die einen Index abbilden. Doch auch solche Indexzertifikate bergen über lange Zeiträume Risiken in sich, denn es handelt sich um Inhaberschuldverschreibungen von Banken. Wenn nun im Jahre 2030 eine schwere Wirtschaftskrise ausbricht und die Bank, die das Zertifikat herausgegeben hat, Insolvenz anmelden muss, haben Sie einen Totalverlust erlitten.

Sie müssen einfach zur Kenntnis nehmen, dass ein Zeitraum von 30 oder 40 Jahren voller Überraschungen sein kann. Es hilft nichts darüber zu spekulieren, wie riskant es sein könnte. Vielmehr können Sie durch geschickte Maßnahmen sich vor solchen Gefahren schützen. Wenn Sie die Wahl haben, Ihr Geld für 40 Jahre in Aktien anzulegen oder in die staatliche Rentenversicherung einzuzahlen, werden Sie sehr schnell erkennen, welche Entscheidung wirklich riskanter ist.

Bei Aktien besteht ein weiteres Problem: Wenn Sie sich einmal eine alte Ausgabe der Frankfurter Allgemeinen aus dem Jahre 1970 ansehen, werden Sie die meisten Aktien, die auf dem Kurszettel verzeichnet sind, gar nicht kennen oder nur noch aus der Erinnerung. In einem Zeitraum von 30 oder 40 Jahren verschwinden viele Unternehmen von der Bildfläche; das liegt nicht nur an Insolvenzen, sondern viel häufiger an Fusionen oder Unternehmensübernahmen. Die Aktien aus dem Jahre 1970 gibt es heute größtenteils nicht mehr. Natürlich finden sich dort auch Werte wie *Siemens*, *BASF* oder *Bayer*. Aber die meisten Aktien werden vom Kurszettel verschwunden sein. Denken Sie nur an Unternehmen wie *Hoechst* oder *AEG*. Branchen, die heute als wichtig und bedeutsam angesehen werden, gab es damals noch gar nicht – wie die Internetbranche, die Telekommunikation oder die Biotechnologie. Dies alles spricht aber nicht wirklich gegen die Zinseszinsstrategie, denn Sie müssen nur Ihr Depot in sinnvollen Abständen überprüfen.

Insgesamt betrachtet ist es möglich, mit Hilfe von Aktien Millionär zu werden. Sie sollten sich aber auf einen sehr langen Zeitraum von 20 oder 30 Jahren gefasst machen. Natürlich kann man auch durch gewagte Spekulationen reich werden, aber die meisten dieser Hasardeure enden verarmt und im Elend. Je größer nämlich der Hebel einer Spekulation ist, desto beträchtlicher ist auch das Verlustrisiko. Soziologische Untersuchungen aus den USA zeigen ohnehin, dass die meisten Millionäre nicht durch Wertpapierspekulation reich geworden sind, sondern durch eine selbstständige Tätigkeit. Als Angestellter oder Beamter können Sie nie ein so hohes Einkommen erzielen, dass Sie in wenigen Jahren reich werden. Jedoch ist auch die Selbstständigkeit keine Garantie für Wohlstand und Reichtum, denn in Deutschland scheitert jedes vierte Unternehmen innerhalb von fünf Jahren. Es zeigt sich auch, dass es bestimmte Branchen gibt, in denen die Chance, sehr reich zu werden, größer ist als in anderen. Die meisten großen Privatvermögen in den USA wurden durch Immobiliengeschäfte geschaffen. In vielen Fällen wurden Häuser und Grundstücke zu Spottpreisen in einer wirtschaftlichen Flaute aufgekauft, die Gebäude grundlegend renoviert und später zu hohen Preisen wieder abgestoßen. Ein anderer lukrativer Wirtschaftszweig sind die Finanzdienstleistungen. Wenn Sie in Harvard oder Yale Wirtschaftswissenschaften oder – speziell – Finance studiert haben, könnte ein renommierter Wallstreet-Broker Ihre Fahrkarte zum Glück sein; denn allein die Provisionen, die dort ausgeschüttet werden, erreichen mehrere hunderttausend Dollar. Viele Broker können sich bereits Mitte 30 zur Ruhe setzen.

1.4 Finanzplanung und Money Management

Ein wichtiger Aspekt bei der Aktienanlage ist eine durchdachte und eine systematische Finanzplanung, die Ihren persönlichen Lebensumständen gerecht wird. Einige wichtige Erfolgsfaktoren legen fest, inwieweit Sie mit Ihrer Finanzplanung Erfolg haben werden oder nicht.

Als Erstes sollten Sie Ihre finanziellen Ziele konkretisieren. Was möchten Sie wirklich erreichen? Die meisten Menschen stellen sich diese bisweilen beklemmende Frage am Silvesterabend und fassen dann ein paar vage definierte Beschlüsse, die schon am Neujahrstag vergessen sind oder im Alltagstrott verdrängt werden. Langfristigen Erfolg haben Sie aber nur, wenn Sie bereit sind, sich klare Ziele zu setzen. In einer Untersuchung in den USA wurden die Absolventen einer Eliteuniversität befragt, welche Ziele sie hätten. Die Mehrheit konnte nichts dazu sagen oder gab nur ein paar verschwommene Ziele an. Nur eine kleine Minderheit, die bereits klar umrissene Ziele formuliert hatte, verdiente einige Jahre später ein Vielfaches von dem, was die anderen an Einkommen erzielten. Diese Minorität mit klaren Zielen stieg bereits nach kurzer Zeit an die Spitze auf.

Ohne klares Ziel gehören Sie zu den Millionen Menschen, die nicht wissen, was Sie in fünf, zehn oder zwanzig Jahren erreichen werden. Sie lassen sich von der Brandung des Lebens treiben und kommen irgendwo an, wo Sie vielleicht gar nicht hin wollten. Aus diesem Grund sollten Sie darüber nachdenken, was Sie wirklich finanziell anstreben. Nehmen Sie ein Papier und schreiben Sie spontan auf, welches Ihre finanziellen Wünsche sind. Möchten Sie ein neues Auto, ein großes Haus oder ein Segelboot? Wollen Sie lieber eine Weltreise machen, Ihren Lebensabend absichern oder finanziell unabhängig sein? Auch wenn Ihnen Ihre Wünsche Unbehagen bereiten oder Ihnen merkwürdig vorkommen, schreiben Sie sie auf.

Dann sollten Sie die einzelnen Ziele noch einmal überprüfen. Bei jedem Ziel sollten Sie überprüfen, ob Sie eine innere Zufriedenheit oder ein Gefühl des Glücks und der Freude verspüren. Wenn Sie beispielsweise nur deshalb eine Segelyacht haben wollen, um Ihrem Nachbarn zu imponieren, sollten Sie sich fragen, ob dieser Wunsch wirklich erstrebenswert ist. Denken Sie daran, dass es Ihr Leben ist und dass die meisten Menschen, die auf dem Sterbebett liegen, sich nicht wünschen, mehr Zeit im Büro oder bei Tagungen verbracht zu haben, sondern sie wünschen sich, mehr gelebt zu haben. Das Kostbarste überhaupt ist nicht das Geld, denn auch ein verlorenes Vermögen können Sie mit einiger Anstrengung wieder zurückgewinnen; das Kostbarste ist Ihre Lebenszeit. Die Zeit, die vergangen ist, können Sie nie mehr zurückholen; sie ist unwiderruflich verloren.

Geld ist nur ein Mittel, das Ihnen hilft, Ihr Leben besser zu nutzen. Was Sie letztlich durch die Börse anstreben, ist Ihre finanzielle Unabhängigkeit. Wer nicht finanziell unabhängig ist, muss Monat für Monat arbeiten, um seinen Lebensunterhalt abzusichern. Sie können es sich dann nicht leisten zu kündigen, wann Sie wollen, da Sie von den regelmäßigen Gehaltszahlungen abhängig sind. Sie müssen im Büro jeden Ärger und jeden Stress hinnehmen und verdienen nur so viel, dass Sie damit gerade mehr oder weniger über die Runden kommen. Unter solchen Umständen ist der einzige Traum, den Sie sich leisten können, eine dreiwöchige Urlaubsreise. Im Alter sind Sie auf die gesetzliche Rentenversicherung angewiesen, und wenn Sie Pech haben, bekommen Sie am Ende im Pflegeheim, nachdem das Sozialamt Ihre Unterbringungskosten bezahlt hat, ein Taschengeld von 80 Euro.

Deshalb sollte die Finanzplanung für Sie von größter Bedeutung sein und an erster Stelle stehen. Nachdem Sie Ihre Wünsche auf einem Zettel notiert haben, sollten Sie abschätzen, wie hoch Ihr Kapitalbedarf ist, um finanziell unabhängig zu werden. Das können eine Million oder mehrere Millionen sein. Setzen Sie sich aber nicht in den Kopf, das Vermögen von Michael Schumacher oder Boris Becker zu übertrumpfen. Wenn Sie Ihr Ziel hoch ansetzen, ist die Gefahr groß, dass Sie frühzeitig entmutigt werden. Wählen Sie eine realistische Summe, die Ihnen ausreicht, um finanziell unabhängig zu werden.

Nun sollten Sie Folgendes machen: Vergleichen Sie bitte, was Sie für den Konsum ausgeben und was Sie für Investitionen in Ihre Zukunft aufwenden. Investitionen in Ihre Zukunft sind solche Ausgaben, die Sie Ihrem Ziel, die finanzielle Unabhängigkeit zu erlangen, näher bringen. Geld, mit dem Sie Aktien, Anleihen, Zertifikate, Investmentfonds oder Immobilien kaufen, bringt Ihnen wiederum Geld ein. Jeder Euro, den Sie gewinnbringend anlegen, ist ein Schritt hin zu Ihrer finanziellen Unabhängigkeit. Dasselbe gilt für Investitionen in Bildung, die Ihr Einkommen steigern. Wenn Sie beispielsweise ein Maschinenbaustudium mit einem technologisch gefragten Spezialgebiet absolvieren, können Sie als Ingenieur Ihr Gehalt beträchtlich steigern.

Ganz anders verhält es sich mit Ausgaben, die vorwiegend dem Konsum dienen. Wenn Sie einen Porsche nur deshalb kaufen, um Ihre Nachbarn zu beeindrucken, haben Sie ein schlechtes Geschäft gemacht. Ihr Auto wird schon nach wenigen Jahren einen Wertverlust erleiden; nur PCs verlieren noch schneller an Wert als ein Auto. Jemand, der wirklich reich werden möchte, würde lieber *Porsche*-Aktien oder andere Wertpapiere und einen billigen Gebrauchtwagen kaufen.

Finanzielle Unabhängigkeit ist nämlich kostbarer als teuere Sportautos, luxuriöse Ferienhäuser, eine neue Küchenausstattung oder eine Mitgliedschaft im Golfclub. Wenn Sie finanziell nicht unabhängig sind, bedeutet das, dass Sie die Querelen im Büro Tag für Tag ertragen müssen. Sie müssen sich mit cholerischen Vorgesetzten, intriganten Kollegen und missgünstigen Nachbarn herumärgern. Ihnen bleibt, nachdem Sie die Raten für das Auto, das Haus und die Möbel abgestottert haben, vielleicht nur noch genügend Geld für ein paar Wochen Urlaub auf einer griechischen Insel oder im besten Fall auf den Malediven. Dafür müssen Sie einen Beruf in Kauf nehmen, der Sie nicht mehr befriedigt, und ein Familienleben, das nur noch – wenn überhaupt – am Wochenende stattfindet.

Wenn Sie hingegen finanziell unabhängig sind, können Sie Ihren Traumberuf frei wählen. Sie arbeiten nicht mehr für das Gehalt, sondern weil Ihnen die Tätigkeit große Freude bereitet. Sie können leben und arbeiten, wo immer Sie möchten. Sie müssen nicht mehr in einer trostlosen Vorstadtsiedlung ausharren. Sie leben so, wie Sie es selbst wollen und es sich erträumen.

Sie sollten deshalb folgende Grundsätze beachten, wenn Sie finanziell unabhängig werden wollen:

- Setzen Sie sich ein klares und anschauliches Ziel, das Sie schriftlich festlegen. Schreiben Sie nicht: „Ich möchte Multimillionär werden“, sondern formulieren Sie konkret und detailliert: „Ich möchte bis zu meinem 40. Lebensjahr eine Million Euro haben.“ Listen Sie auch auf, wie sich Ihr Vermögen zusammensetzen soll.
- Formulieren Sie bitte Zwischenetappen und Zwischenziele, die Sie für die einzelnen Jahre und eventuell für einzelne Monate

herunterbrechen. Wenn Sie das jeweilige Ziel nicht erreicht haben, fragen Sie sich, was die Hindernisse waren, und versuchen Sie, diese Probleme schrittweise zu bewältigen.

- Die größte Hürde, die die Menschen davon abhält, ihre finanziellen Ziele zu erreichen, ist leider mangelnde Disziplin. Wenn Sie Ihren Finanzplan in die Schublade legen und vergessen, wird es Ihnen so ergehen wie mit den guten Vorsätzen, die Sie in der Silvesternacht gefasst haben. Sie sind ein paar Tage später vergessen. Ein solches Problem können Sie einigermaßen umgehen, wenn Sie in Ihren Finanzplan einen Automatismus einbauen. Sie können beispielsweise monatlich von der Bank eine gleich bleibende Summe in einen Fonds- oder Zertifikatesparplan überweisen lassen. Je höher Ihre Sparquote ist, desto früher werden Sie Ihr Ziel erreichen. Wenn Sie nur 10 Prozent Ihres Gehalts in Kapitalanlagen investieren, wird es sehr viel länger dauern, als wenn Sie 30 Prozent sparen können. Auf jeden Fall sollten Ihre Ausgaben für gewinnbringende Investitionen (Wertpapiere, Immobilien, Weiterbildung) immer deutlich über Ihren Konsumausgaben (Reisen, Autos etc.) liegen.
- Legen Sie Ihr Geld mit einer relativ hohen Rendite an; gehen Sie aber keine übermäßigen Risiken ein. In Deutschland ist die Furcht vor Aktien relativ groß, da viele Anleger befürchten nach einem Crash könnte ihr gesamtes Vermögen vernichtet sein. Langfristig betrachtet ist es aber wesentlich riskanter, sein Geld auf einem vermeintlich sicheren Sparbuch zu parken, da die Inflation die Summe ständig schmälert. Sie sollten bei Ihren Kapitalanlagen eine mittlere Rendite zwischen 6 bis 12 Prozent erreichen. Noch höhere Renditen sind nur dann möglich, wenn man ein übergroßes Risiko in Kauf nimmt. Je größer das Risiko ist, desto größer ist auch die Gefahr, dass Sie alles verlieren. Deshalb sollten Sie niemals alles auf eine Karte setzen! Streuen Sie Ihre Anlagen.
- Um sich zu motivieren, sollten Sie sich täglich Ihre Lebensziele vergegenwärtigen. Ihre Träume und Wünsche sind letztlich der Ansporn für diese Anstrengungen. Gehen Sie aber nicht so weit, übermäßig zu knausern. In den Niederlanden sorgte ein Ehepaar für Furore, das sich dem Geiz verschrieben hatte. Teebeutel

wurden getrocknet und mehrmals verwendet, die Heizung wurde auch im Winter abgestellt – dafür hüllte sich das Ehepaar auch tagsüber in eine Wolldecke, und selbst das Duschwasser wurde wieder verwendet. Wer so spart, lebt eigentlich nicht mehr glücklich. Ihre Finanzplanung hat aber nur ein einziges Ziel: Aus Ihrem einzigartigen Leben das Beste zu machen.
- Finanzplanung hat eigentlich nur vordergründig mit Finanzen zu tun; letztlich geht darum, dass Sie sich Ihre Träume und Wünsche im Leben erfüllen.

Auch wenn Sie jetzt erst 20 Jahre alt und gerade mal über 100 Euro verfügen, können Sie das Ziel, reich oder wohlhabend zu werden, erreichen. Da Ihnen viel Lebenszeit zur Verfügung steht, können Sie mit kleinen Sparbeträgen und einer guten Rendite Ihr Ziel relativ schnell und zügig erreichen.

Falls Sie bereits 50 Jahre alt sind und nun befürchten, dass Ihnen Altersarmut droht, so kann ich Sie beruhigen. Es ist zwar schwerer, in kürzerer Zeit zu einem Vermögen zu gelangen, aber es ist nicht unmöglich. Denken Sie daran, dass der Deutsche Aktienindex sich in dem Zeitraum von 1990 bis 1999 verachtfacht hat! Zwar mag sich eine solche Entwicklung in der Zukunft nicht unbedingt wiederholen, aber machen Sie sich bewusst, dass die Welt groß ist und stets neue Chancen und Perspektiven eröffnet. Länder wie China, Indien, Vietnam, Kroatien und viele andere stehen erst am Anfang ihres wirtschaftlichen Potenzials. Auch in Deutschland gibt es viele Unternehmen, die hervorragende Produkte produzieren und einen ausgezeichneten Ruf genießen. Wenn Sie sich die Aktien solcher Spitzenunternehmen ins Depot legen, werden Sie langfristig zu den Gewinnern zählen.

1.5 Wie kaufe ich Aktien?

Sobald Sie bei Ihrer Bank ein Wertpapierdepot eröffnet haben, können Sie Aktien kaufen. Die meisten Anleger werden sich hierzu an ihre Hausbank wenden, die Ihnen ein Wertpapierdepot einrichtet, in dem die Aktien verwaltet und verwahrt werden. Die Gebühren und Kosten liegen bei Direktbanken meist ein Drittel unter dem der herkömmlichen Banken. Sie können den Auftrag bei einer herkömmlichen Bank schriftlich, per Fax, telefonisch oder online einreichen. Bei Direktbanken werden Orders fast ausschließlich nur via Internet oder telefonisch entgegengenommen. Darüber hinaus ist die Orderübermittlung per SMS im Kommen.

Bei Direktbanken liegen die Gebühren für den Kauf und Verkauf von Aktien häufig bei 0,5 Prozent der Summe, während traditionelle Großbanken, Volks- und Raiffeisenbanken und Sparkassen häufig eine Provision von einem Prozent berechnen. Auch die Depotgebühren sind meist günstiger. Der Nachteil der Direktbanken besteht darin, dass Sie keine ausführliche oder gar keine Beratung erhalten. Wenn Sie erstmals Wertpapiere oder Aktien kaufen, sollten Sie sich besser an Ihre Hausbank wenden, denn diese kann Sie besser beraten und Ihnen die ersten Schritte beim Wertpapierkauf erleichtern.

Bei einer Direktbank sollten Sie bereits mit Wertpapieren vertraut sein und über Grundkenntnisse verfügen, denn es wird oft erwartet, dass Sie bereits wissen, welche Aktie oder welches Wertpapier Sie kaufen möchten. Zwar hat man in den letzten Jahren bei den Direktbanken die Beratung ausgebaut, um den Kunden entgegenzukommen, doch um Kosten zu sparen, ist es den Direktbanken nicht möglich, eine so umfassende Beratung wie bei einer traditionellen Bank zu bieten. Als Anleger sollten Sie jedoch auch die Beratung in einem kritischen Licht sehen, denn nicht selten sind Ratschläge, die eine Bank erteilt, interessengeleitet. Sie sollten wissen, dass viele Banken ihren Kundenberatern eine Provision zahlen; die Höhe dieser Provision kann sehr unterschiedlich ausfallen und hängt entscheidend von der Anlageform ab. Die höchste Provision wurde in der Vergangenheit für die Vermittlung einer kapitalbildenden Lebensversicherung bezahlt – sie kann sich auf mehrere tausend Euro belaufen. Seitdem jedoch Lebensversicherungen steuerlich kaum noch begünstigt sind, versucht die Branche, vor allem private Rentenversicherungen zu verkaufen, die aber kaum rentabler sind als die klassischen Lebensversicherungen. Die zweithöchste Provision erhalten Kundenberater für den Vertrieb von Investmentfonds, bei dem sie einen Teil des Ausgabeaufschlags als Vergütung bekommen. Bei bankeigenen Investmentfonds und bei solchen, mit denen eine Kooperation besteht, erhält der Berater eine deutlich höhere Provision. So sollten Sie die Beratungskompetenz des Bankangestellten sehr schnell in Frage stellen, wenn er Ihnen trotz Ihres Wunsches, Aktien zu kaufen, erst einmal eine Broschüre für eine Lebens- oder Rentenversicherung vorlegt. Auch fondsgebundene Lebens- oder Rentenversicherungen bringen beachtliche Provisionen mit sich. Sollte der Kundenberater vor allem die Aktienfonds einer bestimmten Investmentgesellschaft empfehlen, so wissen Sie, dass sie vermutlich zur Bank gehört. Bei Aktienempfehlungen besteht häufig die Gefahr, dass vor allem solche Papiere bevorzugt werden, die von den hauseigenen Analysten beobachtet werden. In der Regel sind dies die Standardwerte des DAX. Daher wird man Ihnen in den seltensten Fällen eine Aktie eines Klein- oder mittelständischen Unternehmens empfehlen. Darüber hinaus haben Untersuchungen von Experten gezeigt, dass auch Banken bei der Einschätzung von Börsentendenzen danebenliegen und sie nur durchschnittliche Ergebnisse erzielen. Sie sollten daher die viel gepriesene Beratung mit einer gewissen nüchternen Skepsis betrachten. Bei jedem Wertpapierkauf sollten letztlich Sie selbst nach sorgfältiger und gewissenhafter Analyse entscheiden und die Verantwortung für Ihr Depot übernehmen. Es gibt zu denken, dass die vermeintlich mit hoch qualifizierten Analysten besetzten Investmentfonds in 90 Prozent der Fälle noch nicht einmal den Marktdurchschnitt übertreffen. Dabei verfügen diese Fondsmanager über Informationen aus erster Hand und können im Zweifelsfall sogar den Vorstandsvorsitzenden persönlich befragen. Wenn angesichts solcher Möglichkeiten und der besten Analyseinstrumente die meisten Investmentfonds ein schlechteres Ergebnis vorweisen als der Index, ist es eigentlich besser, gleich eine Indexstrategie zu wählen. Viele Pensionsfonds in den USA investieren längst in solche Indexanlagen. Wenn es nämlich so einfach wäre, mit Wertpapieren riesige Summen zu verdienen, wären die Börsenabteilungen der Banken längst verwaist und die Kundenberater würden auf ihrer eigenen Yacht durch die Karibik schippern.

Sehen Sie also bitte die Beratung als das, was sie ist: Anleger, die erstmals Wertpapiere kaufen, kann die Hausbank sicher besser unterstützen als eine Direktbank; Ihre Hausbank wird sich mehr

Zeit nehmen, wenn Sie Fragen zum Ablauf, zu Limits oder zu den Details einer Order haben. Aber Sie sollten dennoch jede Empfehlung zu Wertpapieren kritisch hinterfragen und sich selbst ein Urteil bilden.

Für die Verwaltung des Depots werden Gebühren berechnet. Für ein Depot in einer Größenordnung von 30.000 bis 50.000 Euro fallen im Durchschnitt je nach Bank jährliche Depotgebühren zwischen 30 und 50 Euro an. Die Depotverwaltung ist relativ aufwändig, denn die Bank muss Sie – zumindest bei deutschen Aktien – über einen bevorstehenden Hauptversammlungstermin informieren und Ihnen eine Einladung zukommen lassen; die Bank muss dafür sorgen, dass ausgeschüttete Dividenden auf Ihrem Konto korrekt verbucht werden, dass Sie rechtzeitig über Kapitalmaßnahmen wie beispielsweise Kapitalerhöhungen, die Ausgabe von neuen Aktien und über Übernahmeangebote informiert werden.

Beim ersten Wertpapierkauf wird die Bank von Ihnen verlangen, einen Fragebogen auszufüllen, in dem Ihre Vorkenntnisse, Ihre Anlageziele, Ihre Börsenerfahrung und Ihre Risikobereitschaft festgehalten werden. Eine solche Anlageberatung ist vom Wertpapierhandelsgesetz verbindlich vorgeschrieben, um Kunden zu schützen. Sie sollten deshalb die Angaben wahrheitsgemäß machen, damit die Bank ihren Sorgfaltspflichten nachkommen kann. Für viele Kunden mag es unangenehm sein, wenn sie nach ihrem Monatseinkommen, ihrem Anlagebetrag oder ihrer Börsenerfahrung gefragt werden, aber bedenken Sie, dass die Hausbank die Eingänge auf Ihrem Girokonto kennt und wahrscheinlich bestens über Ihre finanziellen Verhältnisse informiert ist. Die Befragung dient zudem Ihrem Schutz, damit Sie nicht als Börsenneuling gleich mit Optionsscheinen und Hebelzertifikaten spekulieren und auch die Risiken und Gefahren erkennen. Der Fragebogen ist eine wichtige Voraussetzung für ein fundiertes Gespräch.

1.5.1 Das Beratungsgespräch

Einen guten Kundenberater können Sie leicht von einem schlechten unterscheiden: Am Anfang jeder Anlageberatung stehen Fragen nach Ihren persönlichen Zielen, Ihren Erwartungen,

Ihrer Lebensplanung, Ihrer Risikobereitschaft und Ihrem Zeithorizont. Ein Berater, der Ihnen ohne Ihre persönlichen Lebensumstände zu kennen, gleich eine Aktie empfiehlt, ist im besten Fall ein schlecht geschulter Anfänger. Grundlegend für eine optimale Beratung ist nämlich die Frage: Welche finanziellen Ziele haben Sie? Versuchen Sie, Ihre Ziele so genau wie möglich zu formulieren und Klarheit zu erlangen. Denn dies ist der Ausgangspunkt für eine sorgfältige Finanzplanung.

Auch die persönliche Lebenssituation spielt eine große Rolle: Wenn Sie vom Arbeitslosengeld leben, wird Ihr finanzielles Potenzial anders sein, als wenn Sie ein eigenes Unternehmen haben oder als hoch dotierte Führungskraft in einem internationalen Konzern arbeiten. Auch Ihre sonstigen Lebensumstände, etwa ob Sie ein eigenes Haus oder Kinder haben, Single oder geschieden sind, beeinflussen Ihr Anlageverhalten.

Es ist auch wichtig, in welcher Lebensphase sich befinden. Ein 20-Jähriger wird andere Prioritäten setzen als jemand kurz vor der Pensionierung. Auch wenn Ihnen Ihr Lebensalter ungünstig erscheint, bedenken Sie, dass jedes Lebensalter seine Vor- und Nachteile hat. Mit 20 Jahren liegt Ihnen gleichsam die Welt zu Füßen; Sie können frei zwischen den Berufen wählen, Ihr Leben frei und unabhängig planen, Sie können Ihre Träume verwirklichen. Als 40-Jähriger haben Sie den Vorteil, dass Sie viele Lebenserfahrungen gesammelt haben und diese gezielt nutzen können. Sie haben schon viel Geld verdient und verfügen über Beziehungen und Netzwerke. Sie können Ziele realistisch einschätzen und Ihre Erfahrung dazu einsetzen, Ihren Lebensweg in die von Ihnen gewünschte Richtung zu lenken. Auch als 60-Jähriger stehen Ihnen noch viele Möglichkeiten offen. Es gibt Menschen, die mit 50 Jahren ein erfolgreiches Unternehmen gegründet haben; andere begannen mit 80 Jahren zu malen und wurden berühmt; andere begaben sich mit 70 Jahren auf eine Weltreise. Machen Sie etwas aus Ihrem Leben, und leben Sie das Leben, das Ihnen gefällt. Die Finanzplanung ist ein wichtiger Teil Ihrer Erfolgsstrategie, deshalb sollten Sie sich bewusst machen, was Sie wirklich wollen.

Bei dem Beratungsgespräch wird Ihnen der Kundenberater ein Formular vorlegen und dort die Angaben von Ihnen notieren. Das ist deshalb wichtig, damit man Sie besser beraten kann. Risikoscheuen Anlegern wird der Berater andere Wertpapiere empfehlen als jemandem, der über jahrelange Börsenerfahrung verfügt und größere Risiken eingehen möchte. Seien Sie daher ehrlich und geben Sie offen zu, wie viel Sie wirklich über Wertpapiere wissen, wie Ihre Vorerfahrungen sind und welche finanziellen Möglichkeiten Sie haben.

Die meisten Banken haben ein Kategoriensystem, in das sie die unterschiedlichen Anlageformen einordnen. Ein konservativer Aktienfonds, der weltweit anlegt oder sich auf deutsche Standardwerte konzentriert, wird anders eingestuft als ein Investmentfonds, der vorwiegend in China, Indien oder Lateinamerika anlegt. Lassen Sie sich die Definition der einzelnen Risikokategorien erläutern, da jede Bank ihr eigenes System hat. Lassen Sie sich die Empfehlungen des Kundenberater genau erklären; fragen Sie nach Risiken und Chancen.

Im Zweifelsfall ist es immer besser und vorteilhafter, wenn Sie sich selbst ein Urteil bilden und die Verantwortung für Ihre Geldanlage übernehmen. Wenn Sie langfristig wohlhabend oder reich werden wollen, müssen Sie sich die Mühe machen, sich in die Materie einzuarbeiten. Ein Vermögensberater oder -verwalter kann Ihnen diese Aufgabe nicht wirklich abnehmen. Wie bei allen existenziellen Fragen sollten Sie zumindest über Grundkenntnisse verfügen und erst dann einen vertrauenswürdigen Experten konsultieren. Genauso wenig wie es sinnvoll ist, einen Anwalt per Zufall aus dem Telefonbuch herauszusuchen oder bei einem ernsthaften gesundheitlichen Problem den unbekannten Arzt in der Nachbarschaft aufzusuchen, müssen Sie auch in finanziellen Angelegenheiten sehr sorgfältig und strategisch vorgehen. Der beste und professionellste Kundenberater muss nicht der Ihrer Sparkasse oder Hausbank sein. Auch hier gibt es große Qualitätsunterschiede. Am sichersten sind Sie, wenn Sie selbst über fundierte Grundkenntnisse verfügen und sich gewissenhaft und umfassend informieren.

1.5.2 Die Wertpapierkennnummer (WKN)

Um eine Aktie oder ein anderes Wertpapier zu kaufen, benötigen Sie die Wertpapierkennnummer. Jedes in Deutschland notierte Wertpapier, seien es Aktien, Optionsscheine, Zertifikate, Investmentfonds oder Anleihen, hat eine sechsstellige Wertpapierkennnummer (WKN). Obwohl bei Aktien Verwechslungen geringer sind und jeder Bankberater die Aktien von Siemens, Deutscher Bank oder SAP kennt, kann es dennoch sinnvoll sein, die Wertpapierkennnummer herauszusuchen. Denn manche Aktien gibt es als Stamm- und Vorzugsaktien. Bei ausländischen Aktien sind ebenfalls verschiedene Varianten im Handel.

Vor einigen Jahren hat man sich international darauf geeinigt, ein einheitliches System zur Bezeichnung von Wertpapieren einzuführen. Die internationale Wertpapierkennnummer (ISIN) oder International Securities Identification Number, die im Jahre 2003 aufkam, besteht aus einem Länderkürzel (DE für Deutschland, AT für Österreich, CH für die Schweiz), einer Nummer und einer Paritätsziffer am Ende, die nur für die Datenverarbeitung relevant ist. Die ISIN hat weltweit einheitlich 12 Stellen; nicht verwendete Stellen werden mit Nullen aufgefüllt. In Deutschland stimmt die Zahlenfolge zwischen dem Länderkürzel und der Paritätsziffer mit der Wertpapierkennnummer meistens überein. Nur in seltenen Fällen weicht die ISIN von der Wertpapierkennnummer ab.

Bei Aktien, die neu an die Börse gebracht wurden, so genannten Neuemissionen oder IPOs (Initial Public Offering), oder bei ausländischen Aktien, die erst seit kurzem in Deutschland notiert werden, werden häufig provisorisch Buchstaben mit Ziffern statt nur Ziffern verwendet. Es gilt die Regel, dass der Buchstabe „o" nicht verwendet werden darf, da die Verwechslungsgefahr mit der Null zu groß ist. Ausländische internationale Wertpapierkennnummern halten sich nicht an dieses Prinzip, daher können beispielsweise bei einer Aktie aus Australien Nullen und der Buchstabe „o" zusammen vorkommen.

Lesen Sie bitte die Wertpapierkennnummer oder die ISIN sorgfältig, vergleichen Sie jede Ziffer und jeden Buchstaben. Schon die geringste Verwechslung führt dazu, dass Sie ein ganz anderes

Wertpapier erhalten. Deshalb sollten Sie sich am Telefon vom Berater den Namen der Aktie nennen lassen, um sicher zu gehen, dass Sie das richtige Papier gewählt haben. Wenn Sie den Auftrag online durchführen lassen, wird auf Ihren Klick hin eine Datenbank durchsucht und das System trägt den Namen automatisch in das Online-Formular ein, nachdem Sie die Wertpapierkennnummer oder die ISIN eingegeben haben. Stimmt der Name der Aktie nicht mit Ihrem gewünschten Wertpapier überein, brechen Sie den Vorgang sofort ab. Dann haben Sie sich entweder vertippt oder eine andere WKN oder ISIN eingegeben.

1.5.3 Der Börsenplatz

Nachdem Sie das Wertpapier ausgewählt haben, müssen Sie den Börsenplatz wählen. Wenn Sie darauf verzichten, leitet Ihre Bank den Auftrag in der Regel an den für Sie günstigsten Börsenplatz weiter. Insbesondere bei deutschen Aktien haben Sie oft mehrere zur Auswahl. Neben dem elektronischen System XETRA können Sie den Auftrag auch an Börsenmakler in Frankfurt am Main oder eine Regionalbörse weiterleiten. Entscheidend für einen günstigen Kurs ist oft die Höhe der Börsenumsätze. Wenn Sie die Wahl haben, sollten Sie zwei Aspekte vergleichen: Zum einen sollten Sie nachsehen, an welchem Handelsplatz der günstigste Kurs im Augenblick zu haben ist. Bei manchen Aktien machen die Unterschiede zwischen den einzelnen Handelsplätzen oft mehrere Euro aus. Gewiefte institutionelle Investoren machen sich die Preisunterschiede, die international und bei der Notierung in unterschiedlichen Währungen bestehen, zunutze und kaufen Aktien an einem billigen Handelsplatz ein und verkaufen sie wieder teurer an einem anderen Ort. Da die Börsen jedoch relativ effiziente und gut funktionierende Märkte sind, ergeben sich nur geringe Preisdifferenzen, die aber bei Millionensummen einen beachtlichen Gewinn ergeben können. Dieses Verfahren nennt man Arbitrage. Es wird von institutionellen Anlegern praktiziert und wird häufiger bei Terminbörsen oder im Devisenhandel angewandt.

Nachdem Sie den Handelsplatz mit dem niedrigsten Kurs herausgesucht haben, sollten Sie vor allem einen Blick auf die Börsenumsätze werfen. Wenn dort die Zahl „0“ steht, müssen Sie sich eine andere Börse suchen. Im Zweifelsfall ist es ohnehin besser, wenn Sie die liquideste Börse mit den höchsten Umsätzen bevorzugen; denn bei allen anderen Handelsplätzen mit geringeren Umsätzen müssen Sie sehr enge Limits setzen, um sich vor plötzlichen Kursschwankungen zu schützen.

In XETRA erreichen die Umsätze Spitzenwerte, während sie an den Regionalbörsen oft nur gering sind. Durch eine ausreichend vorhandene Liquidität wird gewährleistet, dass Sie jederzeit einen fairen Preis erhalten. Wenn Sie online kaufen, können Sie eine Statistik einsehen, die die Börsenumsätze der einzelnen Börsen für dieses Wertpapier aufzeigt. Über 90 Prozent der Aufträge werden über die Frankfurter Wertpapierbörse ausgeführt; die anderen Regionalbörsen, die in Deutschland aus historischen Gründen bestehen, spielen im Börsengeschehen nur eine Nebenrolle. Auch international lässt sich die Tendenz zur Zentralisierung und zur Kooperation beobachten. Immer mehr Börsen schließen sich mit anderen Partnern zusammen, um die Transaktionskosten zu senken und den Kundenservice zu verbessern. Die *Euronext* ist beispielsweise eine Börse, die aus der Kooperation verschiedener Länderbörsen (Frankreich, Belgien, Niederlande) hervorgegangen ist. Das Konzept einer nationalen Wertpapierbörse ist angesichts der fortschreitenden Globalisierung veraltet; und es macht nicht länger Sinn, dass in der Europäischen Union jedes Land eine eigene Börse unterhält. Durch die Vielzahl der Gesetze und der Handelsformen wird der Börsenhandel behindert, und die Transaktionskosten sind insbesondere für Kleinanleger, aber auch für institutionelle Investoren zu hoch. In fast allen wichtigen Ländern dominiert heute der elektronische Handel. Wurden noch in den 1980er und 1990er Jahren Kurse von Maklern ausgerufen und sah man Händler aufgeregt Handzeichen geben, so sind heute die Börsen der Welt stille Orte geworden, an denen die Händler nur noch vor den Bildschirmen sitzen. Lediglich an den Warenbörsen, an denen Rohstoffe gehandelt werden, findet man wild gestikulierende Händler, die sich Kurse zurufen. Die einzige wichtige Aktienbörse, die noch den Parketthandel unterstützt, ist die New York Stock Exchange.

Aus diesen Gründen geraten die Börsenmakler in Bedrängnis. Denn langfristig werden wohl die bestehenden Börsen nur noch virtuell existieren, da der Computerhandel ohne Makler abgewickelt werden kann. Darum haben die Börsenmakler die Initiative ergriffen und sich spezialisiert und einen besonderen Kundenservice angeboten, um so eine Marktnische auszufüllen. Anleger, die ihre Wertpapieraufträge in XETRA platzieren, haben den Vorteil, dass sie sich die Maklercourtage sparen, die zwischen 0,04 und 0,08 Prozent des Auftragswerts liegt. Darüber hinaus bietet XETRA, das vor allem von institutionellen Anlegern wie Banken, Versicherungen und Investmentfonds genutzt wird, den Vorteil, dass es die höchsten Börsenumsätze vorweisen kann. XETRA führt auch Kleinstaufträge von Anlegern aus.

Sie sollten jedoch Orders vorsichtig platzieren. Wenn Sie in XETRA Aktien unlimitiert kaufen oder verkaufen (also billigst bzw. bestens), dann laufen Sie Gefahr, dass andere Marktteilnehmer dies ausnutzen. Es gibt nämlich Händler, die gezielt nach solchen unlimitierten oder nicht sinnvoll limitierten Aufträgen suchen und davon profitieren. Im Börsenjargon nennt man das „abfischen". Es kommt dann kein fairer Kurs zustande. Sie sollten folglich im XETRA-System stets ein marktgerechtes, sinnvolles Limit setzen. Das Limit sollte eng am aktuellen Kurs liegen, jedoch einen gewissen Spielraum für geringere Kursschwankungen offenlassen, denn sonst kann es zu einer Teilausführung kommen. Wird Ihr Auftrag nur teilweise ausgeführt, wird die restliche Stückzahl von Aktien später gekauft. Im Zweifelsfall müssen Sie dann bei Kleinaufträgen die Mindestgebühr Ihrer Bank zweimal entrichten. Im Präsenzhandel, der von Maklern ausgeführt wird, besteht dieses Problem nicht, da Makler gesetzlich verpflichtet sind, stets einen marktgerechten Kurs anzubieten.

Die Regionalbörsen versuchen ein Gegengewicht zur fortschreitenden Zentralisierung zu bilden, indem sie sich zunehmend spezialisieren. Vor allem Privatanleger werden von den kleineren Börsen durch Preisgarantien und einen besseren Service umworben. Manche Börsen werben beispielsweise damit, dass es bei ihnen keine Teilausführungen gibt und dass die Orders in Sekundenschnelle abgewickelt werden. Darüber hinaus haben viele Regionalbörsen eine längere Handelszeit als das XETRA-System und die Frankfurter Wertpapierbörse. Ein weiterer Pluspunkt ist, dass diese Börsen dem Kunden Kostenvorteile versprechen. Der Spread, das ist der Unterschied zwischen Kaufkurs (Geldkurs) und dem Verkaufskurs (Briefkurs), ist geringer.

1.5.4 Die Regionalbörsen

Deutsche Regionalbörsen gibt es in Berlin, Bremen, Düsseldorf, Hamburg, Hannover, München und Stuttgart. Die Börsen in Berlin und Bremen kooperieren seit 2003 und firmieren seitdem unter dem Namen „Börse Berlin-Bremen". Die Börse in Berlin zeichnet sich durch ihren hohen Anteil an ausländischen Aktien aus, wobei die US-Werte im Vordergrund stehen. Da viele amerikanische Aktien auch in Deutschland populär sind, ist es möglich, nahezu jede wichtige amerikanische Aktie in Berlin zu kaufen. Anleger, die sich für US-Aktien interessieren, sollten daher ihr Augenmerk auf die Börse in Berlin richten, die diese amerikanische Aktien zu denselben Konditionen anbietet wie deutsche Aktien. Beachten Sie aber: Die Börsenumsätze der US-Werte sind grundsätzlich niedriger als an den Börsen in den USA; bei Standardwerten wie IBM oder Microsoft wird dies wenig problematisch sein. Bei wenig bekannten Aktien sollten Sie aber die Umsätze genau überprüfen. Häufig ist der Kurs infolge des niedrigen Handelsvolumens geringfügig höher als in den USA; dies können Sie allerdings erst feststellen, wenn Sie die Notierungen vergleichen und den Devisenkurs umrechnen. Denn in Berlin werden US-Aktien wie an allen anderen Börsenplätzen der Eurozone in Euro angegeben; das Unternehmen selbst aber agiert im Dollarraum. Vergleichen Sie daher sorgfältig die Aktienkurse an der jeweiligen amerikanischen Börse, rechnen Sie den Kurs in Euro um und ziehen Sie die Notierung an der Berliner Börse zum Vergleich heran. Wenn Sie häufiger mit amerikanischen Aktien handeln, sollten Sie Direktbanken bevorzugen, denn diese ermöglichen den direkten Kauf und Verkauf von amerikanischen Aktien an einer US-Börse zu Konditionen, die häufig noch günstiger sind als beim Handel in Deutschland. Die Berliner Börse bietet zudem eine Vielzahl osteuropäischer Aktien, die in den letzten Jahren besonders boomten.

Ein weiterer Pluspunkt der Berliner Börse besteht darin, dass die Anleger über das Internet die Orderbücher der einzelnen Börsenmakler einsehen können und so wissen, welches Angebot und welche Nachfrage zu einer Aktie zustande kommt. Darüber hinaus bietet die Berliner Börse den Handel mit Investmentfonds an. Diese börsengehandelten Fonds werden als Exchange Traded Funds (ETF) bezeichnet und haben für Anleger den Vorteil, dass der Ausgabeaufschlag, der bei Aktienfonds zwischen 5 und 6 Prozent liegt, entfällt. Sie sollten allerdings bedenken, dass beim Kauf und Verkauf dieser Investmentfonds die üblichen Gebühren (wie Bankprovision, Maklercourtage) und ein Spread (also die Differenz zwischen Kauf- und Verkaufskurs) anfallen. Wenn die Provision sich bei teuren Banken auf ein Prozent je Kauf und Verkauf beläuft, liegen die Kosten bei etwas mehr als zwei Prozent. So sparen Sie immerhin nahezu 3 Prozent an Kosten gegenüber dem Ausgabeaufschlag. Leider werden bislang nicht alle gängigen Aktienfonds als Exchange Traded Funds an der Börse gehandelt. Das Angebot beschränkt sich auf die wichtigsten und bekanntesten Publikumsfonds. Falls Sie dennoch den Ausgabeaufschlag von 5 oder 6 Prozent reduzieren möchten, sollten Sie sich bei einer Direktbank erkundigen; dort gibt es für viele Investmentfonds einen Rabatt auf den Ausgabeaufschlag von 50 Prozent; manche Fonds werden sogar fast ohne Ausgabeaufschlag verkauft.

Die Börse in Düsseldorf, die sich auch Rheinisch-Westfälische Börse nennt, betont ihre fairen Preise und wirbt mit einer schnellen Ausführung. Darüber hinaus unterhält die Börse eine zusätzliche Handelsplattform namens *Quotrix*, die es gestattet, auch außerhalb der regulären Börsenzeiten Kauf- und Verkaufsorders zu platzieren.

Die Börsen in Hamburg und in Hannover kooperieren seit dem Jahr 1999. In Hannover hat man sich auf Anleihen spezialisiert, während in der Hansestadt Hamburg vor allem junge dynamische Unternehmen favorisiert werden. Die Börse in Hamburg gibt eine Garantie, dass die Kosten auch unter Berücksichtigung der Maklercourtage günstiger als bei einem XETRA-Auftrag liegen. Die Aktienkurse werden in Echtzeit veröffentlicht. Ähnlich wie bei der Börse Berlin-Bremen können auch in Hannover und Hamburg Exchange Traded Funds gekauft werden.

Die Börse in München wirbt mit einer Preisgarantie um die Gunst der Anleger. Für mehr als 5000 Wertpapiere wird der günstigste Kurs garantiert. Zudem gibt es keine Teilausführungen bei Orders mit geringem Umfang.

Die Stuttgarter Börse gilt als die beste Börse für Privatanleger, denn die Baden-Württembergische Börse bietet eine Best-Price-Garantie, der zufolge die Anleger stets den günstigsten Kurs im Vergleich zu einem Markt mit den größten Börsenumsätzen erhalten. Teilausführungen sind für deutsche und ausländische Aktien bis zu einem Orderwert von 50.000 Euro generell ausgeschlossen. Die wichtigsten Aktien aus dem Euro-Stoxx-50, der die 50 bedeutendsten Aktien der Eurozone zusammenfasst, und die wichtigsten Aktien aus dem NASDAQ-100 und dem Dow-Jones-Index, den 30 bedeutendsten US-Werten, werden zum selben Kurs angeboten wie an der Heimatbörse in den USA. Alle Aktienkurse sind über das Internet in Echtzeit – also ohne Zeitverzögerung – verfügbar. Darüber hinaus hat die Stuttgarter Börse zusätzlich einen eigenen Handelsplatz für Optionsscheine und Zertifikate, der EUWAX genannt wird. Die EUWAX kann im Derivatehandel problemlos mit der Frankfurter Wertpapierbörse konkurrieren.

Falls Sie als Anleger nun nicht wissen, welchen Börsenplatz Sie wählen sollen, befolgen Sie folgende Regel: Bevorzugen Sie den Handelsplatz, der die besten Aktienkurse bietet und zugleich eine annehmbare Liquidität aufweist. Akzeptabel ist das Handelsvolumen, wenn es Ihre eigene Ordergröße um ein Vielfaches überschreitet. Wenn Sie beispielsweise 100 Aktien kaufen wollen, sollte der Börsenumsatz schon bei mehreren Tausend liegen. Je geringer der Umsatz ist, desto sorgfältiger müssen Sie ein Limit setzen. In solch einem Fall sollten Sie auch Regionalbörsen nehmen, die Ihnen garantieren, dass keine Teilausführung vorgenommen wird. Solche Börsen sind zudem sinnvoll, wenn Ihnen garantiert wird, dass der Aktienkurs billiger ist als im XETRA-System.

Bei ausländischen Aktien kommen die Börsen Berlin-Bremen und München in Frage. Bei US-Aktien sollten Sie wegen der höheren Umsätze über eine Direktbank kostengünstig in den USA kaufen oder die Stuttgarter Börse wählen, da Ihnen zugesichert wird, dass der Aktienkurs nicht höher liegt als in den USA. Bei den Nebenwerten haben Sie in der Regel keine Auswahlmöglichkeit, da diese Aktien anders als die großen Standardwerte aus Kostengründen nur an einer einzigen Börse notieren. Dasselbe gilt für ausländische Aktien aus exotischeren Ländern. Da die Kosten für einen Kauf an der Auslandsbörse meistens sehr hoch sind, müssen Sie diese – falls Sie überhaupt an einer deutschen Börse gehandelt werden – an diesem Handelsplatz ordern. Hier gilt es, besondere Vorsicht walten zu lassen. Denken Sie daran, dass bei einem niedrigen Handelsvolumen schon bei geringfügigen Orders drastische Kursturbulenzen ausgelöst werden können; der Kurs der ausländischen Aktien in Deutschland kann dann erheblich von dem an der Ursprungsbörse abweichen, auch wenn er sich aufgrund der internationalen Arbitrage allmählich wieder auf ein vergleichbares Niveau einpendelt. Sie brauchen auf jeden Fall ein sorgfältiges und marktgerechtes Limit, um nicht übervorteilt zu werden. Unterschätzen Sie nie die möglichen Kursschläge, die schon geringste Ordergrößen bewirken können.

Börse	Internetadresse
Berlin	www.berlinerboerse.de
Bremen	www.boerse-bremen.de
Düsseldorf	www.boerse-duesseldorf.de
Frankfurt	www.deutsche-boerse.de
Hamburg, Hannover	www.boersenag.de
München	www.boerse-stuttgart.de

Abb. 1: Regionalbörsen in Deutschland

1.5.5 Der Direkthandel

Wenn Sie vor- oder nachbörslich, also außerhalb der Öffnungszeiten, kaufen, müssen Sie auf eine elektronische Plattform ausweichen, was aber riskant ist, da dort die Kursbildung weniger transparent erfolgt. Der Handelspartner ist dabei eine Bank, die als so genannter Market Maker auftritt und Quotes anbietet. Bei Derivaten wie Optionsscheinen und Zertifikaten ist es sogar unerlässlich, dass es einen Direkthandel gibt, da bei diesen Wertpapieren nicht immer Umsätze entstehen, die Emissionsbanken aber verpflichtet sind, einen Mindesthandel dem Kunden zu bieten. Bei Aktien besteht dieses Problem nicht, aber der Direkthandel über elektronische Handelsplattformen dient dazu, außerhalb der Börsenöffnungszeiten Aktien zu kaufen und zu verkaufen. Auch am Wochenende können Sie über solche Plattformen handeln und dadurch die Börsentendenzen in anderen Regionen der Welt nutzen. Denn meist führt eine schlechte Vorgabe aus Asien und insbesondere Japan dazu, dass auch die Kurse in Europa leichter tendieren. Die Börse in Tokio und in anderen asiatischen Metropolen wiederum wird von der Tendenz an der Wall Street beeinflusst. Vor diesem Hintergrund kann es auch Sinn machen, bereits am Wochenende, spät abends oder mitten in der Nacht mit dem Aktienhandel zu beginnen.

Ein weiterer Vorteil des Direkthandels besteht darin, dass die abgegebenen Kurse des Market Makers, also der Bank, sicher sind und dass zu diesen Preisen sofort abgeschlossen werden kann. Dieser Service ist mit höheren Kosten verbunden; zwar entfällt die Maklercourtage, da Sie in diesem Fall direkt mit der Bank Aktienhandel betreiben, aber der Market Maker lässt sich seinen Aufwand über eine höhere Preisspanne vergüten, d.h. der Unterschied zwischen dem Geld- und dem Briefkurs (der so genannte Spread) ist höher als beim Handel über die Börse. Je bekannter und gängiger die Aktie ist, desto geringer ist diese Differenz, auch wenn der Spread allgemein etwas größer ist als an der Börse.

Der außerbörsliche Handel sollte für den Privatanleger der Ausnahmefall sein. Auch wenn es lukrativ erscheint, die Aktie eines Unternehmens, über das negativ berichtet wird, bereits am Wochenende abzustoßen, sind die Risiken beim Direkthandel größer, als man meint. Da über das Wochenende oder die Nacht kein verlässlicher Referenzkurs verfügbar ist, es sei denn die Aktie wird auch in Nordamerika oder Asien gehandelt, stellen die Quotes im Direkthandel nur Schätzungen dar. Der Aktienkurs kann im Zweifelsfall zu niedrig oder zu hoch ausfallen, da im Direkthandel nur geringe Umsätze getätigt werden. Darüber hinaus kennt die Bank auf der anderen Seite alle Angebote und die gesamte Nachfrage und kann daher den Kurs zu ihren Gunsten ansetzen. Da der Direkthandel nicht der Börsenaufsicht und damit den strengen gesetzlichen Regelungen unterliegt, ist es dem Ermessen der Bank anheimgestellt, welchen Kurs die Bank anbietet. Dasselbe gilt, wenn Unregelmäßigkeiten auftreten oder die Abrechnung zu einem anderen als dem angegebenen Kurs erfolgt. Im Zweifelsfall müssen Sie dann klagen. Besonders bedenklich ist es, wenn Sie den Direkthandel über irgendwelche dubiosen Internetplattformen abwickeln. Sie riskieren, betrogen zu werden. Beachten Sie daher folgende Hinweise: Wählen Sie den Direkthandel nur im äußersten Ausnahmefall, wenn Sie unbedingt am Wochenende oder nachts Wertpapiere kaufen oder verkaufen wollen. Denken Sie daran, dass die Aktienkurse in solchen Fällen immer etwas ungünstiger als im Börsenhandel sind und dass eine verlässliche Kursstellung nicht erfolgt, da der Market Maker nach eigenem Gutdünken die Kurse festlegt. Wählen Sie auf keinen Fall eine Handelsplattform, deren Anbieter Sie nicht kennen. Wenn Sie schon eine Handelsplattform aussuchen, dann nur die einer renommierten und zuverlässigen Großbank. Beim Online-Banking werden Ihnen Handelsplattformen auf einer Auswahlliste vorgegeben, da Ihre Direktbank nur mit bestimmten Anbietern kooperiert.

1.5.6 Die Limitierung

Nach der Festlegung der Börsenplatzes sollten Sie sich Gedanken über eine Limitierung machen. Sie können bei der Ordereingabe festlegen, bis zu welchem Preis Sie die Aktie kaufen wollen. Nehmen wir einmal an, Siemens steht bei 80 Euro, und Sie möchten für den Kauf höchstens 81 Euro ausgeben. Dann setzen Sie ein Limit von 81 Euro. Wenn die Aktie in der nächsten Minute beispielsweise auf 83 Euro steigt, dann wird Ihr Auftrag nicht ausgeführt und Sie kommen nicht zum Zuge. Limits können einen Tag oder bis Monatsende gelten, was man im Fachjargon der Banken als „Ultimo“ (der Letzte des Monats) bezeichnet.

Ein Limit schützt Sie davor, Aktien zu teuer zu kaufen, denn Aktien können im Zweifelsfall innerhalb von Minuten beträchtlich schwanken. Bei den großen Standardwerten aus dem DAX ist dies weniger der Fall, da hier immer genügend Liquidität vorhanden ist. Werte wie *Siemens*, *DaimlerChrysler*, *Deutsche Bank*,

SAP, MAN und andere werden selbst durch große Aufträge nur geringfügig beeinflusst. Sie müssten schon Hunderte von Millionen investieren, um dort einen größeren Kursauftrieb auszulösen. Bei den Nebenwerten, wie sie im MDAX oder SDAX zusammengefasst sind, verhält es sich anders. Insbesondere bei kleinen Aktiengesellschaften können schon unbedeutende Orders wahre Kurssprünge und Turbulenzen auslösen. Den Kauf solcher Aktien sollten Sie stets limitieren. Dasselbe gilt für ausländische Aktien, die Sie an einem Börsenplatz kaufen, denn anders als im Heimatland, wo Aktien wie *IBM* und *Microsoft* zu den Schwergewichten zählen, sind in Deutschland die Umsätze wesentlich geringer. Die Gefahr mag bei einer Aktie wie IBM dennoch gering sein, da sie auch in Deutschland populär ist, ganz anders sieht es bei exotischen chinesischen Aktien oder australischen Goldminenwerten aus. In diesem Fall müssen Sie immer ein Limit setzen. Denn schon der geringste Kaufauftrag kann diese Werte innerhalb von Sekunden drastisch in die Höhe treiben.

Aufgrund dieser fatalen Marktenge vermeiden die meisten Investmentfonds solche Aktien mit geringen Börsenumsätzen, da es schwierig ist, solche Aktien überhaupt zu erwerben und wieder zu verkaufen. Dieser Zusammenhang wirkt sich übrigens auch auf die Performance eines Aktienfonds aus. Studien haben gezeigt, dass ein großes Anlagevolumen langfristig die Wertentwicklung eines Fonds beeinträchtigt. Stellen Sie sich vor, ein Aktienfonds ist beim Publikum sehr beliebt und verwaltet ein Vermögen in Milliardenhöhe. Für Fondsmanager wird es dann immer schwieriger diese Milliardensummen „geräuschlos“ und geschickt im Aktienmarkt unterzubringen. Sobald der Fonds eine größere Anzahl von Aktien kauft, schnellt der Kurs automatisch empor. Umgekehrt kann sich der Fonds bei einem Crash oder Kurssturz kaum von einer Position trennen, da dadurch die Talfahrt einer Aktie noch erheblich beschleunigt würde. Überhaupt kann ein solcher Riesenfonds nur in Standardwerte investieren, die eine hohe Marktkapitalisierung und beträchtliche Börsenumsätze aufweisen. Solche „Dinosaurier“ und „Elefanten“ des Aktienmarktes sind aber häufig weniger lukrativ als kleine, wendige mittelständische Unternehmen. Dadurch fällt die Performance solcher Publikumsfonds noch weiter zurück. Umgekehrt kamen pfiffige Investmentgesellschaften auf die Idee, gerade in diese winzigen Aktiengesellschaften zu investieren, um eine Überrendite zu erzielen. Man spricht dann von einer Microcap-Strategie.

Auch beim Verkauf können Sie ein Limit setzen. Wenn beispielsweise ein Abwärtstrend am Aktienmarkt einsetzt, kann es sinnvoll sein, ein unteres Limit zu setzen. Wenn Sie Siemens-Aktien für 80 Euro gekauft haben und der Kurs nun bei 75 Euro steht, können Sie beispielsweise ein Limit von 73 Euro setzen. Fällt die Aktie überraschend auf 70 Euro, dann wird der Verkaufsauftrag nicht ausgeführt. Steht die Aktie dagegen bei 74 Euro, dann erfolgt der Verkauf. Das Limit gibt in diesem Fall an, was Sie mindestens noch für Ihre Aktie haben wollen.

Inzwischen gibt es komplexe Limitierungsverfahren, die vor allem von Experten empfohlen werden. Zum Beispiel lautet eine Regel, man solle nie mehr als zehn Prozent verlieren. Um dies zu erreichen, setzt man eine so genannte Stop-Loss-Order. Die Bank verkauft das Wertpapier, sobald die von Ihnen angegebene Grenze unterschritten wird. Dies kann nützlich sein, wenn eine Aktie ständig fällt. Durch die Stop-Loss-Order werden die Verluste automatisch begrenzt. In der Realität funktionieren jedoch Stop-Loss-Orders oft nicht wie gewünscht, denn bei einem plötzlichen Crash oder einer negativen Unternehmensnachricht kann der Kurs innerhalb von Minuten um vielleicht 20 Prozent fallen. Der Verkaufsauftrag wird dann automatisch vom System ausgelöst. Sollte sich dann wenige Minuten später herausstellen, dass eine Pressemeldung überzogen war, dann erholt sich möglicherweise der Kurs wieder und erreicht innerhalb von Minuten den alten Höchststand. Der Anleger mit dem Stop-Loss-System hat dann aber bereits seine Aktien zum Tiefstkurs verkauft. In seltenen Fällen kann es beim elektronischen Handelssystem XETRA sogar möglich sein, dass ein Stop-Loss ignoriert wird, wenn der Stoppkurs durch den dramatischen Kursverfall bei einem Crash schon weit unterschritten wurde. Im Parketthandel wird ein solcher Stop-Loss von Börsenmaklern noch ausgeführt.

Stop-Loss-Kurse müssen Sie daher ständig aktualisieren. Ist der Abstand zum aktuellen Kurs zu gering, laufen Sie Gefahr, dass die Aktie bei der nächsten willkürlichen Schwankung verkauft wird. Ist der Sicherheitsabstand zu groß, verlieren Sie möglicherweise bei einem plötzlichen Kursrutsch zu viel; empfehlenswert ist je nach Risikobereitschaft ein Stop-Loss, das 25 Prozent unterhalb des aktuellen Kurses liegt. Wenn Sie weniger risikogeneigt sind, sollten Sie die Stop-Loss-Marke enger ziehen. Überhaupt können Stop-Loss-Kurse in einer schweren Krise nicht wirklich das Schlimmste verhüten. Eine Aktie, die unvermittelt in einem Zug um 40 Prozent fiele, würde auch Anlegern mit einem Stop-Loss-Kurs den entsprechenden Verlust bescheren. Stop-Loss-Kurse nehmen ihre Sicherungsfunktion nur dann wahr, wenn die Aktie in kleineren Schritten allmählich sinkt. Dennoch sind sie für die meisten Anleger ein sinnvolles und brauchbares Instrument; Sie müssen aber die Kurse permanent aktualisieren und den neuesten Kursentwicklungen anpassen, damit der Sicherheitsabstand gewahrt bleibt. Ein zu großer Abstand ist ebenso unsinnig wie ein zu geringer. Auch kann man die 10-Prozent-Regel nicht schematisch anwenden. Bei Aktien, die sehr stark schwanken, kann ein größerer Sicherheitsabstand der Stop-Loss-Marke ratsam sein.

Das Gegenteil einer Stop-Loss-Order ist eine Stop-Buy-Order. Bei dieser Ausführungsform wird eine Aktie nicht gekauft, wenn der Kurs plötzlich über eine vorher festgelegte Marke steigt. Eine solche Orderform ist vor allem dann sinnvoll, wenn Sie Aktien einer momentan populären Branche kaufen oder die von vielen Zeitschriften oder im Fernsehen empfohlen wurden. Da etliche Anleger die Aktie haben wollen, ist die Gefahr groß, dass das Papier zu schnell steigt und sich danach wieder konsolidiert. In diesem Fall sollten Sie eine Stop-Buy-Order wählen.

Kauf- oder Verkaufsorders, die unlimitiert abgegeben werden, nennen Experten bei Kauforders „billigst“ und bei Verkaufsorders „bestens“; es handelt sich um so genannte Market-Orders. Bei den Limits unterscheidet man auch spezielle Formen. Beispielsweise gibt es das Limit „immediate or killl“, bei dem die Order sofort oder gar nicht mehr ausgeführt werden soll. Eine wichtige Limitierungsart ist auch „fill or kill“, bei der der Auftrag vollständig oder gar nicht erledigt werden muss.

Gelegentlich müssen Sie nämlich damit rechnen, dass Aufträge aufgrund schwacher Umsätze nur teilweise ausgeführt werden, was besonders für Kleinanleger ärgerlich ist, denn bei einer Teilausführung können sich die Kosten erhöhen. Zwar werden die Provision und die Maklercourtage prozentual berechnet, doch viele Banken haben Mindestgebühren eingeführt, so dass bei kleineren Orders häufig beispielsweise 30 Euro Mindestgebühren in Rechnung gestellt werden. Bei einer Teilausführung fällt die Gebühr dann mehrfach an. Daher kann es sinnvoll sein, einen solchen Auftrag mit dem speziellen Limit „fill or kill" zu versehen, denn dann muss die Order vollständig erfüllt oder – wenn dies nicht möglich ist – gelöscht werden.

Bedenken Sie bitte, dass Banken für Limits Gebühren verlangen; manche Kreditinstitute fordern diese Gebühren auch dann ein, wenn das Limit gar nicht in Anspruch genommen wurde (beispielsweise bei einer Stop-Loss-Order). Limits sind nur bei Aktien notwendig, die geringe Börsenumsätze haben – also illiquide sind. Bei den großen Standardwerten wie *Siemens*, *BASF*, *BMW*, *DaimlerChrysler* oder *Deutsche Telekom* ist eine Limitierung nicht nötig.

Bei marktengen Werten, die nur geringe Börsenumsätze aufweisen, sollten Sie in jedem Fall ein Limit setzen; denn schon bei kleinsten Kaufaufträgen kann der Kurs innerhalb von Sekunden in die Höhe schießen und danach wieder steil abfallen. Gehen Sie ein solches Risiko niemals ein. Bei allen Aktien, die zu den Nebenwerten zählen und nur ein geringes Handelsvolumen haben, müssen Sie auf jeden Fall ein Limit setzen. Dasselbe gilt auch, wenn Sie Standardwerte über das elektronische Handelssystem XETRA bestellen, das den größten Anteil hat. Über 90 Prozent aller Orders werden über XETRA abgewickelt; der Handel mit Börsenmaklern spielt heute nur noch eine untergeordnete Rolle. Bei XETRA kann es sein, dass Sie als Kleinanleger gegenüber den institutionellen Investoren im Nachteil sind, die das elektronische System laufend beobachten und die aktuellen Kurse gezielt verfolgen. Auch bei einer Order über XETRA sollten Sie daher sicherheitshalber ein Limit setzen. Ein wichtiger Tipp für Anleger ist, dass man stets runde Zahlen vermeiden sollte. Setzen Sie also Ihr

Verkaufslimit nicht bei beispielsweise 60 Euro, sondern bei 62 Euro an. Viele andere Anleger bevorzugen nämlich runde Zahlen, was bei einem Kurssturz eine Welle von Verkaufsaufträgen und damit eine regelrechte Kurslawine erzeugen kann. Beachten Sie auch, dass Limits nach einer gewissen Zeit gelöscht werden; regelmäßig verfallen Limitierungen zum Jahresende. Aber auch wenn Bezugsrechte oder Berichtigungsaktien ausgegeben werden, können bestehende Limits aufgehoben werden.

1.5.7 Gebühren beim Aktienkauf

Sie werden sich fragen: Welche Kosten kommen auf mich beim Kauf einer Aktie zu? Die erste Gebühr, die Ihnen begegnen wird, ist die Bankprovision, die beim Kauf und Verkauf von Aktien in der Regel bei einem Prozent liegt. Obwohl viele Anleger wenig auf die Gebühren achten, können sich die Ausgaben bei vielen Wertpapiertransaktionen und großen Beträgen relativ schnell summieren. Kluge Anleger versuchen daher, diese Kosten möglichst zu reduzieren. Wenn Sie bei einer Bank ein Millionenvermögen besitzen, werden Sie den Kundenberater schnell dazu überreden können, die Provision zu senken. In den meisten Fällen wird man ohnehin von selbst auf Sie zukommen und Ihnen entsprechende Offerten unterbreiten. Bei Kleinanlegern sieht die Sache anders aus: Auch auf hartnäckige Nachfrage wird der Kundenberater nicht bereit sein, die Provision zu senken oder zumindest einige Zugeständnisse zu machen. In einem solchen Fall können Sie zu einer Direktbank wechseln. Direktbanken sind meist Tochtergesellschaften renommierter Großbanken wie der Commerzbank und betreiben alle Bankgeschäfte online oder per Telefon.

Obwohl in letzter Zeit das Beratungsgeschäft ausgeweitet wurde, erhalten Sie in einer Direktbank keine oder nur wenig Beratung. Sie müssen also bereits selbst wissen, welche Wertpapiere Sie möchten. Direktbanken haben meist den Nachteil, dass sie kein Filialnetz unterhalten. Ihren Ansprechpartner können Sie daher nur online oder per Telefon erreichen. Auch über eigene Bankautomaten verfügen Direktbanken in der Regel nicht, so dass Sie Ihr Geld an den Automaten anderer Institute abheben müssen, was im

Direktbank	**Internetadresse**
comdirekt	www.comdirekt.de
Cortal Consors	www.cortalconsors.de
DAB Bank	www.dab-bank.de
*E*Trade*	www.etrade.de
Flatex	www.flatex.de
Fimatex	www.fimatex.de
ING DiBa	www.ing-diba.de
Interactive Brokers	www.interactivebrokers.de
maxblue	www.maxblue.de
netbank	www.netbank.de
Postbank	www.easytrade.de
sbroker	www.sbroker.de
1822 direkt	www.1822direkt.com

Abb. 2: Beispiele für Direktbanken

Zweifelsfall mit hohen Gebühren verbunden ist. Einige Direktbanken unterhalten allerdings Kooperationen mit Großbanken oder sind einem Verbund angeschlossen, so dass Sie auch hier ohne zusätzliche Gebühren Geld abheben können. Erkundigen Sie sich genau, bevor Sie ein Konto bei einer Direktbank eröffnen, denn die Gebühren am Geldautomaten sind ein deutlicher Minuspunkt.

Die Bankprovision bei den meisten Direktbanken liegt bei zirka 0,5 Prozent je Aktienkauf oder -verkauf. Sie sparen durch den Wechsel immerhin fünfzig Prozent der Provisionen. Doch es kommt noch besser: Aktienfonds haben in der Regel einen Ausgabeaufschlag von 5 bis 6 Prozent. Auch hier bekommen Sie bei Direktbanken einen Nachlass von mehr als 50 Prozent; es gibt sogar vereinzelt Investmentfonds, die noch günstiger abgegeben werden. Wenn Ihnen der Berater Ihrer Hausbank versichert, bei ihm gebe es Investmentfonds ganz ohne Aufschlag, dann sollten Sie wissen: Es gibt tatsächlich zwei Formen von Investmentfonds, die ohne Aufschlag angeboten werden. Zum einen handelt es sich um so genannte No-load-funds; bei diesen wird der Ausgabeaufschlag auf die Laufzeit verteilt und jedes Jahr von der Wertentwicklung abgezogen. Von diesem Vorgang bekommen Sie als Anleger nichts mit;

diese Investmentfonds sind also keine wirklichen Schnäppchen, sondern sogar teuerer; die Gebühren werden klammheimlich abgezogen, ohne dass Sie etwas merken. Selbstverständlich steht das in dem entsprechenden Prospekt – nur lesen die meisten Anleger solche Prospekte nicht wirklich durch. Solche No-load-funds eignen sich nur, wenn Sie Gelder kurzfristig anlegen möchten. Langfristig sind sie teurer als herkömmliche Investmentfonds mit Ausgabeaufschlag. Andere Fonds ohne Ausgabeaufschlag sind Exchange Traded Funds (ETF). Die meisten Fonds werden nicht an der Börse gehandelt, sondern direkt von den Investmentgesellschaften über Banken an den Kunden verkauft. Eine Ausnahme sind die Exchange Traded Funds, die über die Börse gehandelt werden und keinen Ausgabeaufschlag haben. Doch auch hier fallen Gebühren an, denn Sie müssen beim Kauf und Verkauf von Exchange Traded Funds die Bankprovision entrichten, die je nach Kreditinstitut zwischen 0,5 und 1 Prozent liegt. Selbst wenn Sie je Transaktion ein Prozent entrichten, belaufen sich die Gebühren insgesamt auf höchstens 2 Prozent, was gegenüber 5 oder 6 Prozent Ausgabeaufschlag noch ein Vorteil ist. Leider ist jedoch nur ein geringer Teil der Investmentfonds über die Börse erhältlich. Die ETFs erfreuen sich aber bei vielen Anlegern großer Beliebtheit.

Eine zweite Gebühr, die gelegentlich auf Ihrer Wertpapierabrechnung auftauchen wird, ist die Maklercourtage. Immer wenn eine Aktie über einen Börsenmakler ge- oder verkauft wird, fällt eine solche Gebühr an.

Noch Anfang der 1990er Jahre wurde der gesamte Börsenhandel auf dem Parkett abgewickelt, d.h. Börsenmakler nahmen die Kursstellung vor und handelten mit Wertpapieren. Mit dem Einzug der Elektronik hat sich das grundlegend geändert. Seit dem wird ein Großteil der Aufträge von einem Computer durchgeführt, der in Sekundenschnelle einen Kurs ermittelt und die Transaktion abwickelt. Der Computerhandel, der in Deutschland XETRA heißt, dominiert heute bereits den Markt, und nur ein verschwindend geringer Teil des Handels wird noch von Börsenmaklern bestritten. Durch die zunehmende Globalisierung ist der Computerhandel fast in allen Ländern der Welt Realität, so dass die Börsenmakler zunehmend unter Druck geraten. Nur noch für Spezialwerte lohnt sich das Maklergeschäft, und selbst dann müssen sie den Anlegern erhebliche Sonderkonditionen einräumen.

Wenn Sie sich also die Maklercourtage, die nur Bruchteile eines Prozents beträgt, sparen wollen, geben Sie Ihre Order über das elektronische System XETRA ab. Nicht bei allen Aktien ist das möglich – insbesondere ausländische Aktien müssen über einen Makler abgewickelt werden –, aber in zirka 90 Prozent der Fälle kann XETRA bei inländischen Aktien gewählt werden. Eine andere, aber wenig empfehlenswerte Möglichkeit, die Maklercourtage einzusparen, ist der Handel über elektronische Plattformen, die weltweit auf dem Vormarsch sind. Eine elektronische Plattform ist eine Art private Online-Börse, die meist von einer Bank unterhalten wird. Statt über eine Börse können Sie das Papier direkt von der jeweiligen Bank kaufen. Da in diesem Fall kein Börsenmakler zwischengeschaltet ist, entfällt die Courtage. Solche Plattformen gewinnen an Zulauf.

Ein neuer Trend ist, dass eine solche elektronische Börse von einem Bankenverbund gegründet wird. Die Ursache dafür liegt darin, dass sich die großen etablierten Börsen zu langsam entwickeln und mit dem Tempo der Globalisierung nicht Schritt halten. Obwohl sich immer mehr Börsen zusammenschließen und von den frei werdenden Synergien profitieren, scheitert eine solche Fusion häufig an versteckten Interessen und nationalen Vorbehalten. Insbesondere die Deutsche Börse tut sich schwer, einen geeigneten Partner zu finden. Noch immer sind die Börsen in Europa zersplittert und national organisiert, was eine Senkung der Transaktionskosten weitgehend verhindert. Durch die Gründung von bankenabhängigen Plattformen sind die staatlich reglementierten Börsen gezwungen, schneller zu fusionieren. Der schnelle, kostengünstige und effiziente Computerhandel wird sich immer weiter ausbreiten.

Neben der Bankprovision und der Maklercourtage berechnen manche Banken auch noch Auslagen für Korrespondenz und andere Posten. Wenn Sie Aktien kaufen wollen, benötigen Sie ein Wertpapierdepot, das Sie bei Ihrer Hausbank oder der Bank Ihrer Wahl erhalten. Wenn Sie Wertpapiere kaufen, wird der Gegenwert von Ihrem Girokonto abgebucht, und die Wertpapiere werden dann in Ihrem Depot registriert. Für die Verwaltung werden Ihnen am Jahresende wiederum Gebühren berechnet, die jedoch im Promillebereich liegen, d.h. Sie zahlen für die Depotverwaltung nur Bruchteile eines Prozents. Die Bank sorgt laufend dafür, dass Sie rechtzeitig über alle Veränderungen informiert werden, beispielsweise wenn die Aktiengesellschaft eine Hauptversammlung anberaumt.

1.6 Wie informiere ich mich über Aktien?

Während in früheren Jahrzehnten nur spärliche Informationen über die Börse zu erhalten waren und selbst in der Tagesschau nicht darüber berichtet wurde, hat sich dies in den 1990er Jahren erheblich geändert. Inzwischen wird in jeder Nachrichtensendung ausführlich über die Entwicklung des DAX informiert und auch Unternehmensnachrichten werden behandelt und kommentiert.

1.6.1 Die Fernsehsender

In den letzten Jahren sind eigene Fernsehsender entstanden – wie *ntv* und *N24*, die umfassend über das Börsengeschehen berichten und eigene Sendungen haben, die Anleger beraten und informieren. Im Ausland und vor allem in den USA gibt es diese ausführliche Börsenberichterstattung schon länger, und so verwundert es nicht, dass *CNN*, *BBC* und *CNBC* in aller Breite Nachrichten über die Börse bringen und Analysten zu Wort kommen lassen. Einige Fernsehsender wie Bloomberg berichten rund um die Uhr in aktuellen Nachrichtensendungen über das Geschehen an den internationalen Wertpapiermärkten.

Besonders vorteilhaft ist auch das sehr reichhaltige Videotext-Angebot bei *n-tv*, das die Kurse aller deutschen Aktien und eines Großteils der Derivate (Optionsscheine, Zertifikate) ebenso umfasst wie die wichtigsten ausländischen Aktien und die meisten Investmentfonds. Während Sie beispielsweise die Nachrichten ansehen, können Sie so geschickt den Videotext aufrufen und nebenher die aktuellen Kurse erfahren. Auch wenn der Videotext gegenüber dem Internet ein veraltetes und relativ langsames Medium ist, können Sie sich auf diese Weise schnell über die aktuellen Kurse und die Börsentendenzen informieren, ohne dass Sie erst Ihren PC hochfahren müssen.

1.6.2 Die Tageszeitungen und Zeitschriften

Die Tageszeitungen, die schon früher regelmäßig über Aktien und andere Wertpapiere berichteten und den Kurszettel der Börsen abdruckten, haben in den letzten Jahren eine Schwerpunktbildung eingeleitet. Viele Wirtschaftsredaktionen befürchten immer, in der Beliebtheitsskala der Leser auf dem vorletzten Platz vor dem Feuilleton zu landen. Daher haben die Bemühungen zugenommen, die Leserschaft nicht durch langatmige Unternehmensnachrichten aus der Provinz zu langweilen. Heute im Trend liegen informative Beiträge, die einen großen Kreis von Lesern ansprechen. Zu diesen Themen zählen aktuelle Artikel zur Geldanlage und zur Altersvorsorge.

In Deutschland sind die meisten Tageszeitungen mit einer umfassenden Börsenberichterstattung überregionale Zeitungen, die ein hohes Ansehen genießen, oder reine Wirtschaftszeitungen.

Zeitung	**Internetadresse**
Börsenzeitung	www.boersen-zeitung.de
Die Welt	www.welt.de
Financial Times Deutschland	www.ftd.de
Frankfurter Allgemeine Zeitung	www.faz.de
Handelsblatt	www.handelsblatt.com
Süddeutsche Zeitung	www.sueddeutsche-zeitung.de

Abb. 3: Tageszeitungen mit Börsenberichterstattung

Neben Tageszeitungen erhalten Sie Börseninformationen auch über gängige Wirtschaftsmagazine, die häufig einzelne Aktien, Trends oder Börsen analysieren und den Lesern konkrete Tipps geben. Solche Berichte und Reportagen zeichnen sich vor allem durch ihre fundierte Hintergrundrecherche aus; die meisten Artikel sind bereits, wenn die Zeitschrift erscheint, einige Tage alt, so dass die Zahlen nicht mehr aktuell sind. Dennoch können solche Wirtschaftsmagazine für viele Anleger eine Hilfestellung sein, zumal einige Magazine speziell auf Themen eingehen, die für das Management relevant sind. Hierzu gehören Informationen zur Altersvorsorge, zu Steuerstrategien und zum Vermögensaufbau für Führungskräfte. Viele der in diesen Wirtschaftsmagazinen enthaltenen Börsentipps sind langfristig ausgerichtet und orientieren sich eher an grundlegenden Investmentideen.

Börsenjournale hingegen stellen einzelne Aktien und Investmentmöglichkeiten vor. Die Wertpapiere werden sehr ausführlich besprochen und erläutert, und häufig enthalten diese Börsenjournale eine Übersicht der in Deutschland gehandelten Aktien mit den jeweiligen Kennzahlen. Für viele Anleger können diese Börsenjournale zur Orientierung nützlich und hilfreich sein. Betrachten Sie aber die oft vorgestellten Musterdepots mit einer gewissen Skepsis. Auch wenn angeblich in der Vergangenheit überdurchschnittlich hohe Renditen erzielt wurden, sollten Sie Vorsicht walten lassen; denn diese Musterdepots werden bisweilen innerhalb kürzester Zeit (wöchentlich oder monatlich) umgeschichtet. Als Privatanleger sollten Sie bedenken, dass so häufige Umschichtungen mit erheblichen Transaktionskosten (Gebühren, Provisionen, Steuern) verbunden sind und die Rendite drastisch schmälern. Nach dem häufigen Wechsel von Wertpapieren bleibt Ihnen unter dem Strich kaum ein nennenswerter Gewinn übrig. Die überdurchschnittlichen Ergebnisse der Börsenjournale kommen bisweilen auch dadurch zustande, dass nur über die erfolgreichen Investments berichtet wird und Verlierer weggelassen werden. In letzter Zeit bemühen sich einige Börsenjournale, mehr Transparenz zu zeigen, und listen sowohl Gewinner als auch Verlierer auf. Dennoch kann es auch andere Probleme bei der Umsetzung solcher vermeintlich lukrativer Musterdepots geben. Wenn beispielsweise ein Stoppkurs festgelegt wird, der 10 Prozent unter dem Einstandspreis liegt, dann können Sie als Anleger nicht davon ausgehen, dass in einer Krisensituation die Bank Ihre Wertpapiere entsprechend Ihrer Stop-Loss-Order zu diesem Preis verkauft. Wenn die Kurse plötzlich absacken, kann ein Verkaufsauftrag auch erst nach einem Verlust von 15, 20 oder mehr Prozent zustande kommen. Überhaupt sind die in vielen Börsenjournalen angegebenen Ziel- und Stoppkurse eine Illusion, da niemand vorhersagen kann, ob die Aktie wirklich den Zielkurs erreichen wird. Lassen Sie sich also nicht von den scheinbar exakten Zieldaten beeindrucken; in der Realität hält sich kein Aktienkurs daran. Untersuchungen haben ohnehin ergeben, dass die rührigen Redaktionen genauso oft in ihrer Kursprognose daneben liegen wie Banken und Analysten. Je reißerischer ein Artikel geschrieben ist, um so nachdenklicher sollten Sie werden.

Börse Online	*www.boerse-online.de*
Capital	www.capital.de
Der Aktionär	www.deraktionaer.de
Focus Money	www.focus-money.de
Manager Magazin	www.manager-magazin.de
Wirtschaftswoche	www.wiwo.de

Abb. 4: Wirtschaftsmagazine und Börsenjournale

Dies gilt auch für Börseninformationsdienste, die häufig als Abonnement an Anleger vertrieben werden. Diese Dienste, die oft mit überdurchschnittlichen Erfolgschancen und einer Rendite von mehreren hundert Prozent werben, sind relativ teuer, und ob die Tipps und vermeintlichen „Hot Stocks" wirklich zu den Stars zählen, sollten Sie eher skeptisch beurteilen. Nur ein Börseninformationsdienst, der Ihnen eine lückenlose Erfolgsstory präsentiert, wäre sein Geld wert. Aber selbst dann sollten Sie beachten, dass es keinen Sinn macht, eine Aktie eine Woche zu halten und dann wieder abzustoßen. Die Transaktionskosten und die Steuern, die Sie dann zahlen müssen, steigen ins Unermessliche, so dass Ihre Rendite sehr schnell schrumpft. Seien Sie also vorsichtig, wenn Börseninformationsdienste mit gigantischen Renditen oder außergewöhnlichen Erfolgschancen werben. Dasselbe lässt sich für Hotlines und E-Mail-Abonnements sagen.

1.6.3 Das Internet

Kaum ein anderes Medium hat die Finanzmärkte so revolutioniert und drastisch verändert wie das Internet. Man könnte auch von einem Zeitalter vor und nach der Erfindung des Internets sprechen, denn durch das neue Medium wurden auch die Finanzmärkte demokratisiert. Während früher einzig und allein die Börsenmakler den Zugang zu den Aktienmärkten ermöglichten, können heute Aktien über den Computerhandel erworben werden. Es ist nur eine Frage der Zeit, bis es einen weltweiten 24-Stunden-Handel mit Wertpapieren gibt. Schon jetzt wachsen die Börsen zusammen und sind zu Kooperationen gezwungen.

Besonders eindrucksvoll hat das Internet auch die Informationslage verändert. Während früher Anleger noch auf Printmedien und den Kursteil vom Vortag angewiesen waren, haben sie heute die Möglichkeit, rund um die Uhr Informationen aus dem Internet zu beziehen, die stets aktuell und umfassend sind.

1.6.4 Investor Relations

Sie können sich über die Webseite Ihrer Aktiengesellschaft die neuesten Informationen, Pressemitteilungen, Analystengutachten, aktuelle Aktiencharts und Geschäftsberichte besorgen. Dadurch sind Sie stets auf dem Laufenden und wissen über Ihr Unternehmen Bescheid. In den USA ist es sogar Gesetz, dass Analysten keine privilegierten Informationen erhalten dürfen; alle wichtigen und relevanten Neuigkeiten müssen zeitgleich auch der allgemeinen Öffentlichkeit und den Privatanlegern bekannt gegeben werden. Die Webseite Ihrer Aktiengesellschaft ist daher für Sie eine äußerst wichtige Informationsquelle, die Sie nutzen sollten.

Bevor Sie eine bestimmte Aktie kaufen, schauen Sie sich die Webseite Ihres Unternehmens sorgfältig an. Dabei sollten Sie nicht nur die für Aktionäre bestimmten Informationen lesen, sondern auch die anderen Seiten durchgehen. Welche Produkte bietet Ihr Unternehmen an? Welche Marken gibt es? Welchen Eindruck macht die Qualität der Produkte und Dienstleistungen auf Sie? Informieren Sie sich auch über andere Fakten. Welche Niederlassungen hat das Unternehmen? Wird der größte Umsatz in Deutschland, in der EU oder in anderen Ländern erzielt? Welche Kooperationen und Joint Ventures gibt es?

Danach sollten Sie sich die speziellen Informationen für Aktionäre heraussuchen. Im modernen Jargon wird diese Abteilung der

Unternehmenskommunikation als Investor Relations bezeichnet. Während in Deutschland früher die Anteilseigner eher stiefmütterlich behandelt wurden, hat sich dies in den letzten Jahren nach US-amerikanischem Vorbild deutlich gewandelt. Inzwischen finden Sie den Menüpunkt „Investor Relations" bereits an prominenter Stelle auf der Eingangsseite.

Unternehmen, die meinen, die Informationen für Aktionäre verstecken zu müssen, sollten sich fragen, ob sie sich ein solches Image leisten können. Tatsächlich gibt es auch fragwürdige Präsentationen, bei denen sich die Aktionäre und Anleger erst durch eine Vielzahl von Seiten klicken müssen, bis sie die relevanten Informationen gefunden haben. Als Anleger sollten Sie eine solch nachlässige Informationspolitik nicht akzeptieren, denn schließlich sind Sie als Aktionär, auch wenn Sie nur eine einzige Aktie besitzen, Miteigentümer des Unternehmens.

Wenn Sie Fragen haben und diese per E-Mail an die Investor-Relations-Abteilung richten, sollten Sie prompt und zuverlässig eine sachkundige Antwort erhalten.

Das sind die Merkmale sehr guter Investor Relations:

- Schon auf der Eingangsseite befindet sich ein deutlich sichtbarer Link im Hauptmenü, der Sie zur Abteilung Investor Relations führt. Gut aufgemachte Seite präsentieren bereits im Eingangsportal einige Pressemitteilungen oder einen Aktienchart.
- Ein detailliertes Unternehmensprofil, das alle Bereiche des Unternehmens darstellt und die Produkte und Dienstleistungen ausführlich beschreibt. Im Profil sollte auch ein kurzer Abriss der Unternehmensgeschichte enthalten sein.
- Ein aktueller Börsenkurs in Echtzeit, eventuell auch Kurse von Auslandsbörsen, wenn das Unternehmen dort eine Notierung hat. Darüber hinaus sollte ein Aktienchart abrufbar sein, der für verschiedene Zeiträume ausgewählt werden kann; die Aktienkurse sollten mindestens fünf oder besser noch zehn Jahre zurückgehen. Bei besonders guter Darstellung hat der Betrachter die Möglichkeit, einen Vergleichsindex wie beispielsweise den DAX in die Darstellung zu projizieren. Tools der technischen Analyse wie gleitende Durchschnitte sollten abrufbar sein.

- Alle Geschäfts- und Quartalsberichte der letzten fünf oder gar zehn Jahre stehen zum Download in Form von PDF-Dateien zur Verfügung. Auf Wunsch sind die wichtigsten Berichte auch in englischer Sprache erhältlich.
- Ein umfassender, stets aktueller Börsenkalender gibt eine Vorschau aller wichtigen Termine für die nächsten 6 oder 12 Monate. Die Termine beziehen sich auf die Veröffentlichung von Quartals- und Geschäftsberichten, die Hauptversammlung, Analystenkonferenzen, besonderen Veranstaltungen für Aktionäre, Roadshows (so nennt man die Präsentation der Unternehmensdaten bei einzelnen Analysten) und die anberaumten Online Chats für Anleger. Auch ein Tag der offenen Tür oder eine öffentlich zugängliche Jubiläumsveranstaltung sollten im Börsenkalender vermerkt sein.
- Darüber hinaus sollten die Investor-Relations-Seiten ein vollständiges Archiv aller Pressemitteilungen enthalten, wobei die für die Aktionäre relevanten Presseinformationen in einer eigenen Rubrik gespeichert sein sollten. Neben der eigentlichen Pressemitteilungen sollten auch die Ad-hoc-Meldungen gesondert abrufbar sein.
- Das Management und der Vorstand können in die Präsentation mit einbezogen werden; dann erhält jeder Vorstand eine eigene Seite, die eine kurze Vita umfasst und alle für die Anteilseigner wichtigen Daten. An dieser Stelle können auch strategische Vorstellungen und Ausrichtungen mit einbezogen werden. Diese Informationen können deshalb von erheblicher Bedeutung sein, da viele Analysten die Erfolgschancen eines Unternehmens am Managementstil ausmachen.
- Ein weiterer wichtiger Punkt bei einer gut gemachten Investor-Relations-Abteilung sind einzelne Studien und Analystengutachten, die zum Download bereitstehen sollten. Auch Börseninformationsdienste mit kurzen Statements können mit einbezogen werden.
- Zusätzlich geben manche Investor-Relations-Seiten auch Informationen zur Selbstverpflichtung einer Aktiengesellschaft (der so genannten Corporate Governance) heraus. Solche Informationen beziehen sich darauf, inwieweit sich das Unternehmen

ethisch verpflichtet fühlt, freiwillige Informationen zu publizieren und für Transparenz zu sorgen.

- Zu guter Letzt zeichnet sich eine sehr gute Investor-Relations-Seite durch Interaktivität aus, d.h. der Aktionär erhält die Möglichkeit selbst ein Feedback zu geben oder Fragen zu stellen. Hierzu dienen Online Chats mit wichtigen Vorständen oder die Möglichkeit, beispielsweise weitere Kennzahlen über E-Mail anzufordern. Ein besonders wichtiges Instrument der Investor Relations ist ein Newsletter, der auf die im Börsenkalender verzeichneten Ereignisse und Events eingeht und den Abonnenten rechtzeitig an den Termin erinnert. Außerdem sollte es einen Newsletter geben, der Pressemitteilungen für Aktionäre versendet. Die Online-Übertragung der Hauptversammlung ist weiteres wichtiges Feature einer gut gemachten Webseite.

Denken Sie daran, dass die Arbeit der Unternehmenskommunikation auch ein Aushängeschild für das Unternehmen ist und die Corporate Identity widerspiegeln sollte. Nachlässigkeit lässt zumindest teilweise Rückschlüsse auf die gesamte Unternehmensorganisation zu. Bevor Sie also ein Unternehmen kaufen, sollten Sie sich sorgfältig die Webseite ansehen.

1.6.5 Börseninformationen über das Internet

Es gibt geradezu eine wahre Flut von Börseninformationen. Dank des Internets können Sie heute aktuelle Börsenkurse selbst von exotischen chinesischen Aktien abfragen, oder einen Börsendienst in Nebraska zu Rate ziehen. Die Informationsvielfalt, die das World Wide Web bietet, ist nahezu unbegrenzt und wächst ständig exponenziell. Während früher die Anleger nur ein paar spärliche Informationen aus Tageszeitungen und Börsenjournalen erhielten, kann man heutzutage eine Vielzahl von Nachrichten, Analysen und Meldungen kostenlos im Internet abrufen und verwerten.

Angesichts dieser Fülle ist das Geldanlegen heute besser geworden, denn Sie haben auf alle wichtigen Informationen Zugriff. Musste man sich früher den Geschäftsbericht per Post zusenden lassen, können Sie ihn heute mit wenigen Mausklicks herunterladen. Ihnen stehen nun die neuesten Analystengutachten aus New York zur Verfügung; Sie können das Handelsblatt ebenso konsultieren wie das Wall Street Journal oder einen chinesischen Fachjournalisten. Allerdings hat diese Informationsflut auch Nachteile: Die Fülle führt dazu, dass neben vielen relevanten und wichtigen Daten auch andere Informationen verbreitet werden. Je mehr Analystengutachten Sie lesen, desto verwirrter werden Sie am Ende sein. Denn häufig widersprechen sich die Beurteilungen einer Aktie. Es ist ein offenes Geheimnis, dass qualitativ hochwertige Informationen auch im Internet selten sind.

Lesen Sie daher Informationen aus dem Internet kritisch, und versuchen Sie, sich ein eigenes Bild von der Sachlage zu machen. Vertrauen Sie bitte niemals irgendwelchen „Geheimtipps". In den meisten Fällen wird es sich um Leute handeln, die sich nur wichtig machen wollen. Seien Sie immer skeptisch, denn es geht letztlich um Ihr Geld.

Eine wichtige Informationsquelle im Internet sind die Finanzportale, die neben aktuellen Aktienkursen auch eine Fülle von Zusatzinformationen bieten. Dazu gehören ein Unternehmensprofil, die wichtigsten Bilanzkennzahlen, eine technische Analyse, die neuesten Pressemitteilungen, die Termine der Hauptversammlung und Analystengutachten. Geschäfts- und Quartalsberichte können häufig direkt heruntergeladen werden, oder ein Link führt Sie zu der entsprechenden Unternehmensseite. Wenn Sie eine Aktie kaufen möchten, sollten Sie sich vorher in einem Finanzportal über die wichtigsten Merkmale dieser Aktie und die Unternehmensdaten informieren. Manche Dienstleister bieten auch ein kostenloses Musterdepot an.

Falls Sie zum ersten Mal Wertpapiere kaufen, sollten Sie vorher ein solches Musterdepot anlegen und erst spielerisch in das Wertpapiergeschäft einsteigen. In einem solchen virtuellen Depot können Sie die Aktien und andere Wertpapiere in ihrer Wertentwicklung verfolgen und sehr schnell feststellen, welche Rendite Sie mit Ihrer Aktienauswahl erzielt hätten. Dieses Vorgehen ist für alle Neueinsteiger äußerst empfehlenswert, denn in einem solchen virtuellen Depot erwerben Sie ein Gespür für den Aktienmarkt, ohne dass Sie selbst Geld investieren müssen. Es ist sinnvoll, wenn Sie ein solches Musterdepot mehrere Wochen vor Ihrem eigentlichen ersten Aktienkauf führen, damit Sie die Wertschwankungen und die Renditechancen richtig einschätzen können. Viele Neueinsteiger sind beim ersten Aktienkauf ziemlich nervös und etwas beunruhigt, da sie sich noch nicht an die ständigen Kursschwankungen gewöhnt haben. Das führt dazu, dass manche Neulinge den Kurs ihrer Aktie gleich mehrmals am Tag abrufen, und selbst in der Mittagspause noch schnell den neuen Stand abfragen. Wenn Sie bei Ihrem virtuellen Depot das Gefühl haben, dass Sie solche Schwankungen nicht verkraften können, dann sollten Sie keine Aktien kaufen. Auch mit Anleihen lässt sich eine, wenn auch geringere, Rendite erwirtschaften. Das Musterdepot ist gleichsam Ihr Experimentierfeld, das Ihnen aufzeigt, welche Risiken und welche Chancen die Aktienanlage mit sich bringt. Zwar können Sie nicht jahrelang vorher Ihre Aktienstrategien erproben, aber einige Wochen vermitteln Ihnen zumindest eine erste Vorstellung von den Vorgängen an der Börse.

Die meisten virtuellen Depots gestatten es Ihnen, mehrere Unterdepots anzulegen, so dass Sie verschiedene Strategien und Vorgehensweisen testen können. Beispielsweise können Sie jeweils ein eigenes Depot für Aktien, Anleihen und Zertifikate anlegen, oder Sie untergliedern Ihre Wertpapiere nach in- und ausländischen Aktien. Darüber hinaus können Sie in einem solchen virtuellen Depot Charts abrufen und technische Analysen mit Vergleichsindizes durchführen. Ein sehr komfortables Musterdepot können Sie beispielsweise bei *comdirect* (www.comdirect.de) kostenlos anlegen.

Finanzportale	**Internetadresse**
Aktiencheck	www.aktiencheck.de
Ariva	www.ariva.de
Finanztreff	www.finanztreff.de
Onvista	www.onvista.de
Wallstreet Online	www.wallstreet-online.de

Abb. 5: Finanzportale im Internet

Viele Finanzportale bieten zusätzlich Diskussionsforen und Chatrooms an, die für den kommunikativen Austausch gedacht sind. In solchen Chats lernen Sie andere Anleger und deren Meinungen zum Börsengeschehen kennen. In den Diskussionsforen werden häufig auch Anlagetipps, Trends oder Einschätzungen weitergegeben. Seien Sie aber stets kritisch, denn auch vermeintliche Experten, die dort unter einem Pseudonym scheinbar sachkundige Expertisen verbreiten, könnten sich schnell als Möchtegern-Experten entpuppen. In den USA gab es bereits mehrfach Fälle, dass bestimmte Aktien in einigen Foren massiv empfohlen wurden, um den Kurs in die Höhe zu treiben. Im Börsenjargon nennt man ein solches Vorgehen „Scalping“, was so viel wie „das Fell über die Ohren ziehen“ bedeutet. Die selbst ernannten Experten hatten sich zuvor mit den Aktien eingedeckt und stoßen sie ab, sobald der Kurs einen Gipfel erklimmt. Daraufhin fällt das Papier meist drastisch wie ein Kartenhaus in sich zusammen. Solche Kursmanipulationen sind besonders bei Aktien mit niedriger Marktkapitalisierung (also Small Caps) möglich. Einige gingen sogar so weit, Pressemitteilungen in einigen Foren vorzutäuschen, die ein starkes Gewinnwachstum suggerierten. Zwar haben die betroffenen Unternehmen sofort dementiert und die falsche Presseinformation auffliegen lassen, aber bis dahin war der Aktienkurs oft schon innerhalb von Minuten deutlich angestiegen. Die amerikanische Börsenaufsicht, die *SEC* (*Securities Exchange Commission*), ahndet solche rechtswidrigen Manipulationen mit harten Strafen. Seien Sie also vorsichtig, wenn Ihnen in einem solchen Chat oder Diskussionsforum eine Aktie nachhaltig empfohlen wird. In fast allen Fällen sind solche vermeintlich sicheren Tipps nichts wert. Auch wenn jemand wirklich Insiderinformationen vom Vorstand der Aktiengesellschaft besäße, würde er Ihnen diesen heißen Tipp wohl kaum anvertrauen, zumal Insiderhandel in vielen Ländern unter Strafe steht. Die Börsenaufsichtsbehörden können beispielsweise nach einer Unternehmensnachricht, die vorher nur dem Vorstand bekannt war, überprüfen, ob die Börsenumsätze dieser Aktie Unregelmäßigkeiten oder Besonderheiten aufweisen. Betrachten Sie also Empfehlungen und Tipps als das, was sie sind: reine Vermutungen. In der Finanzmarktforschung vertreten viele Wissenschaftler gar die Ansicht, dass es unmöglich sei, Aktienkurse auch nur ungefähr vorherzusagen. Seien Sie also vorsichtig und nehmen Sie Chats und Diskussionsforen nur als einen kurzweiligen Zeitvertreib, um mit anderen Anlegern zu plaudern. Ignorieren Sie aber vermeintlich sichere Empfehlungen oder heiße Tipps.

Neben diesen kostenlosen Finanzportalen, die sich durch Werbung finanzieren, gibt es eine Reihe professioneller Dienstleister, die Finanzdaten systematisch sammeln und aufbereiten. Da auch Finanzportale größtenteils Echtzeitdaten kostenlos liefern, ist die Notwendigkeit, solche kostenpflichtigen Angebote in Anspruch zu nehmen, deutlich gesunken. Für professionelle Investoren bieten diese Agenturen zumindest ein umfangreiches Datenmaterial zu ausländischen Aktien und Rohstoffen. Viele dieser Dienstleister sind aus einer herkömmlichen Presseagentur hervorgegangen.

Börseninformationsdienste	**Internetadresse**
Bloomberg	www.bloomberg.de
Reuters	www.reuters.com
Vereinigte Wirtschaftsdienste VWD	www.vwd.de

Abb. 6: Börseninformationsdienste

1.6.6 Unternehmensinformationen

Jede Aktiengesellschaft ist verpflichtet, Unternehmensinformationen zu veröffentlichen. Diese so genannte Publizitätspflicht bezieht sich in erster Linie auf den Jahresabschluss, der neben der Bilanz und der Gewinn- und Verlustrechnung den Anhang und den Lagebericht umfasst. Darüber hinaus müssen Aktiengesellschaften auch kursrelevante Neuigkeiten unverzüglich publizieren; man nennt diese Nachrichten Ad-hoc-Mitteilungen.

Unternehmen, die aus welchen Gründen auch immer nicht möchten, dass die Öffentlichkeit sämtliche Umsätze, Gewinne und andere Daten des Unternehmens erfährt, ziehen es häufig vor, als Personengesellschaft zu firmieren, da für diese die Publizitätsvorschriften nicht so streng sind. Viele Lebensmitteldiscounter sind beispielsweise Personengesellschaften. Viele Familienunternehmen scheuen deshalb auch den Weg an die Börse, weil sie dadurch den Aktionären ein weitgehendes Mitspracherecht einräumen und zudem die Finanz- und Ertragslage detailliert offenlegen müssen.

Für den Aktionär hat diese strenge Publizitätspflicht natürlich erhebliche Vorteile, denn dadurch kann man anhand des Jahresabschlusses bis in die Einzelheiten zurückverfolgen, welche Umsätze und Gewinne ein Unternehmen erzielt hat. Aus dem Jahresabschluss geht beispielsweise hervor, wie hoch die Personalkosten waren, ob die Investitionen gestiegen sind oder ob es Sonderabschreibungen für einzelne Maschinen gab.

1.6.6.1 Der Geschäftsbericht

Wenn Sie sich als Aktionär besonders gründlich über Ihr Unternehmen informieren wollen, ist der Geschäftsbericht ein wichtige Lektüre für Sie. Allerdings ist das seltsame Kauderwelsch häufig nur für Betriebswirte verständlich, da Sie über enorme Vorkenntnisse verfügen müssen, um überhaupt den Aufbau und die Zusammensetzung einer Bilanz zu verstehen. Viele Investor-Relations-Abteilungen verfassen den Geschäftsbericht immer noch so, als wären Aktionäre ausschließlich Banken, Pensionsfonds und Versicherungen. Wenn Sie dennoch den Geschäftsbericht ausführlich studieren möchten, sollten Sie sich zumindest in die Grundlagen der Bilanzanalyse einarbeiten. Zur Veranschaulichung veröffentlichen viele Unternehmen in der Einleitung eine Übersicht mit den wichtigsten Bilanzkennzahlen.

n der Aktienanalyse nennt man die Richtung, die sich mit der Auswertung von Bilanzkennzahlen für prognostische Zwecke befasst, Fundamentalanalyse. Doch auch hier sollten Sie eine gewisse Skepsis walten lassen. Natürlich müssen Unternehmen korrekte Zahlen veröffentlichen, denn ein beauftragter Wirtschaftsprüfer untersucht das Zahlenwerk sorgfältig. In den USA finden manche Aktiengesellschaften keinen Wirtschaftsprüfer mehr, der ihnen ein so genanntes Testat ausstellt, also die Bestätigung, dass die Zahlen in Ordnung sind. Der Grund dafür ist, dass Anleger, die aufgrund unrichtiger Bilanzen die Aktie gekauft haben, die Wirtschaftsprüfungsgesellschaft auf Schadensersatz verklagen können.

Von betrügerischen Machenschaften abgesehen, wie sie bei dem Energiekonzern *Enron* für Schlagzeilen sorgten, müssen die meisten Aktiengesellschaften gar nicht erst zu solchen Tricks greifen; denn allein die Aufstellung des Jahresabschlusses bietet viele Spielräume, die man als Bilanzpolitik bezeichnet.

Die Zahl der Wahl- und Ansatzrechte in der Bilanzierung ist groß, und viele Anleger unterschätzen bei weitem die Möglichkeiten, die die Unternehmen haben. Wenn beispielsweise eine Aktiengesellschaft einen Riesenverlust ausweisen müsste, kann sie durch den Verkauf einer Beteiligung noch einen Gewinn vorzeigen. Deshalb sollten Sie als Anleger den Geschäftsbericht sorgfältig lesen; nicht jeder Gewinn ist wirklich einer, da es viele Methoden gibt, durch kurzfristige Veräußerungen eine desolate Situation zu verschleiern. Umgekehrt sind viele Unternehmen reicher, als man gemeinhin annimmt. Beispielsweise gibt es bei Immobilien häufig einen großen Unterschied zwischen dem tatsächlichen Verkehrswert, der in Innenstadtlagen wie in Frankfurt am Main oder München beträchtlich sein kann, und dem bilanzierten Wert nach einer jahrzehntelangen Abschreibung. Man nennt dieses Phänomen stille Reserven. Die stillen Reserven vieler Aktiengesellschaften sind beachtlich. Auch die Abschreibungen bieten eine Reihe von Möglichkeiten, die wahre Ertrags- und Finanzlage eines Unternehmen geschickt zurechtzurücken. Die meisten Unternehmen machen von diesen legalen Möglichkeiten, das Unternehmensergebnis im Rahmen der Bilanzpolitik zu schönen, Gebrauch. Überhaupt gibt es keine Norm- oder Standardbilanz, da die vielen Wahlrechte jedes Unternehmen vor eine Entscheidung stellen. Stellen Sie sich deshalb die Bilanzierung wie ein Rahmenwerk vor, innerhalb dessen Grenzen die Unternehmen einen großen Freiraum haben.

Erschwerend kommt hinzu, dass es mehrere so genannte Rechnungslegungsstandards gibt. Ein Rechnungslegungsstandard definiert gleichsam die Grundregeln, nach denen eine Bilanz erstellt wird. In Deutschland mussten die Unternehmen bislang nach dem Handelsgesetzbuch (HGB) bilanzieren, das bereits im 19. Jahrhundert in Kraft trat. Seit einigen Jahren müssen nun Aktiengesellschaften ihre Konzernbilanz nach einem in der EU gültigen europäischen Standard erstellen, den man IFRS – International

Financial Reporting Standard – nennt. Früher bezeichnete man ihn auch als IAS (International Accounting Standards). Jedes Einzelunternehmen ist aber weiterhin verpflichtet, eine Bilanz nach HGB vorzulegen.

Als erstmals die Umstellung von HGB auf IFRS erfolgte, staunten viele Finanzexperten, denn die Gewinne der Unternehmen unterschieden sich beträchtlich je nachdem, ob nach HGB oder IFRS bilanziert wurde. Die Unterschiede machten bei großen Aktiengesellschaften oft etliche Millionen Euro aus. An solchen Differenzen können Sie erkennen, dass auch eine so scheinbar offenkundige Kennzahl wie der Gewinn erheblich variieren kann. Die Bilanzierung ist für jeden Anleger eine Art Bermuda-Dreieck, und die vermeintlich exakten Zahlen mit zwei Stellen hinter dem Komma sind bei näherer Betrachtung nur ein bilanztechnisches Konstrukt.

Neben der HGB-Bilanzierung und dem IFRS ist auch der US-GAAP, die amerikanische Form der Bilanzierung, verbreitet. US-Unternehmen bilanzieren folglich nach US-GAAP. In anderen Ländern wie Japan, China oder Russland gelten eigene Bilanzierungsvorschriften. Insofern sollten Sie die Angaben zu einzelnen Bilanzkennzahlen und zur Gewinnentwicklung immer mit Vorsicht betrachten, denn in jedem Land gelten eigene Regelungen. Was vielleicht in einem Land als Verlust hätte ausgewiesen werden müssen, führt in einem anderen Staat zu deutlichen Gewinnen. Solche Unterschiede ergeben sich beispielsweise daraus, dass Abschreibungen in unterschiedlichem Ausmaß möglich sind, Grundstücke anders bewertet werden und Pensionsrückstellungen anders eingestuft werden. Besonders problematisch ist die Bewertung von immateriellen Vermögensgegenständen, die im Englischen die fast schon ironisch anmutende Bezeichnung „intangible assets“ (wörtlich: „unberührbare“ oder „unantastbare Vermögensgegenstände“) tragen. In manchen Standards dürfen alle immateriellen Vermögensgegenstände, auch selbst geschaffene oder ein imaginärer Firmenwert, angesetzt werden, in anderen Standards wie beispielsweise der HGB-Bilanzierung sind nur entgeltlich erworbene Firmenwerte zulässig.

Die großen Unterschiede zwischen den Standards ergeben sich aus der Rechtstradition und dem Rechtsverständnis der jeweiligen

Länder. In Deutschland liegt der Akzent auf dem Gläubigerschutz, der in dem alles beherrschenden Vorsichtsprinzip zum Ausdruck kommt. Dadurch entstehen große stille Reserven, da man bei einer Liquidation des Unternehmens die Gläubiger zufrieden stellen möchte. Der europäische und der US-amerikanische Standard stellen dagegen den Investorenschutz in den Vordergrund; die Ertrags- und Finanzlage der Unternehmen soll möglichst realistisch bewertet werden, damit der Aktionär jederzeit weiß, wie viel sein Unternehmen tatsächlich wert ist. Beide Ausrichtungen haben ihre Vor- und Nachteile, und man kann nicht wirklich sagen, welcher Standard besser ist, denn die Zielsetzung ist jeweils eine völlig andere.

Als Aktionär sollten Sie auf jeden Fall beachten, dass jede Bilanz nur ein Kompromiss zwischen den gesetzlichen Rahmenbedingungen und den Bedürfnissen des Unternehmens ist. Unterschätzen Sie nie den großen Spielraum bilanzpolitischer Maßnahmen, so dass im Extremfall ein deutlicher Verlust durch geschickte und legale Transaktionen in einen Gewinn verwandelt werden kann. Insbesondere Unternehmen, die eine kontinuierliche Dividendenpolitik verfolgen und ihre Aktionäre nicht verärgern möchten, werden eher einige Beteiligungen oder Grundstücke abstoßen oder Abschreibungen niedriger ansetzen, als einen Verlust auszuweisen.

Sie sollten die Gewinne von Unternehmen mit unterschiedlichem Rechnungslegungsstandard gar nicht oder nur mit Vorbehalt vergleichen. Es macht letztlich keinen Sinn, die Kennzahlen von japanischen, amerikanischen oder europäischen Unternehmen zu vergleichen, wenn die zugrundeliegende Bilanzierung deutlich voneinander abweicht. Dasselbe gilt für Unternehmen aus Schwellenländer, so genannten Emerging Markets; in diesen Ländern ist häufig noch nicht einmal die Rechtssicherheit gegeben, so dass die Unternehmen die Zahlen im Zweifelsfall manipulieren können. Zwar versuchen die Regierungen dieser Länder solche Machenschaften zu unterbinden, um ausländische Investoren zu gewinnen, aber ähnlich wie beim Kampf gegen die Korruption ist dies noch ein weiter Weg. Die Bilanzen von Unternehmen aus Emerging Markets sollten Sie daher mit äußerster Vorsicht betrachten.

1.6.6.2 Die Quartalsberichte

Manche Aktiengesellschaften, die besondere Voraussetzungen erfüllen, müssen zusätzlich Quartalsberichte erstellen – das gilt beispielsweise für alle im DAX gelisteten Unternehmen. Die Quartalberichterstattung ist in den USA schon lange üblich und setzt sich nun auch in Deutschland durch. Für den Anleger hat dies den Vorteil, dass man die Entwicklung des Aktienkurses stets mit der Gewinnsituation und der Umsatzentwicklung in dem betreffenden Unternehmen vergleichen kann. Die vierteljährlichen Termine werden von den Analysten, Investoren und Anlegern sehr genau wahrgenommen und die publizierten Zahlen sofort mit den Erwartungen und Prognosen der Analysten verglichen. Aktiengesellschaften, die diesen Vorhersagen und Analysen nicht gerecht werden oder sogar eine „Gewinnwarnung" ankündigen müssen, werden an der Börse sehr schnell durch deutliche Kursverluste abgestraft. Ein Quartalsbericht kann so zum Kursrückgang von einigen Prozent führen, wenn das Unternehmen einen Umsatzrückgang, Verluste oder einen Gewinneinbruch meldet. Vielfach reicht es schon, wenn das Unternehmen die von den Analysten prognostizierten Gewinne nur geringfügig verfehlt. Der Begriff „Gewinnwarnung" hat hier fast schon eine ironische Note, denn damit bezeichnet man nicht etwa die Warnung vor einem eigentlich erfreulichen Gewinn, sondern dass der angepeilte Gewinn verfehlt wurde oder sogar ein Verlust entstanden ist.

Quartalsberichte haben für den Anleger den entscheidenden Vorteil, dass sie die Entwicklung des Unternehmens in vierteljährlichen Abständen akribisch verfolgen können. In Deutschland stieß die Quartalberichterstattung anfangs nur auf wenig Gegenliebe bei den Unternehmen, denn die Vorstände sind nun gezwungen, jedes Quartal beste Leistungen vorzuweisen, sonst sind Anleger sofort geneigt, die Aktie abzustoßen. Andererseits führen diese kurzen Perioden dazu, dass in den Unternehmen die langfristige Planung von einem kurzfristigen Aktionismus abgelöst wird. Unter dem Druck der Quartalberichterstattung benötigt ein Vorstand viel Mut, um langfristige Investitionen durchzusetzen, denn diese führen zumindest vorübergehend zu einem Gewinnrückgang.

1.6.6.3 Ad-hoc-Mitteilungen

Zu den wichtigen Unternehmensinformationen zählen die Ad-hoc-Mitteilungen, die der Gesetzgeber eingeführt hat, damit Anleger stets über aktuelle kursrelevante Ereignisse unterrichtet sind. Geschehnisse, die den Kurs unmittelbar beeinflussen können, müssen nach dem Wertpapierhandelsgesetz unverzüglich (auf lateinisch: ad hoc) veröffentlicht werden. Natürlich ist es eine Ermessensfrage, was als kursrelevant eingestuft wird, und genau an dieser Stelle beginnt die eigentliche Problematik. Es besteht ein Konsens, dass eine drohende Überschuldung des Unternehmens, die bei Aktiengesellschaften bereits ein sofortiger Insolvenzgrund ist, Zahlungsunfähigkeit oder der Verkauf größerer Unternehmensteile umgehend veröffentlicht werden müssen. Ad-hoc-Mitteilungen erscheinen auf der Webseite des Unternehmens und in überregionalen Tageszeitungen, die von der Börse als Pflichtblatt anerkannt sind. Darüber hinaus muss das Unternehmen die zuständige Aufsichtsbehörde, nämlich die Bundesanstalt für Finanzdienstleistungsaufsicht (Bafin) und die Börsenverwaltung unterrichten. In schwerwiegenden Fällen kann die Aufsichtsbehörde – beispielsweise bei einer bevorstehenden Insolvenz – den Kurs vorübergehend aussetzen, um einen Insiderhandel zu verhindern. Denn sonst könnten die bereits informierten Vorstände und Führungskräfte im Unternehmen ihre Aktien rechtzeitig verkaufen, was andere Anleger benachteiligen würde.

Zu Zeiten des Börsenbooms der New Economy, als Internetaktien kometengleich aufstiegen, kamen einige Unternehmen auf die Idee, mit Hilfe von Ad-hoc-Mitteilungen den Kurs in die Höhe zu treiben. Es wurden bereits anstehende Projekte als kursrelevante Nachricht veröffentlicht, obwohl es nur um erste Vorverhandlungen ging. Gelegentlich erhielt das Unternehmen dann doch nicht den Zuschlag, aber durch die Ad-hoc-Mitteilung war der Aktienkurs bereits stark angestiegen. Als durchsickerte, dass der Kunde kein Interesse zeigte, sackte der Aktienkurs wieder ab. Während der Boomjahre der New Economy wurden solche Ad-hoc-Mitteilungen regelrecht wie ein Marketinginstrument eingesetzt. Als die Internetblase 2001 platzte und viele der neu gegründeten Technologie- und Internetunternehmen drastische Kurseinbußen verzeichneten, wurden immer mehr Manipulationen offenkundig. Der Gesetzgeber hat daraufhin die Regeln verschärft. Kursmanipulation wurde strafbar, und Unternehmen, die irreführende, verspätete oder falsche Ad-hoc-Mitteilungen veröffentlichen oder wichtige Informationen verschweigen, müssen damit rechnen, dass Aktionäre Schadenersatz geltend machen.

1.6.6.4 Insiderhandel

Unter Insiderhandel versteht man, dass Personen, die unmittelbar wichtige Erkenntnisse über eine Aktiengesellschaft haben, diese zu ihrem Vorteil nutzen. In der Praxis können dies Vorstände sein, die natürlich einen direkten Einblick in die laufenden Geschäfte haben. Aber auch Aufsichtsratsmitglieder oder Führungskräfte verfügen über den nötigen Zugang zu wichtigen internen Informationen. In Pharmaunternehmen oder anderen forschungsintensiven Branchen können auch die beteiligten Wissenschaftler Insider sein. Wenn beispielsweise Labortests die hohe Wirksamkeit eines neuen Krebsmedikaments oder einer Impfung belegen, dann könnte der Forscher heimlich Aktien an der Börse kaufen, ehe dies der Öffentlichkeit bekannt wird, und von dem anschließenden Kursanstieg enorm profitieren. Solche Insider nennt man Primärinsider, da sie direkt an der Nachrichtenquelle sitzen. Als Sekundärinsider bezeichnet man Personen, die über Umwege Kenntnis von solchen Neuigkeiten erlangen wie etwa die Vorstandssekretärin.

In Deutschland und in den meisten anderen Ländern ist diese Benutzung von internen Informationen, was auch als Frontrunning bezeichnet wird, verboten. Daher prüft die zuständige Aufsichtsbehörde, die Bundesanstalt für Finanzdienstleistungsaufsicht (Bafin), ob es vor der Veröffentlichung einer wichtigen Nachricht zu Unregelmäßigkeiten oder Auffälligkeiten im Verlauf des Aktienkurses kam. Im Zweifelsfall kann die Behörde solche Vorfälle zurückverfolgen. Um eine weitere Transparenz zu ermöglichen, gibt es in manchen Ländern Gesetze, die für einen bestimmten Kreis von Personen Aktiengeschäfte meldepflichtig machen. So müssen Vorstände und Aufsichtsräte, deren (Ehe-) Partner und Verwandte ersten Grades Geschäfte mit den Aktien der jeweiligen

Gesellschaft melden, wenn innerhalb eines Monats Aktien für mehr als 25.000 Euro ge- oder verkauft wurden. Solche Geschäfte nennt man mit dem Fachbegriff „Director Dealings". In den USA werden diese Vorschriften wesentlich strenger gehandhabt, denn dort müssen die Aktiengeschäfte bereits vorher angemeldet werden. In Deutschland hingegen erfolgt die Meldung oft Wochen später; darüber hinaus müssen juristische Personen - also beispielsweise eine GmbH oder ein Verein - gar keine Meldung machen.

Für Sie als Anleger können die „Director Dealings" ein wichtiger Hinweis auf eine interessante Aktie sein. Sie sollten allerdings die amerikanischen Meldungen heranziehen, da diese aufgrund der strengen Regelungen zuverlässiger sind. Wenn beispielsweise der Vorstand eines Biotechnologieunternehmens für Hunderttausende von Dollar Aktien des eigenen Unternehmens kauft, dann deutet dies darauf hin, dass das Unternehmen möglicherweise kurz vor einem großen Durchbruch steht. Natürlich handelt es sich hier nicht um Insidergeschäfte, sondern der Vorstand ist nur aufgrund der allgemeinen Situation im Unternehmen der Auffassung, dass das Unternehmen in Zukunft noch stärker prosperiert und gedeiht. Umgekehrt sollten Sie eine Aktie meiden, wenn bekannt wird, dass Vorstände oder Aufsichtsräte größere Aktienpakete verkaufen.

In den USA wurde aus diesen „Director Dealings" bereits eine Anlagestrategie entwickelt, der sich Investment- und Pensionsfonds bedienen. Aufgrund der strengen Gesetzgebung in den USA werden alle Transaktionen veröffentlicht, und daher können aus Aktienkäufen und -verkäufen sofort Rückschlüsse auf das Potenzial einer Aktie gezogen werden. Dennoch sollten Sie als Anleger bedenken, dass trotz der Nähe, die Vorstände und Aufsichtsräte haben, manche auch infolge ihrer „Betriebsblindheit" sich anbahnende Krisen nicht erkennen. Anders als etwa das Marketing haben Vorstände und Aufsichtsräte nicht immer Kundenkontakt und Marktnähe, was schon vielen Unternehmen zum Verhängnis geworden ist.

1.6.7 Die Analysten

Analysten sind hoch qualifizierte Börsenexperten mit Spitzengehältern, die für eine Bank oder einen Broker Aktiengesellschaften untersuchen. In den meisten Fällen decken diese Experten nur eine Reihe von großen Aktiengesellschaften ab – meist die DAX-Werte. Der Grund dafür ist, dass es weltweit enorm viele Aktien gibt und dass die Bank sich auf eine überschaubare Zahl von Titeln beschränken muss. Daher werden Small Caps nur selten von Analysten unter die Lupe genommen. Bei mittelgroßen Aktiengesellschaften, wie sie im MDAX zusammengefasst sind, gibt es zumindest einige Gutachten.

Problematisch ist stets, dass die Banken gleichzeitig Geschäfte mit den jeweiligen Aktiengesellschaften machen; hierzu gehören beispielsweise die Kreditvergabe und Finanzierungen jeder Art. Manche Unternehmen werden bei der Übernahme anderer Unternehmen beraten, wofür die Abteilung M&A (Merger and Acquisitions) zuständig ist. Aufgrund dieser Verflechtungen kann es sehr schnell zu einem Interessenkonflikt kommen; denn eine Bank wird es auf jeden Fall vermeiden, eine Aktie zum Verkauf zu empfehlen, wenn sie gleichzeitig das Unternehmen berät und Kredite in größerem Volumen vergibt. Um solche Kollisionen von vornherein auszuschließen, haben die Banken etwas errichtet, das man im Börsenjargon „Chinese Walls“ nennt, d.h. die Abteilungen werden voneinander abgeschottet und sollen unabhängig arbeiten. In der Praxis jedoch können Sie schnell erkennen, dass dies eher Wunschdenken ist; denn Analysten vermeiden es grundsätzlich, Aktien zum Verkauf zu empfehlen. Dies hängt zum einen damit zusammen, dass sie einen Interessenkonflikt mit ihrer eigenen Bank vermeiden wollen, sonst wäre ihre Karriere womöglich schnell beendet; zum anderen ist die Mehrheit der Analysten immer optimistisch gestimmt, denn die Empfehlung, Aktien abzustoßen, verunsichert die Anleger und schadet letztlich dem Geschäft. Selbst in Krisenzeiten und in einer Crashphase werden 80 bis 90 Prozent aller Analysten Kaufempfehlungen aussprechen. Nur wenn die Krise ihren absoluten Höhepunkt erreicht, nehmen die Verkaufsempfehlungen zu.

Diese diplomatische Zurückhaltung ist generell ein Kennzeichen von Analysten. Auch Verkaufsempfehlungen werden niemals wirklich als „Verkaufen" bezeichnet. Blumige und verklausulierte Umschreibungen sollen zumindest aus dem „Verkaufen" noch etwas Wohlklingendes machen. So kann bei manchen Analysten schon das Urteil „Halten" auf eine verschleierte Verkaufsempfehlung hindeuten.

Analystenurteil	**Entschlüsselung**
Untergewichten	Die Aktie sollte verkauft werden.
Übergewichten	Die Aktie ist interessant; Sie sollten sie weiter beobachten, aber noch nicht kaufen.
Marketperformer	Die Aktie ist nur Durchschnitt und entwickelt sich wie der Gesamtmarkt.
Underperformer	Die Aktie ist ein schlechtes Investment und fällt hinter den Durchschnitt zurück.
Outperformer	Die Aktie ist ein sehr gutes Investment und hat sich besser als der Marktdurchschnitt entwickelt.
Neutral	Die Aktie lässt kein eindeutiges Urteil zu.
Verkaufen	Die Aktie sollte sofort verkauft werden.
Halten	Indirekte Verkaufsempfehlung, allenfalls noch kurzfristig halten.
Zukaufen	Ein Zukauf kann interessant sein, aber die Aktie hat nicht wirklich ein großes Potenzial.
Kaufen	Überdurchschnittlicher Kursanstieg der Aktie möglich.
Starker Kauf	Eindeutige Kaufempfehlung

Abb. 7: Analystenbegriffe und ihre Bedeutung

Sie sollten Analystengutachten kritisch lesen; aus den verbrämten Formulierungen kann man oft nur zwischen den Zeilen entnehmen, was gemeint ist. Untersuchungen haben außerdem gezeigt, dass selbst die gut informierten Analysten oft daneben liegen und die Börsentendenz oder das Entwicklungspotenzial eines Unternehmens falsch einschätzen. Trotz der akribischen Untersuchungsmethoden, die sich vor allem auf Bilanzkennzahlen stützen, ist die Prognosesicherheit eher gering. Das liegt vor allem daran, dass die Kennzahlen die Vergangenheit des Unternehmens wiedergeben, nicht aber zukünftige Entwicklungen, die sich zum Beispiel ergeben, wenn die Wettbewerbsfähigkeit nachlässt, Märkte wegbrechen oder die Kosten zu schnell steigen. Besonders skurril ist es, wenn Analysten gar einen Zielkorridor vorgeben oder voraussagen möchten, bis zu welcher Marke eine Aktie in den nächsten drei Monaten steigen wird.

Sie sollten stets beachten, dass die Finanzmarktforschung nach wie vor der Meinung ist, es sei unmöglich, Aktienkurse vorherzusagen. Tatsächlich haben Aktiengesellschaften, die glänzende Kennzahlen vorweisen konnten, innerhalb weniger Wochen enorme Kursverluste erbracht, nachdem bekannt wurde, dass ein Großprojekt nicht zustande kam oder ein Gerät einen Defekt aufwies, so dass eine teuere Rückrufaktion notwendig wurde. Die Zukunft hält viele Überraschungen bereit; deshalb sollten Sie Analystengutachten stets nur als Hintergrundinformation lesen. Nach dem Zusammenbruch des Neuen Marktes wurden in den USA Fälle bekannt, in denen Analysten Technologieaktien zum Kauf empfohlen hatten, die intern in E-Mails als „Schrott“ bezeichnet wurden.

Abgesehen von solchen Extremfällen unterliegen Analysten oft bestimmten Mechanismen. In der Forschung hat sich dafür sogar eine eigene Richtung etabliert, die als Behavioral Finance (Finanzverhaltensforschung) bezeichnet wird. Beispielsweise sind Analysten einem enormen Erfolgsdruck ausgesetzt; angesichts der hohen Gehälter und aussichtsreichen Karriereperspektiven steht für jeden Analysten viel auf dem Spiel. Niemand kann es sich leisten, langfristig schlechte Ergebnisse zu präsentieren. Besonders die Analysten, die für Investmentfonds arbeiten, spüren diesen gewaltigen Druck. Denn bei einer schlechten Performance verkaufen die Anleger sehr schnell ihre Fondsanteile; es ärgert sie, wenn gerade ihr Investmentfonds vor sich hindümpelt, während der Markt nach oben strebt.

Wenn die Anleger massiv Fondsanteile verkaufen, sinken die Einnahmen der Investmentgesellschaften, die sie aus den Managementgebühren beziehen. Ein Analyst, dessen Fonds eine schlechte Performance erwirtschaftet, wird schnell personelle Konsequenzen zu fürchten haben. Aus diesem Grund orientieren sich die meisten Analysten an ihren Kollegen. Es herrscht in diesem Berufsstand ein ausgeprägter Konformitätsdruck nach dem Motto „wir machen, was alle machen". Wenn also ein Analyst der Meinung ist, die *BMW*-Aktie sei der neue Shootingstar am Börsenhimmel, werden auch alle anderen Analysten den Hinweis aufgreifen, selbst die Aktie genauer unter die Lupe nehmen und am Ende zum gleichen Urteil gelangen. Eine abweichende Meinung zum Börsengeschehen kann sich kaum ein Analyst erlauben; wenn er nämlich versagt, war es sein Fehler. Wenn dagegen die Mehrheit daneben liegt, dann lag es eben an einer vorübergehenden „unberechenbaren" Börsenturbulenz. Insofern verhalten sich die meisten Analysten wie Lemminge und folgen einem ausgesprochenen Herdentrieb.

Aufgrund dieses Verhaltens ist es nicht verwunderlich, dass die meisten Analystenprognosen schlechter abschneiden als der Marktdurchschnitt. Die Mehrzahl der Investmentfonds (man schätzt bis zu 90 Prozent) erreicht noch nicht einmal die durchschnittliche Entwicklung des Marktindex. Aufgrund dieser beklemmenden Faktenlage sind in den USA Pensionsfonds, die Milliardengelder der zukünftigen Rentner verwalten, dazu übergegangen, nur noch in Indexanlagen zu investieren, die genau die Wertentwicklung eines Marktes nachvollziehen.

Sie sollten folglich Analystenurteile sehr skeptisch beurteilen und vor diesem Hintergrund jede Empfehlung mehrfach prüfen. Am unsinnigsten ist es, wenn notorisch die gleichen DAX-Werte von den Hausbanken als Investment angepriesen werden. Da die bankeigenen Analysten sich vorwiegend auf die Standardwerte konzentrieren, ist es nicht weiter erstaunlich, dass Woche für Woche die Analysten häufig positiv für Titel wie *BMW, Deutsche Telekom*, *Siemens*, *DaimlerChrysler* und Co. gestimmt sind. In manchen Fällen unterhalten Großbanken sogar Beteiligungen an diesen Unternehmen und sitzen zudem im Aufsichtsrat. Solche Empfehlungen, die sogar in Zeitungen und den hauseigenen Postillen zur Information der Anleger abgedruckt werden, sind eher einer gebetsmühlenartigen Litanei vergleichbar. Natürlich können diese Aktien innerhalb weniger Wochen einige Prozent zulegen – für Sie als Anleger ist es aber entscheidend, ob das Unternehmen auch in fünf oder zehn Jahren noch lukrativ ist.

Dennoch kann es sinnvoll sein, ein Analystengutachten zu Rate zu ziehen. Sie sollten sich unabhängig davon über die Aktie informiert haben, indem Sie beispielsweise die Webseite des Unternehmens nach Informationen durchforsten. Die meisten Analysten arbeiten mit einem Analyseverfahren, das man die Discounted-Cashflow-Methode (DCF) nennt. Dabei wird nicht der Jahresüberschuss zum Ausgangspunkt genommen, da dieser durch bilanzpolitische Maßnahmen und Umbuchungen geschickt verändert werden kann, sondern die so genannten freien Cashflows. Falls Sie nun vor diesen Fachbegriffen zurückschrecken, kann ich Ihnen vereinfacht sagen, was ein Cashflow ist: Es handelt sich um die Differenz zwischen allen Aus- und Einzahlungen eines Unternehmens, die zahlungswirksam geworden sind. Stellen Sie sich vereinfacht vor: Sie nehmen alles, was in das Unternehmen eingezahlt wurde und alles, was wieder ausgezahlt wurde. Das, was übrig bleibt, ist mit gewissen Einschränkungen der Cashflow. Mit dieser Kenngröße verhindert man, dass das Unternehmen die wahre Ertragslage durch Abschreibungen und Investitionen zurechtrücken kann.

Wenn Sie sich einmal die Mühe machen, ein solches Analystengutachten vollständig durchzulesen, werden Sie feststellen, dass man sich auch in diesem Berufsstand sehr engagiert und eine Fülle von Zahlen auswertet.

Die meisten Gutachten sind relativ sorgfältig erstellt und werten die wichtigsten Bilanzkennzahlen aus. Darüber hinaus untersuchen die Analysten das Marktumfeld, betrachten die Branchensituation und die Expansions- und Innovationsmöglichkeiten des Unternehmens. Aber dennoch ist es sehr schwierig, eine sichere Prognose abzugeben, da alle Bilanzkennzahlen aus der Vergangenheit stammen und schon geringe Veränderungen in der Gegenwart oder Zukunft alle Vorhersagen zu Makulatur werden lassen. Denken Sie beispielsweise an *IBM*. In den 1960er und 1970er Jahren hatte das Unternehmen einen erstklassigen Ruf und verkaufte Mainframes, das sind Riesencomputer in Schrankgröße, an alle wichtigen Unternehmen. Big Blue, wie *IBM* wegen der dunkelblauen Garderobe seiner Vertreter spöttisch genannt wurde, genoss einen exzellenten Ruf und war das Paradeunternehmen der

Technologiebranche. Als schließlich die PCs aufkamen, sah man spöttisch auf die „Kästen" herab und lehnte es ab, auch nur einen Gedanken daran zu verschwenden. Diese Ignoranz führte in den 1980er Jahren letztlich dazu, dass man von einem Studenten namens Bill Gates ein Betriebssystem kaufen musste, um noch schnell auf den bereits abfahrenden Zug aufzuspringen. Doch für *IBM* war es schon zu spät. Das einstige Vorzeigeunternehmen taumelte unaufhaltsam in eine schwere Krise. Erst nach einigen Jahren gelang es *IBM*, das Unternehmen komplett umzustrukturieren; heute ist *IBM* ein innovatives und profitables Dienstleistungsunternehmen im IT-Bereich.

Ein Analyst hätte diese Entwicklung niemals aus den Bilanzkennzahlen herauslesen können; um eine solche Prognose zu erstellen hätte der Börsenexperte bereits in den siebziger Jahren die Expansion des PC-Markts vorhersehen müssen. Damals konnte sich jedoch niemand vorstellen, dass eines Tages in fast jedem Haushalt ein Computer stehen würde. Analystengutachten sind daher als Hintergrundmaterial gut geeignet, um sich ein Urteil zu bilden. Sie sollten sich die Einschätzung des Börsenexperten durchaus zu Gemüte führen, aber denken Sie daran, sich eine eigene Meinung zu bilden. Hat das Unternehmen wirklich die Innovationskraft, auch in fünf oder zehn Jahren noch zu den besten zu zählen? Wie werden sich die Märkte entwickeln?

2. Die Aktie als Wertpapier

Aktien sind Wertpapiere, von denen es unterschiedliche Formen gibt. Die wichtigste Unterscheidung ist die zwischen Stamm- und Vorzugsaktien. Stammaktien beinhalten ein Stimmrecht und werden daher bevorzugt von institutionellen Anlegern wie Banken und Investmentfonds gekauft. Für solche Investoren ist die Mitbestimmung und damit das Stimmrecht von herausragender Bedeutung.

Die Aktiengesellschaft hat die Möglichkeit, auch stimmrechtslose Aktien herauszugeben; hierbei handelt es sich meistens um Vorzugsaktien, die zum Ausgleich für den Verlust des Stimmrechts eine höhere Dividende ausschütten. Vorzugsaktien werden daher vor allem von Privatanlegern erworben, die weniger am Stimmrecht interessiert sind, aber sich über eine höhere Dividendenausschüttung freuen. Der Vorteil kann unterschiedlich ausgestaltet sein. Manche Aktiengesellschaften garantieren eine Mindestdividende, die auch dann ausgeschüttet wird, wenn die Stammaktionäre aufgrund eines Verlusts oder einer mäßigen Gewinnentwicklung leer ausgehen. Eine andere Konstruktion besteht darin, dass die Dividende für Vorzugsaktionäre um einen festen oder prozentualen Betrag aufgestockt wird; man spricht dann von Mehrdividende. Eine andere Konstruktion sieht vor, dass bei einer Gewinnausschüttung Vorzugsaktionäre zuerst bedient werden müssen, bevor die Dividende auf Stammaktien ausgeschüttet wird. Man nennt solche Aktien auch Prioritätsaktien. Insbesondere Familienunternehmen bedienen sich der Vorzugsaktien: In diesem Fall hält die Gründerfamilie die Mehrheit der Stammaktien und beteiligt das Publikum über stimmrechtslose Vorzugsaktien an dem Unternehmen.

Wenn Sie Aktien kaufen und die Wahl zwischen Stamm- und Vorzugsaktien, sollten Sie abwägen, welche Aktienform Sie bevorzugen wollen. Für viele Anleger bietet die Vorzugsaktie eine höhere Dividendenrendite und damit mehr Sicherheit, da die Dividende teilweise Kursverluste in geringem Maße ausgleichen kann. Wenn beispielsweise der Kurs der Aktie um drei Prozent einbricht, die Dividendenausschüttung aber drei Prozent des Kurses ausmacht, hat der Anleger den Verlust wieder kompensiert. Allerdings sollten Sie Ihr Augenmerk nicht ausschließlich auf die Dividendenrendite richten, denn wenn eine Aktie stark sinkt, nützt Ihnen die höhere Dividendenausschüttung letztlich nichts. Während zu Beginn des 20. Jahrhunderts die Ausschüttungen noch stärker beachtet wurden, richtet man heute die Aufmerksamkeit vorwiegend auf die Kursstärke einer Aktie. Unter diesem Gesichtspunkt sind häufig Stammaktien im Vorteil. Obwohl sich die Kurse von Stamm- und Vorzugsaktien fast parallel entwickeln, profitieren Stammaktien von wichtigen Entscheidungen über die Zukunft des Unternehmens wegen ihres Stimmrechts. So kann es zeitweilig vorkommen, dass sich Stammaktien deutlich besser entwickeln als Vorzugsaktien. Der Vorteil kann gelegentlich sogar 10 bis 30 Prozent erreichen. Wenn jedoch der Termin der Dividendenausschüttung naht, holen die stimmrechtslosen Vorzugsaktien meist etwas auf.

Wenn Sie unschlüssig sind, ob Sie Stammaktien oder Vorzugsaktien wählen sollen, dann entscheiden Sie sich trotz möglicherweise geringerer Rendite besser für Stammaktien. Ein Beispiel soll Ihnen erläutern, weshalb dies die bessere Wahl ist. Im Jahre 2003 unterbreitete der amerikanische Konzern *Procter & Gamble* den Aktionären des deutschen Kosmetikherstellers Wella ein Übernahmeangebot. Obwohl Stamm- und Vorzugsaktien nahezu auf gleichem Kursniveau notierten, erhielten die Stammaktionäre ein Angebot von 92,25 Euro, während sich die Vorzugsaktionäre mit 65 Euro zufrieden geben mussten. Angesichts dieser großen Differenz wird deutlich, dass Vorzugsaktionäre im Zweifelsfall wenig von einer höheren Dividende haben. Ohne das entscheidende Stimmrecht bleiben Sie bei einer Übernahme oder anderen wichtigen Ereignissen Aktionär zweiter Klasse.

Eine weitere Unterscheidung ist die zwischen Inhaberaktien und Namensaktien. Inhaberaktien sind in Deutschland weit verbreitet; denn sie sind in der technischen Handhabung relativ unkompliziert. Sie können problemlos übertragen werden. Bei Namensaktien hingegen werden die Namen der Aktionäre in ein Buch eingetragen, das die Aktiengesellschaft einsehen kann. Obwohl dadurch die Anonymität durchbrochen wird, hat dieses Verfahren in den letzten Jahren an Popularität gewonnen. Aktionäre, die verhindern wollen, dass das Unternehmen ihren Namen und ihre Adresse erfährt, können der Eintragung widersprechen und die Depotbank in das Aktionärsbuch eintragen lassen. Dennoch sind Namensaktien auf dem Vormarsch. Was in den USA längst Pflicht ist, findet auch hier zunehmend Verbreitung: Namensaktien ermöglichen es, die Aktionäre persönlich zu informieren. Eine Spezialform, die Professoren häufig als knifflige Frage in Abschlussprüfungen dient, ist die vinkulierte Namensaktie. Das lateinische Wort „vinkuliert“ bedeutet wörtlich übersetzt „gefesselt“; diese Aktien sind an bestimmte Aktionäre gebunden, d.h. Sie können solche Aktien nur erwerben, wenn das Unternehmen seine Zustimmung erteilt. Glücklicherweise sind vinkulierte Namensaktien äußerst selten, da die Prozedur umständlich ist. Dieses Verfahren wird insbesondere von Medienunternehmen gewählt, die sich vor einer feindlichen oder schleichenden Übernahme schützen wollen.

International gibt es noch einige Sonderformen, die auch in Deutschland gehandelt werden. Hierzu gehören die ADRs (American Depositary Receipts). Dieses spezielle Verfahren wählen oft Aktiengesellschaften aus Schwellenländern wie Russland und China, um den Handel mit ihren Aktien in den USA zu vereinfachen. Da die Börsenzulassung ein schwieriges und hürdenreiches Verfahren ist, gibt es die Möglichkeit, Auslandsaktien einfacher zu handeln. Dabei muss die jeweilige Aktiengesellschaft eine größere Anzahl von Aktien bei einer amerikanischen Treuhänderbank hinterlegen. Diese spezialisierte Bank gibt dann auf diese Pakete ein Zertifikat heraus, das einer amerikanischen Namensaktie gleichgestellt ist. Solche Zertifikate nennt man ADR. Als Anleger sollten Sie auf jeden Fall beachten, dass nicht immer ein ADR auch einer Aktie entspricht. Häufig ist es so, dass 10 oder mehr ADRs einer Aktie entsprechen. Achten Sie daher beim Kauf von ADRs immer auf das Bezugsverhältnis. Das Verfahren ist relativ sicher, da die amerikanische Treuhänderbank bei Problemen das Aktienpaket, das dem ADR zugrunde liegt, herausgeben muss. Das Verfahren wird auch bei mehr oder minder exotischen Schwellenländern angewandt, in denen Einzelinvestoren keine Aktien kaufen dürfen.

Größere Investmentgesellschaften haben in manchen Ländern eine Ausnahmegenehmigung und geben auf ihre Aktienpakete ADRs heraus.

Ein solches Vorgehen findet man auch bei der Unterscheidung zwischen A- und B-Aktien. In der Regel dürfen B-Aktien nur von ausländischen Anlegern gekauft werden. Diese B-Aktien haben häufig ein eingeschränktes oder gar kein Stimmrecht und werden nur in einer beschränkten Zahl verkauft. Das kann dazu führen, dass die ausländischen Anleger in der Hauptversammlung nicht abstimmen können. Da es viel weniger B-Aktien gibt, verhält sich deren Aktienkurs auch bisweilen anders als der von A-Aktien, die nur von Einheimischen erworben werden dürfen. Ein solches Verfahren findet man nicht nur in Schwellenländern, sondern auch in Skandinavien wie in Norwegen. Der Zweck solcher Restriktionen ist es, ausländischen Einfluss in Kapitalgesellschaften zurückzudrängen.

Eine besonders vielschichtige Differenzierung findet sich bei chinesischen Aktien. Während die A-Aktien nur Chinesen vorbehalten sind und an der Börse in Shanghai und Shenzhen gehandelt werden, können B-Aktien auch von Ausländern erworben werden. Zusätzlich gibt es noch H-Aktien. Der Buchstabe H steht für Hongkong; solche Wertpapiere werden in Hongkong gehandelt und dürfen nur von Ausländern gekauft werden. Außerdem sind noch so genannte „Red Chips“ im Börsenhandel; bei diesen Aktien handelt es sich um Werte, die in Hongkong notiert und ausländischen Anlegern frei zugänglich sind. Ihre Besonderheit besteht darin, dass die chinesische Regierung daran einen größeren Aktienanteil hält.

Manche Beobachter nehmen an, dass eine Freigabe der A-Aktien für ausländische Investoren einen ebenso starken Kursanstieg auslösen würde wie die Freigabe der Hongkong-Aktien für chinesische Anleger auf dem Festland. Einige Experten vertreten die Auffassung, dass die Unterscheidung zwischen A- und B-Aktien früher oder später von den noch wenigen Ländern, in denen ein solches System vorhanden ist, aufgegeben wird, da dieses Zweiklassensystem nicht mehr in das Zeitalter der Globalisierung passt.

2.1 Unternehmensbesichtigungen und Unternehmen im Alltag

Besonders aufschlussreich kann es sein, wenn Sie dem Unternehmen selbst einen Besuch abstatten. In manchen Unternehmen gibt es nämlich Betriebsbesichtigungen, die Sie nutzen sollten. Zwar können Sie dann die Ertragssituation im Ausland oder die Entwicklung der Umsatzerlöse immer noch nicht einschätzen, aber häufig kann man die Stimmung in einem Unternehmen schon äußerlich erkennen. Es soll zwar Unternehmen geben, die mit viel Aufwand und prachtvollen Festen es geschafft haben, die Öffentlichkeit gezielt zu täuschen, aber in einigen Fällen werden Sie Unternehmen, die sich auf der Verliererseite befinden, an der allgemeinen Atmosphäre, die dort herrscht, erkennen.

Wenn Sie also an einer solchen Betriebsführung teilnehmen, achten Sie als Erstes auf den Eingangsbereich. Hat man dort unachtsam Kartons abgestellt? Sehen die Pflanzen auf der Fensterbank aus, als hätten sie gerade einen fünfwöchigen Transport durch die Sahara hinter sich? Schauen Sie auch, ob sich die Sekretärin wirklich um die Besuchergruppe bemüht: Unterhält sie sich lieber mit ihrer Kollegin über die neuesten Sonderangebote? Und wie sieht der Schreibtisch aus? Ein unergründliches Chaos aus Akten, Briefen und Unterlagen? Ziert die Regale eine Staubschicht? Ein besonders fataler Fauxpas ist übrigens: Sehen Sie in dem Büro Präsente von anderen Firmen oder Geschäftspartnern – also beispielsweise Kalender von Zulieferern, Briefbeschwerer und Kugelschreiber mit dem Logo einer Zeitarbeitsfirma, Porzellantassen, auf denen fremde Insignien prangen? Seriöse Unternehmen verbannen solche Präsente aus dem Erscheinungsbild, denn sie stören die Corporate Identity. In vielen Unternehmen ist es offiziell verpönt, solche Geschenke in Büros zu platzieren.

Beobachten Sie auch die Person, die die Betriebsbesichtigung durchführt. Ist sie gut vorbereitet? Kann sie Detailfragen beantworten oder ist sie bereit, Ihnen eine schriftliche Antwort auf eine wichtige Frage zukommen zu lassen? Gibt man sich ernstlich Mühe, oder wirkt die Führung so, als halte man die Besuchergruppe für den Kegelclub aus Untergruppenbach?

Interessant ist in einem Industrieunternehmen auch der Produktionsbereich. Selbst wenn Sie kein Ingenieur sind, können Sie einige wichtige Rückschlüsse ziehen. Werden Materialien systematisch geordnet? Wirkt der Arbeitsplatz sauber und aufgeräumt? Machen die Arbeitnehmer einen kompetenten und motivierten Eindruck? Wie ist es um Qualitätsnormen bestellt? Fragen Sie die Person, die Sie durch das Unternehmen führt, nach TQM, Six Sigma, Kaizen. Wenn man Sie nur entgeistert anschaut, wissen Sie zumindest, dass die Führung nicht sachkundig vorbereitet ist.

Nach einer solchen aufmerksamen Betriebsbesichtigung haben Sie sich wenigstens persönlich überzeugt. Zwar kann der erste Eindruck immer täuschen, aber wenn Sie das unbeirrbare Gefühl haben, dass mit dem Unternehmen etwas nicht stimmt oder dass es in Ihnen eine Abwehr ablöst, dann sollten Sie die Aktien auf keinen Fall kaufen. Es gibt so viele Wertpapiere weltweit, dass Sie nicht auf dieses Unternehmen angewiesen sind. Vergleichen Sie den Kauf eines Unternehmens mit dem eines Autos: Sie sollten sich nie in ein Fahrzeug setzen, dessen Bremsen defekt sind und das nur noch zwei Kilometer fährt.

Bei dem Unternehmen, das Sie kaufen, sollten Sie ein rundum gutes Gefühl haben. Bedenklich ist es allerdings, wenn Sie sich in Ihre Aktie verlieben und ihr durch alle Höhen und Tiefen die Treue halten. Zwar kann man mit einer solchen Strategie durchaus Gewinne machen, aber wenn Sie auf die falsche Aktie setzen, kann eine solche verhängnisvolle Liaison durchaus tragisch enden. Betrachten Sie den Kauf einer Aktie daher nüchtern und sachlich.

Eine weitere Vorauswahl im Alltag kann sein, wenn Sie sich umhören und umsehen. Das ist jedoch nur ein unvollkommenes Verfahren, denn Sie werden im Alltag kaum die Namen weniger bekannter Technologieunternehmen oder von Firmen der Investitionsgüterindustrie zu hören bekommen. Auch werden Ihre Bekannten, Verwandten und Freunde wohl kaum Unternehmen aus Singapur, Taiwan, Brasilien, Indien oder China auf Anhieb nennen können.

Dennoch kann es von Vorteil sein, sich einmal umzuhören, zumindest wenn eine Position in Ihrem Aktiendepot ein bekannteres Markenunternehmen sein soll. Die Suche beginnt bereits beim Frühstück: Welche Schuhe tragen eigentlich Ihre Kinder? *Adidas*,

Puma oder *Nike*? Von wem war noch einmal die Spielkonsole, die Sie Ihrem Sohn zu Weihnachten geschenkt haben? Welches Handy ist eigentlich gerade auf Schulhöfen in Mode? Für welches Auto schwärmt Ihr Mann? Ist es ein *Toyota*, ein *Mercedes* oder ein *VW*? Und welches Parfum trägt eigentlich Ihre Frau? Etwa von *Douglas*?

Sie werden staunen, wie viele Hinweise eine solche Beobachtung im Alltag bringen kann. Die meisten Markenunternehmen müssen sich nämlich beim Kunden bewähren, und viele wichtige Trends zeigen sich schon früh im Alltag. Natürlich haben Sie jetzt Pech, wenn Sie auf *Aldi* oder *Lidl* tippen, denn diese haben nicht die Rechtsform einer Aktiengesellschaft. Und wenn Sie frohgemut auf Nokia als größtem Hersteller von Handys setzen, so kommt diese Einsicht zweifellos zu spät. Als *Nokia* noch ein unbekannter Elektronikgerätehersteller war, hätte sich der Einstieg gelohnt; und viele Arbeitnehmer, die damals Belegschaftsaktien hielten, sind heute mehrfache Millionäre, die bescheiden in kleinen finnischen Dörfern leben.

Sie müssen einen Trend am Anfang erkennen und dann zu noch niedrigen Preisen einsteigen. Das ist in der Praxis allerdings relativ schwierig. Bei Unternehmen, die kontinuierlich Erfolg am Markt erzielen, können Sie durchaus auch später Aktien erwerben; die Wertentwicklung wird jedoch geringer sein. Informativ ist es, wenn Sie im Alltag weiter genau beobachten. Fragen Sie doch einmal einen Taxifahrer, welches Auto er für am zuverlässigsten hält. Schauen Sie sich an, wie der Einzelhandel seine Waren präsentiert. Prüfen Sie nach, wie kundenfreundlich Ihre Billig-Airline wirklich ist. Solche Details verraten Ihnen oft mehr über die Situation eines Unternehmens als ausgefeilte Analystengutachten und Bilanzkennzahlen.

Bevor Sie eine Aktie kaufen, sollten Sie überlegen, wie profitabel und attraktiv das Geschäftsmodell ist. Sie werden immer wieder Analysten und Berater finden, die eine Branche hochjubeln und als den Favoriten des Jahres küren. Doch manche Branchen sind auch nach einer möglichen Erholung wenig verlockend. Überlegen Sie einfach, wie dieses Unternehmen sein Geld macht und Gewinne erwirtschaftet. Nehmen wir beispielsweise die Telekommunikationsbranche. Viele Anleger machen ohnehin einen großen Bogen um diesen Dienstleistungszweig, da seit dem Zusammenbruch des Neuen Marktes viele dieser Unternehmen an Ansehen eingebüßt haben. Doch wie sieht das Geschäftsmodell aus? Im Prinzip leben diese Unternehmen von einer geringen Gewinnmarge; der Wettbewerb ist beträchtlich, denn Call-by-Call-Tarife und die zunehmend populären Flatrates sorgen für Dumpingpreise. Hinzu kommt noch ein unaufhaltsamer technischer Fortschritt, der zu immer höheren Geschwindigkeiten und Innovationen führt. Eines Tages wird möglicherweise das Festnetz veraltet sein und durch Mobilfunk ersetzt werden, oder es werden noch bessere Übertragungsraten durch eine neue Technik erzielt. Erschwerend kommt hinzu, dass viele große Telekommunikationsunternehmen aus privatisierten Staatsunternehmen mit allen entsprechenden Belastungen hervorgegangen sind. Würden Sie für diese Branche eine glorreiche Zukunft prognostizieren? Natürlich werden kleine Unternehmen von ihrer Flexibilität profitieren, doch insgesamt sieht die Situation eher verhalten aus. Obwohl kaum ein anderer Bereich die Zukunft der Menschen so sehr beeinflussen wird wie die Telekommunikation, ist dieser Markt derart umkämpft, dass er nur wenig gewinnbringend erscheint. Natürlich werden Kritiker einwenden, dafür seien die Aktien entsprechend niedrig bewertet und können umso höher steigen. Das ist zwar ein einleuchtendes Argument, doch seien Sie ehrlich: Würden Sie eine Aktie als interessant bewerten, die einst vollmundig als Volksaktie und als größte Emission Deutschlands an den Start ging, und nach zehn Jahren unter dem damaligen Einstandskurs notiert? Selbst wenn ganze Analystenscharen die Telekommunikationsbranche mit Engelszungen als den Highflyer anpriesen, wäre das Vertrauen erschüttert.

Betrachten wir als Kontrast die Maschinenbaubranche. Zwar herrscht auch dort ein enormer Konkurrenzdruck, und Schwellenländer wie China und Indien holen technologisch auf, aber wenn Sie in der Lage sind, weltweit einzigartige Produktionssysteme und Fertigungsanlagen herzustellen, werden Sie global auf eine ungebremste Nachfrage stoßen. Sie können für Ihre Maschinen die Preise kontinuierlich erhöhen, ohne einen Nachfragerückgang befürchten zu müssen. Durch technische Innovationen stellen Sie immer bessere Maschinen her, so dass Sie erneut Kunden gewinnen. Die Maschinenbaubranche ist in einer wesentlich besseren Verfassung. Natürlich müssen Sie sich auch hier jedes Unternehmen einzeln ansehen und die Ertragslage analysieren. Auch bei Maschinenbauunternehmen gibt es Nieten. Besondere Vorsicht ist bei spekulativen Branchen geboten. Ein typisches Beispiel dafür ist die Biotechnologie, der zwar eine glänzende Zukunft vorhergesagt wird, die aber nur langsam Fortschritte macht. Seitdem das Humangenom, d.h. der gesamte Erbsatz eines Menschen, entziffert wurde, herrschte in der Branche um das Jahr 2000 Aufbruchsstimmung. Doch schon bald begannen die Kurse mit der Krise der New Economy zu bröckeln, und seitdem notieren viele kleine Biotechnologieunternehmen auf einem sehr niedrigen Niveau. Auch hier sollten Sie grundsätzliche Überlegungen zum Geschäftsmodell anstellen. Zwar gibt es in der Biotechnologie auch große Konzerne wie beispielsweise *Genentech* und *Amgen*, die seit vielen Jahren etabliert sind und den Vergleich mit herkömmlichen Pharmakonzernen nicht zu scheuen brauchen, doch insgesamt wird die Branche von kleinen Unternehmen dominiert, die nur ein oder zwei Medikamente in der Pipeline haben, wie es im Branchenjargon heißt. Dabei sollten Sie als Anleger berücksichtigen, dass diese Medikamente noch keine Zulassung haben und dass das Verfahren allein mehrere Jahre dauern kann. Die Arzneimittelzulassungsbehörde – die Food and Drug Administration (FDA) – in den USA ist eine der strengsten der Welt; und bei Zwischenfällen können Schadensersatzklagen in Milliardenhöhe auf das Unternehmen zukommen. Die neu entwickelten Medikamente müssen zudem in Vergleichsstudien beweisen, dass sie mindestens so wirksam und sicher sind wie bereits vorhandene Arzneimittel. Daher ist es nicht verwunderlich, dass neue Medikamente relativ selten auf den Markt kommen. Von den geschätzten 50.000 Präparaten, die auf dem Markt erhältlich sind, sind nur zirka 400 wirklich unentbehrliche Arzneimittel. Bei dem Rest handelt es sich um Kombinationspräparate. Spötter behaupten gerne, dass Apotheker und Ärzte nie Pharma- oder Biotechnologieaktien kaufen würden. Daran mag ein Quäntchen Wahrheit sein, man würde aber der Biotechnologiebranche Unrecht zufügen, wenn man die Erfolge außer Acht ließe. Tatsächlich gelang es einzelnen Unternehmen, neue Medikamente auf den Markt zu bringen; die Aktien dieser Biotechnologieunternehmen stießen wie Kursraketen in den Aktienhimmel empor. Die meisten Unternehmen jedoch forschen noch immer und sind gleichsam auf Kredit finanziert, ohne jemals auch nur ein einziges Medikament hervorgebracht zu haben. Die besonders lukrativen, gewinnbringenden Biotechnologieschmieden werden häufig kurz nach dem Bekanntwerden der Forschungsergebnisse von Pharmakonzernen übernommen. Anleger, die rechtzeitig einsteigen, profitieren natürlich von diesen Übernahmeangeboten. Insgesamt betrachtet ist es aber äußerst schwierig, ein aussichtsreiches Biotechnologieunternehmen aus der Vielzahl herauszupicken. Selbst hoch qualifizierte Pharmakologen entdecken oft erst im Endstadium die gefährlichen Nebenwirkungen eines Arzneimittels, was das sofortige Aus bedeutet. Da etliche Biotechnologieunternehmen keine breite finanzielle Basis haben, ist damit der Untergang des Unternehmens vorprogrammiert.

Als Fazit kann man festhalten: Prüfen Sie das Geschäftsmodell Ihres Unternehmens. Überlegen Sie, ob es jemals profitabel sein kann. Sie müssen nicht unbedingt wissen, was ein Cashflow, ein Return on Investment oder eine Gesamtkapitalrentabilität ist. Wenn Sie aber das Gefühl haben, dass diese Branche nicht wirklich Gewinne erzielt, dann lassen Sie es sein.

Stellen Sie sich ein Unternehmen vor, dass sich schon zu Lebzeiten ein Museum errichtet. Vielleicht mag die Architektur gar mit dem Guggenheim-Museum in New York wetteifern und das Gebäude entfernt an eine etwas zerdrückte Hutschachtel erinnern, aber zehrt dieses Unternehmen nicht von den Meriten einer glorreichen Vergangenheit, die allmählich zu verblassen beginnen? Eine große Vergangenheit kann durchaus ein Vorteil sein, aber wenn das Unternehmen in seiner Innovationskraft nachlässt und den Kundendienst vernachlässigt, wird sich dies früher oder später im Aktienkurs niederschlagen.

Als erfolgreicher Anleger sollten Sie daher immer Folgendes beherzigen:

- Wählen Sie nur Unternehmen aus, die Sie persönlich überzeugen und mit denen Sie sich identifizieren können. Eine Aktie ist kein Stück Papier, sondern eine Unternehmensbeteiligung. Wenn Sie keine Unternehmen mögen, in denen die Investor-Relations-Abteilung Ihnen keine Antwort zukommen lässt, in denen Sekretärinnen sich mehr ihrem Frühstück widmen als Ihrem Anliegen, dann kaufen Sie keine solchen Aktien.

- Wenn Sie Vorbehalte haben und ethische Bedenken hegen, sollten Sie keine Rüstungsunternehmen erwerben oder Gesellschaften kaufen, die mit Tabakwaren handeln oder Geschäfte in Ländern betreiben, in denen Kinderarbeit oder schwere Menschenrechtsverletzungen an der Tagesordnung sind.
- Das Unternehmen, das Sie kaufen, sollte Ihnen rundum zusagen. Schließlich kaufen Sie auch kein Auto mit violetten und erdbeerroten Tupfen oder ein Fahrzeug, dessen Bremsen vielleicht nur noch fünf Kilometer funktionieren und dessen Boden völlig verrostet ist. Der Kauf eines Unternehmens ist nur dann sinnvoll, wenn es auch in fünf oder zehn Jahren noch steigende Gewinne erwirtschaften wird.
- Lassen Sie sich Zeit und prüfen Sie sorgfältig. Es gibt eine unüberschaubare Anzahl von Aktien auf der ganzen Welt. Sie haben eine riesige Auswahl; und jederzeit ergeben sich neue Chancen. Die meisten Menschen widmen dem Kauf eines Autos oder der Buchung einer Urlaubsreise mehr Zeit als dem Kauf von Wertpapieren. Dabei hängen von dieser Entscheidung Ihre Zukunft und Ihre finanziellen Chancen ab.
- Lassen Sie sich auf keinen Fall von dubiosen Tipps, heißen Empfehlungen oder anderen Hinweisen leiten. Prüfen Sie selbst nach. Im Zeitalter des Internets ist es ein Leichtes, Geschäftsberichte und ausführliches Material von den Unternehmensseiten herunterzuladen. Auch wenn die merkwürdige Fachsprache und die vielen Zahlen Sie anfangs abschrecken mögen; nachdem Sie dieses Buch durchgearbeitet haben, werden Sie die wichtigsten Zusammenhänge und Kennzahlen verstehen. Scheuen Sie sich nicht, in der Investor-Relations-Abteilung des Unternehmens per E-Mail oder telefonisch nachzufragen, wenn Sie etwas nicht verstehen oder aktuelle Informationen haben wollen.
- Wenn das Unternehmen in Ihrer Nähe ist, sollten Sie an einer Betriebsbesichtigung teilnehmen. Dadurch erhalten Sie bessere

Eindrücke und können sich selbst ein Bild machen. Wenn Sie wollen, können Sie auch das Produkt oder die Dienstleistung unter die Lupe nehmen. Fragen Sie Kunden, was sie von dem Produkt oder der Dienstleistung halten.

2.2 Die Rolle des Aktionärs

Als Aktionär sind Sie Miteigentümer des jeweiligen Unternehmens, deshalb gelten Aktien als Beteiligungspapiere. Anders als bei Anleihen haben Sie keinen Anspruch auf eine regelmäßige Verzinsung Ihres Kapitals. Ihr eigentlicher Gewinn besteht aus den Kursgewinnen, die die Aktie erzielt, und der ausgeschütteten Dividende. Einige Aktien, insbesondere Technologiewerte, schütten keine Dividende aus und reinvestieren die Gewinne sofort wieder. Als Aktionär besteht dann Ihr Gewinn in der Kurssteigerung der Aktie. Die meisten Anleger kaufen ohnehin Aktien vorwiegend wegen der Aussicht auf solche Kurszuwächse, wenngleich die Dividendenrendite bei einigen Anlagestrategien eine wichtige Rolle spielt.

Bei einer Insolvenz stehen Aktionäre bei der Verteilung des noch vorhandenen Restvermögens in der Rangfolge an einer der letzten Stellen, da zuerst beispielsweise die ausstehenden Löhne und Gehälter bezahlt und Sozialbeiträge entrichtet werden. Vor den Aktionären werden auch zuerst die Ansprüche der Anleiheninhaber, der Obligationäre, beglichen. Trotz dieses Risikos haben Aktionäre den Vorteil, dass sie in vollem Umfang von steigenden Kursgewinnen profitieren.

Früher hatten Aktien meist einen Nennwert, der auf einen bestimmten Geldbetrag lautete und einen Anteil am so genannten Grundkapital darstellt. Ein Aktiengesellschaft ist eine juristische Person; darunter versteht man, dass eine solche Gesellschaft im Rechtsverkehr wie eine Person behandelt wird, d.h. sie kann als Ganzes beispielsweise Verträge abschließen. Unternehmen, die keine juristische Person sind, können im Gegensatz dazu, nur wichtige Verträge abschließen, wenn alle Verantwortlichen in der Geschäftsführung zustimmen. Darüber hinaus ist eine Aktiengesellschaft ähnlich wie eine GmbH eine Kapitalgesellschaft, bei der die Haftung eingeschränkt ist. In diesem Zusammenhang ist der Begriff Grundkapital wichtig; wenn eine Aktiengesellschaft insolvent wird, beschränkt sich die Haftung auf das Grundkapital. Mehr können die Gläubiger nicht fordern.

Vor der Euro-Umstellung wurde auf jede Aktie der Nennwert (Nominalwert) aufgedruckt; wenn beispielsweise der Nennwert 5 D-Mark lautete und eine Million Aktien ausgegeben wurde, dann belief sich das Grundkapital auf 5 Millionen D-Mark. Bis zu dieser Summe musste die Aktiengesellschaft für Verbindlichkeiten haften. Nach der Euro-Umstellung im Jahre 2002 zogen die meisten Unternehmen ein anderes Verfahren vor, das bereits in den USA gängig war: die nennwertlose Aktie. In diesem Fall wird das festgelegte Grundkapital einfach durch die Anzahl der Aktien dividiert. Wenn ein Unternehmen über ein Grundkapital von 10 Millionen Euro verfügt und 10 Millionen Aktien ausgegeben hat, dann beträgt der rechnerische Nennwert einer Aktie einen Euro. Die Aktie repräsentiert sozusagen eine Quote am Grundkapital, daher bezeichnet man nennwertlose Aktien auch als Quotenaktien. Im Grunde ist es für Sie als Anleger völlig unwichtig, ob Ihre Aktie eine Nennwertaktie oder eine nennwertlose Aktie (Quotenaktie) ist. Der Unterschied besteht darin, dass bei der einen der Wert auf der Aktienurkunde aufgedruckt ist, bei der anderen nicht. Für die Unternehmen hat das lediglich den Vorteil, dass sie sich den Druck neuer Urkunden ersparen. Für Sie selbst ändert sich dadurch nichts. Überhaupt werden Sie Ihre Aktien nie zu Gesicht bekommen, denn heutzutage werden alle Aktien nahezu ausnahmslos elektronisch verwaltet. Anleger, die sich die Aktienurkunden aushändigen lassen wollen, werden wohl bei jeder Bank Erstaunen und dann Misstrauen auslösen. Der Grund: Solche Tafelgeschäfte, wie man sie nennt, werden meist gemacht, um die Dividendencoupons im Ausland einzulösen; diese müssen Sie natürlich in Deutschland versteuern. Die Bank wird daher solche Tafelgeschäfte von vornherein ablehnen. Bei Anleihen ist man inzwischen sogar dazu übergegangen, keine Einzelurkunden mehr auszudrucken.

Richtige Aktienurkunden können Sie daher nur noch bei historischen Wertpapieren zu sehen bekommen, die auf Auktionen ähnlich wie Briefmarken oder Münzen gehandelt werden.

Der Kurswert einer Aktie liegt natürlich in der Regel um ein Vielfaches über dem Nennwert, denn der Kurswert ist abhängig von der Einschätzung der Marktteilnehmer, von der Finanz- und Ertragslage des Unternehmens und von der allgemeinen Börsenstimmung. Auch wenn der Nennwert einer Aktie nur 5 Euro beträgt, kann ihr Kurswert beispielsweise bei über 1000 Euro liegen. Für Sie als Aktionär ist der Nennwert also völlig uninteressant. Das Entscheidende ist der aktuelle Kurs der Aktie. In besonders dramatischen Fällen, wenn schlechte Nachrichten über das Unternehmen im Umlauf sind und eine mögliche Insolvenz bevorsteht, kann die Aktie an der Börse so gebeutelt werden, dass der Kurs unter den Nennwert sinkt. Dies wäre ein unübersehbares Alarmsignal. Glücklicherweise sind solche Fälle relativ selten, denn es würde bedeuten, dass die Aktiengesellschaft an der Börse weniger wert ist als in der Bilanz.

2.3 Mitwirkung der Aktionäre

Die wichtigste Möglichkeit der Aktionäre, auf die Aktiengesellschaft Einfluss zu nehmen, ist die einmal jährlich stattfindende Hauptversammlung, auf der jeder Aktionär ein umfassendes Auskunftsrecht hat. Selbst wenn Sie nur eine einzige Aktie des Unternehmens besitzen, dürfen Sie an der Hauptversammlung teilnehmen und Fragen einreichen. Die Aktiengesellschaft muss Ihre Fragen wahrheitsgemäß und ausführlich beantworten. Im Zuge der Internationalisierung hat sich die Bereitschaft der Unternehmen, eine transparente Unternehmenspolitik zu betreiben, erheblich verbessert, da in vielen anderen Ländern die Aktionäre im Mittelpunkt des Interesses stehen. Wurden die Anteilseigner früher noch recht stiefmütterlich behandelt, so hat sich dies in den letzten Jahren sichtlich geändert. Nur in wenigen Fällen, wenn essenzielle Interessen des Unternehmens gefährdet sind, kann das Unternehmen die Auskunft verweigern, was jedoch meist die Neugier der Öffentlichkeit erst weckt. Jeder Aktionär darf zudem auf der Hauptversammlung an der Aussprache teilnehmen; wegen der vielen Redebeiträge ist aber die Redezeit meist begrenzt.

In Deutschland ist die Aktienkultur noch weit unterentwickelt; selbst in Ländern wie Kanada oder Südafrika, die von der Bevölkerung kleiner sind als Deutschland, nehmen Aktien einen höheren Stellenwert ein. Die meisten Aktionäre unter den Privatanlegern findet man in Ländern wie Schweden und in den USA, wo selbst die Pensionen in Wertpapieren angelegt werden. In Deutschland hingegen ist der Anteil von Privatanlegern, die Aktien besitzen, gering ausgeprägt. Viele assoziieren mit dem Wort „Aktie" Spekulation und Gefahr. Überhaupt beklagen manche Autoren, in Deutschland herrsche in vielen Bereichen ein Defizit an Fachkenntnissen im Finanzbereich, das dazu führe, dass immer noch Lebensversicherungen, Termingelder und Bausparverträge die Altersvorsorge bestimmten. Diese Sicherheitsorientierung, die sich auch darin widerspiegelt, dass es in Deutschland nur 8 Prozent Selbstständige gibt, während es in den USA fast ein Drittel ist, führt dazu, dass die meisten Menschen die Börse meiden. Auch in der Politik finden Versicherungen häufig mehr Gehör als die Interessen von Aktionären.

Dies zeigt sich in den Hauptversammlungen, in denen Banken und Versicherungen den Großteil der Aktien halten. Die Privatanleger sind nur eine verschwindend kleine Minderheit, die nur selten auf die Entscheidungen Einfluss zu nehmen vermag. In der Regel sind sich die Großaktionäre einig, so dass es auf Hauptversammlungen nur in äußerst seltenen Fällen zu einer Kampfabstimmung kommt. In den meisten Fällen werden die vorgeschlagenen Entscheidungen zu fast hundert Prozent gebilligt. Bisweilen konnten kritische Aktionäre in ihren Redebeiträgen oder durch gezielte Kampagnen auf Missstände und Fehlentwicklungen publikumswirksam aufmerksam machen, aber bei den eigentlichen Abstimmungen herrschte unter den Großaktionären Konsens. Allerdings war in der Vergangenheit häufiger zu beobachten, dass manche Hauptanteilseigner von ihrem Votum Gebrauch machten, das gilt insbesondere für die Hedgefonds, die als Investoren großen Wert auf solide Renditen legen. Mancher Vorstand musste unter dem massiven Druck dieser Anleger seinen Stuhl räumen.

Die Einladung zur Hauptversammlung wird von der jeweiligen Depotbank verschickt; dies gilt allerdings nur bei inländischen Aktien; bei ausländischen Aktien müssen Sie sich selbst um die Einladung bemühen, was eine umständliche Prozedur sein kann. In den seltensten Fällen werden Sie als Anleger ohnehin eigens in die USA oder nach Australien reisen, um dort an einer Hauptversammlung teilzunehmen. Auf der Einladung steht ein Textabschnitt, mit dem Sie Ihre Depotbank bevollmächtigen können, für Sie abzustimmen. In der Vergangenheit war dieses so genannte Depotstimmrecht der Bank umstritten, da viele Kreditinstitute es dazu nutzten, eigene Interessen noch besser durchzusetzen. Sie können aber Ihrer Bank eine Weisung erteilen, bei bestimmten Entscheidungen nach Ihren Vorgaben abzustimmen. Wenn Sie ohne jegliche Einschränkung der Bank die Vollmacht erteilen, wird sie allen Empfehlungen des Vorstandes zustimmen. Neuerdings ist es bei manchen Hauptversammlungen auch möglich, sich im Internet registrieren zu lassen und dann elektronisch abzustimmen.

Eine andere Möglichkeit, wenn Sie selbst sich nicht in die Materie einarbeiten, aber Ihr Stimmrecht trotzdem wahrnehmen wollen, ist es, eine Aktionärsvereinigung zu beauftragen. Diese Vereinigungen zeichnen sich dadurch aus, dass sie sich kritisch und sachkundig mit der Agenda der Hauptversammlung und den Empfehlungen des Vorstandes auseinandersetzen. Im Zweifelsfall bringen sie Gegenanträge ein, üben öffentliche Kritik und reichen eine Klage ein, wenn sie den Eindruck haben, dass der Vorstand nicht die Interessen der Aktionäre wahrt oder unrechtmäßig Auskünfte verweigert. In Deutschland gibt es mehrere wichtige Aktionärsvereinigungen, die in der Vergangenheit viel Zuspruch gefunden haben: die Schutzgemeinschaft der Kapitalanleger (SdK), die Deutsche Schutzgemeinschaft für Wertpapierbesitz (DSW) und der Dachverband der kritischen Aktionärinnen und Aktionäre.

Aktionärsvereinigung	Internetadresse
Deutsche Schutzgemeinschaft für Wertpapierbesitz (DSW)	www.dsw-info.de
Schutzgemeinschaft der Kapitalanleger (SdK)	www.sdk.org
Dachverband der kritischen Aktionärinnen und Aktionäre e.V.	www.kritischeaktionaere.de

Abb. 8: Aktionärsvereinigungen

Um an der Hauptversammlung teilzunehmen, müssen Sie eine beigefügte Antwortkarte ausfüllen; Ihre Bank schickt Ihnen dann die Eintrittskarten rechtzeitig zu, die zugleich als Stimmkarten dienen. Sieben Tage vor dem Beginn der Hauptversammlung sperrt die Bank die betreffenden Aktien in Ihrem Depot, wenn Sie eine Eintrittskarte bestellt haben; diese Maßnahme wird deshalb durchgeführt, damit niemand die Aktien, über die er dann in der Hauptversammlung abstimmt, vorher verkaufen kann. Die Aktien werden einen Tag nach der Hauptversammlung im Depot wieder freigegeben.

Selbst wenn Sie es für nicht so wichtig halten, an einer Hauptversammlung teilzunehmen, sollten Sie sich dennoch überwinden – allein um die Atmosphäre bei einer solchen Veranstaltung kennen zu lernen. Zudem kann es amüsant sein zu sehen, wie manche Vorstände vor laufenden Kameras sich Statements und Erklärungen abringen. Bei solchen Veranstaltungen haben Sie zudem Gelegenheit, eine Vielzahl von Menschen kennen zu lernen, die sich professionell mit dem Aktiengeschäft befassen, oder mit anderen Privatanlegern Meinungen auszutauschen. Nutzen Sie diese Gelegenheit für das, was man auf Neudeutsch „Networking“ nennt, um Beziehungen zu knüpfen, die Ihnen später vielleicht beruflich von großem Nutzen sein können.

2.3.1 Die Dividendenjäger

Die meisten Hauptversammlungen finden bis auf wenige Ausnahmen zwischen April und Juli statt. Während dieser Monate folgt ein Termin dem anderen, und in den Nachrichten werden täglich oft mehrere Geschäftsberichte vorgestellt. Das ist die Hauptsaison für die so genannten Dividendenjäger. Die Dividende ist die Ausschüttung des Gewinns. Etliche Aktiengesellschaften schütten überhaupt keine Dividende aus – das gilt insbesondere für neu gegründete Unternehmen oder Technologiewerte, die die Gewinne meist wieder reinvestieren. Viele im DAX enthaltenen Unternehmen jedoch schütten traditionell Dividenden aus, und es ist für diese Unternehmen eine Frage der Reputation, die Dividende jedes Jahr beizubehalten oder auch zu erhöhen. Selbst in Krisenzeiten veräußern solche Unternehmen lieber ein paar Immobilien oder Beteiligungen, bevor sie die Dividende kürzen oder völlig streichen. Einige ausgeklügelte Anlagestrategien beruhen auf Dividendenausschüttungen, und ein Unternehmen gilt als umso solider, je länger das Unternehmen kontinuierlich eine gleichbleibende oder sogar steigende Dividende zahlt. Als Kennzahl gibt es die so genannte Dividendenrendite; dabei wird die Ausschüttung durch den aktuellen Aktienkurs dividiert (Beispiel: Wenn ein Unternehmen eine Dividende von 3 Euro je Aktie ausschüttet und der aktuelle Aktienkurs 100 Euro beträgt, dann ist die Dividendenrendite 3 Prozent). Die meisten Aktiengesellschaften liegen in ihrer Dividendenrendite zwischen 0,5 und 3 Prozent. In seltenen Fällen kann die Dividendenrendite sogar über 6 oder 7 Prozent liegen. Für manche Anleger ist diese Ausschüttung gleichsam eine Art zusätzliche Verzinsung oder ein Puffer gegen mögliche Kursverluste. Sie sollten allerdings Vorsicht walten lassen, denn eine hohe Dividendenrendite kann auch dadurch entstehen, dass der Aktienkurs sehr stark zurückgegangen ist; denn in diesem Fall steigt die Dividendenrendite. Wenn Sie eine solche Aktie nur wegen der hohen Ausschüttung kaufen, laufen Sie Gefahr, dass die Aktie ihren Abwärtstrend fortsetzt und Sie Verluste machen. Eine hohe Dividendenrendite ist nur dann für Sie als Anleger lukrativ, wenn der Aktienkurs zuvor über einen längeren Zeitraum gestiegen ist oder zumindest das Niveau beibehalten hat. Kaufen Sie auf keinen Fall vermeintlich interessante Aktien mit hoher Dividendenausschüttung, wenn der Aktienkurs ständig nach unten zeigt.

Dividendenjäger sind gewiefte Anleger, die die vielen Ausschüttungen einsammeln. Sie müssen dazu wissen, dass man die Aktie nur an einem einzigen Tag im Depot haben muss, um die Dividende zu erhalten. Sie müssen die Aktie nicht wochen- oder monatelang oder gar ein Jahr halten, sondern es genügt, wenn sie am Tag der Dividendenberechtigung im Depot war. Dieser Termin ist meist wenige Tage vor der Hauptversammlung. Sie erhalten dann die volle Ausschüttung. Diesen Umstand machen sich viele Dividendenjäger zunutze. Doch diese Strategie hat einige Haken. Allein beim An- und Verkauf der Aktien fallen Bankprovisionen und eventuell die Maklercourtage an. Selbst wenn Sie diese Kosten auf beispielsweise ein Prozent drücken und eine Dividendenrendite von 3 Prozent erzielen, müssen Sie noch Folgendes beachten. Am Tag nach der Dividendenberechtigung sinkt der Aktienkurs meist um die Höhe des Dividendenbetrags. Häufig geht der Aktienkurs sogar noch stärker zurück, da plötzlich einige Anleger, nachdem sie die Ausschüttung erhalten haben, die Aktie abstoßen und dadurch den Kurs noch weiter drücken. Insofern kann der Kursrückgang am Tag nach der Dividendenausschüttung stärker ausfallen, so dass Sie letztlich Verlust machen. Deshalb werden Dividendenjäger die Aktie etwas länger halten. In vielen Fällen erholt sich der Aktienkurs nach einigen Tagen von der Dividendenausschüttung und steigt wieder, wenn das Unternehmen profitabel arbeitet und gute Zukunftsaussichten hat. Bei Aktiengesellschaften, die Anleger durch hohe Dividenden anlocken wollen, aber mit Schwierigkeiten zu kämpfen haben, kann der Aktienkurs nach der Ausschüttung sehr deutlich nachgeben, und der Kurs erholt sich selbst nach Monaten nicht mehr. Insofern sollten Sie, wenn Sie als Dividendenjäger sich die Saison zwischen April und Juli zunutze machen wollen, nur die besten Aktiengesellschaften heraussuchen. Problematisch ist auch, dass Sie bei der kurzen Haltedauer der Aktien die Kursgewinne versteuern müssen; dies gilt ebenso für die ausgeschüttete Dividende. Experten bezweifeln daher, ob eine solche Dividendenjäger-Strategie nach Abzug aller Transaktionskosten und Steuern wirklich lukrativ ist.

2.3.2 Die Tagesordnung der Hauptversammlung

Obwohl bei einer Hauptversammlung die unterschiedlichsten Themen oder Fragen zur Sprache kommen können, besteht die Tagesordnung aus einigen Punkten, die auf jeder Hauptversammlung zur Abstimmung gelangen. Der erste Punkt in der Agenda ist der Jahresabschluss. Der Vorstand stellt die Bilanz, die Gewinn- und Verlustrechnung sowie den Lagebericht vor, der meist einen Ausblick und eine Prognose für das nächste Geschäftsjahr enthält. Bei der Vorstellung des Jahresabschlusses haben die Teilnehmer der Hauptversammlung die Möglichkeit, Fragen zu stellen und sich Details erläutern zu lassen – beispielsweise wie sich außerordentliche Erträge zusammensetzen, wie immaterielle Vermögensgegenstände bewertet wurden oder ob es Änderungen bei den Abschreibungen und bei den Ansatzwahlrechten gab, was ohnehin im Anhang erläutert werden muss. Experten können trotz der bilanzpolitischen Spielräume oft kritische Punkte in Bilanzen erkennen und nachfragen. Zwar ist es selbst für Experten schwierig, im Datendschungel des Jahresabschlusses neuralgische Punkte sofort zu erkennen, aber die meisten Bilanzexperten sind natürlich mit den Finessen vertraut und wissen bei welchen Posten und Ansatzwahlrechten man besonders genau nachhaken muss.

Der zweite wichtige Abstimmungspunkt auf der Agenda ist die Verwendung des Bilanzgewinns. Ein Teil des Bilanzgewinns wird als Rücklage verwendet; darüber entscheidet meist vorab die Aktiengesellschaft. Es gibt verschiedene Rücklagen, beispielsweise Kapital- und Gewinnrücklagen. Einige dieser Rücklagen sind gesetzlich vorgeschrieben, andere erfolgen aufgrund der Satzung der Aktiengesellschaft oder aus anderen Gründen freiwillig. Der verbleibende Bilanzgewinn wird dann als Dividende an die Aktionäre ausgeschüttet, wenn die Hauptversammlung dies so beschließt. Bei neu gegründeten Aktiengesellschaften oder Technologieunternehmen erfolgt meist keine Ausschüttung. Bei den meisten Hauptversammlungen löst die Debatte über den Bilanzgewinn häufig Kontroversen aus.

Der dritte wichtige Programmpunkt ist die Abstimmung über die Entlastung des Vorstands und des Aufsichtsrats. In den meisten Fällen werden Vorstand und Aufsichtsrat entlastet, was bedeutet, dass die Aktionäre ihnen das Vertrauen aussprechen. In Krisensituationen und wenn dem Vorstand oder dem Aufsichtsrat gravierende Fehler vorgeworfen werden, kann die Entlastung verweigert werden, was aber relativ selten vorkommt. Auch ein Vorstand, der nicht entlastet wurde, kann entlassen werden. Für Managementfehler, die zu Schadenersatzansprüchen führen, haben die Führungskräfte im Vorstand eine spezielle Versicherung.

Der vierte Punkt, der bei jeder Hauptversammlung auf der Tagesordnung steht, ist die Wahl der Aufsichtsratsmitglieder. Die Aufgabe des Aufsichtsrats besteht darin, die Aktiengesellschaft zu beraten und zu kontrollieren. Darüber hinaus beruft der Aufsichtsrat die Vorstandsmitglieder und kann sie auch entlassen. Die Aufsichtsratsmitglieder werden alle vier Jahre von der Hauptversammlung gewählt. Eine Besonderheit in Deutschland ist dabei die in den 1950er Jahren zuerst in der so genannten Montanunion im Bergbau beschlossene Mitbestimmung, die in den 1970er Jahren auch auf andere Unternehmen durch ein neues Gesetz ausgeweitet wurde. Der Aufsichtsrat wird nämlich zur Hälfte von der Hauptversammlung, also den Aktionären, und zur Hälfte von den Arbeitnehmern gewählt.

Diese vier Punkte stehen stets auf der Agenda einer Hauptversammlung. Daneben gibt es noch besondere Entscheidungen, wenn beispielsweise die Aktiengesellschaft ihr Grundkapital erhöhen und der Vorstand neue Aktien herausgeben möchte. Damit der Vorstand nicht bei jeder Grundkapitalerhöhung die Zustimmung der Hauptversammlung einholen oder im Zweifelsfall eine außerplanmäßige Versammlung anberaumen muss, gibt es die Möglichkeit, einen Vorratsbeschluss zu fassen, der es dem Vorstand erlaubt, auch zukünftig weitere Eigenkapitalerhöhungen vorzunehmen, ohne die Hauptversammlung einzuberufen.

Ein weiterer Punkt, der in den letzten Jahren erheblich an Bedeutung gewonnen hat, ist der Rückkauf von Aktien, der durch die Hauptversammlung genehmigt werden muss. Früher gab es solche Aktienrückkaufprogramme in Deutschland relativ selten; in den USA sind sie bereits in den 1990er Jahren populär geworden. Ein Aktienrückkaufprogramm wirkt wie eine verdeckte Dividendenausschüttung und lässt den Aktienkurs meist steigen. Untersuchungen haben sogar gezeigt, dass man darauf eine Anlagestrategie aufbauen kann, die zu einer Rendite führt, die über dem Marktdurchschnitt liegt.

2.4 Die Kapitalerhöhung

Viele Unternehmen möchten nach einiger Zeit expandieren und zusätzliche Investitionen tätigen. Besonders neu gegründete Aktiengesellschaften haben nach ein paar Jahren zusätzlichen Kapitalbedarf. Um diesen nicht durch die Aufnahme von Fremdkapital decken zu müssen, ist es möglich, das Eigenkapital zu vergrößern. Hierzu gibt die Aktiengesellschaft neue Aktien aus. Dieses Verfahren nennt man Kapitalerhöhung.

Die neuen Aktien werden dabei mit Hilfe von Banken an der Börse oder bei anderen Investoren platziert. Die Einnahmen der Aktiengesellschaft ergeben sich aus dem Unterschied zwischen dem Nennwert der Aktie (bei Quotenaktien dem rechnerischen Nennwert) und dem bei der Platzierung erzielten Marktwert. Stellen Sie sich vor, eine Nennwertaktie hat den vorgegebenen Wert von 5 Euro (obgleich heutzutage die meisten Aktien nennwertlos sind); bei der Platzierung an der Börse oder bei Investoren wird bei der Erstnotierung ein Marktwert von 14 Euro erzielt. Die Differenz (14 Euro minus 5 Euro), nämlich 9 Euro, sind das Aufgeld oder Agio. Dieses Aufgeld wird in der Bilanz der Aktiengesellschaft den Kapitalrücklagen zugeführt. Da die Kapitalrücklagen zum Eigenkapital zählen, wird dadurch das Eigenkapital der Aktiengesellschaft erhöht.

Ein Problem ergibt sich für die Altaktionäre. Wenn neue Aktien an die Börse kommen, ändern sich die Vermögensverhältnisse.

2.4.1 Die Bezugsrechte und der Bezugsrechtshandel

In den meisten Fällen liegt der festgelegte Wert der neuen Aktien in der Nähe des aktuellen Aktienkurses der alten Aktien. Wenn aber – was fast immer der Fall ist – die neuen Aktien etwas billiger als die alten sind, dann haben neue Investoren die Möglichkeit, das Unternehmen dank der neuen Aktien zu einem günstigeren Preis zu kaufen. Die Altaktionäre würden dadurch erheblich benachteiligt, und ihr Aktienbesitz würde an Wert verlieren. Um dies zu verhindern, ist es gesetzlich vorgeschrieben, dass die Altaktionäre ein Vorkaufsrecht auf die neuen Aktien geltend machen können. Diese Bezugsrechte werden von der Depotbank dem Anleger angeboten. Dieser Bezugsrechtshandel ist zeitlich befristet. Man benötigt in der Regel mehrere Altaktien, um eine neue Aktie erwerben zu können.

Die Ankündigung einer Kapitalerhöhung wirkt sich meist negativ auf den Aktienkurs aus; denn die Anleger befürchten, dass ein so genannter Verwässerungseffekt eintritt. Dadurch, dass nach der Kapitalerhöhung mehr Aktien im Umlauf sind, werden die Unternehmensgewinne auf eine größere Anzahl von Aktien verteilt. Deshalb sinkt der Gewinn pro Aktie. Der zurückgehende Aktienkurs schreckt einige Anleger davon ab, die Bezugsrechte wahrzunehmen.

Ob eine Kapitalerhöhung langfristig den Aktienkurs beeinträchtigt, hängt von der Gesamtsituation des Unternehmens ab. Wenn die Ertragsaussichten gut und die Investitionen sinnvoll sind, kann das Unternehmen langfristig von der Kapitalerhöhung profitieren. Eine Aktiengesellschaft hingegen, die in einer schweren Krisensituation eine Kapitalerhöhung beschließt, sollte man eher meiden, da weitere Turbulenzen nicht auszuschließen sind.

Der Altaktionär hat nun folgende Möglichkeiten: Er kann die Bezugsrechte wahrnehmen und neue Aktien ordern. Dadurch stockt er seinen Anteil an der Aktiengesellschaft auf. Ob dies für Sie sinnvoll ist, hängt davon, ob Sie die Zukunft dieses Unternehmens positiv beurteilen und höhere Erträge erwarten. Falls Sie sich nicht noch mehr an dem Unternehmen engagieren wollen, können Sie die Bezugsrechte innerhalb der gegebenen Frist an der Börse verkaufen. Durch den Verkauf der Bezugsrechte bleibt Ihr Vermögensanteil an dem Unternehmen konstant, d.h. die Bezugsrechte haben rechnerisch den Wert, den Sie durch die Kapitalerhöhung als Altaktionär verlieren würden. Die Bezugsrechte gleichen diese Vermögensänderung wieder aus. Nach dem Verkauf haben Sie wieder den gleichen Anteil am Unternehmen wie vor der Maßnahme. Wenn Sie hingegen die neuen Aktien über die Bezugsrechte kaufen, erhöht sich Ihr Engagement. Ihre Depotbank informiert Sie in der Regel 2 Wochen, bevor die Kapitalerhöhung in Kraft tritt. Innerhalb der angegebenen Frist werden die Bezugsrechte wie Aktien an der Börse gehandelt. Wenn Sie nun als Anleger das Schreiben der Bank ignorieren und keinerlei Instruktionen erteilen, verkauft die Bank automatisch Ihre Bezugsrechte am letzten Tag des Bezugsrechtshandels. Das ist für Sie ungünstig, denn anscheinend kümmern sich viele Anleger nicht darum oder vergessen es, so dass die Bank, wie die Praxis zeigt, bei vielen Anlegern die Bezugsrechte am letzten Tag verkauft. Die Folge der vielen Verkaufsaufträge ist, dass der Kurs des Bezugsrechts stark fällt. Zwar entspricht das Bezugsrecht normalerweise dem rechnerischen Wert, der sich aus dem Vermögensunterschied ergibt, aber aus dem Zusammenspiel von Angebot und Nachfrage resultiert ein eigener Markt, der beträchtlich vom rechnerischen Wert abweichen kann. Wenn Sie also beim Verkauf Ihrer Bezugsrechte keine Verluste machen wollen, sollten Sie Ihre Bezugsrechte an einem günstigen Tag veräußern und eventuell ein Limit setzen, damit Sie den besten Verkaufspreis erzielen.

Am Ende der Bezugsfrist werden die neuen Aktien als „junge Aktien" getrennt von den alten an der Börse notiert. Diese eigene Notierung wird so lange beibehalten, bis auch diese jungen Aktien in voller Höhe dividendenberechtigt sind. Danach sind sie den alten Aktien gleichgestellt.

Etwas problematischer sind so genannte Vorratsbeschlüsse, die von der Hauptversammlung genehmigt werden müssen. Ein solcher Vorratsbeschluss, der längstens fünf Jahre gültig ist, besagt, dass der Vorstand auch innerhalb kurzer Zeit eigenmächtig eine solche Kapitalerhöhung beschließen darf. Der Haken an der Sache ist, dass die Vorstände auf der Hauptversammlung meist durchsetzen, dass das Vorkaufsrecht der Altaktionäre ausgeschlossen wird. Da dies eine enorme Benachteiligung darstellt, hat der Gesetzgeber für solche Vorratsbeschlüsse und für den Ausschluss des Vorkaufrechts enge Grenzen gesetzt. So darf der Aktienkurs der neuen Aktien nur geringfügig unter dem der alten liegen, um den Vermögensverlust zu begrenzen; wenn das Vorkaufrecht ausgeschlossen wird, darf die Kapitalerhöhung nur 10 Prozent des vorhandenen Eigenkapitals betragen.

2.4.2 Kapitalerhöhung durch Gesellschaftsmittel

Es gibt eine weitere Form der Kapitalerhöhung, die für den Anleger erfreulich ist: eine Kapitalerhöhung aus Gesellschaftsmitteln. Wenn eine Aktiengesellschaft in den letzten Jahren besonders hohe Gewinne erzielt hat, kann sie mit diesen Gewinnen eine Gewinnrücklage bilden. Wenn diese Gewinnrücklagen in Aktienkapital umgewandelt werden, dann erhalten die Aktionäre Berichtigungs- oder Gratisaktien. Diese Fachbegriffe sind eigentlich irreführend, denn obwohl der Anleger auf seinem Depot scheinbar plötzlich Aktien „geschenkt“ bekommt und sich seine Aktienzahl erhöht, ist dieser Vorgang bilanztechnisch nichts anderes als eine bloße Umbuchung. Der einzige Vorteil für den Aktionär besteht darin, dass diese Gratis- oder Berichtigungsaktien dividendenberechtigt sind und der Anleger von diesen zusätzlichen Ausschüttungen profitiert, sofern das Unternehmen überhaupt Dividenden auszahlt. Ein Problem ergibt sich nur, wenn der Aktionär in seinem Depot zu wenig oder eine ungünstige Anzahl von Aktien hat. Denn die Zuteilung von Gratis- oder Berichtigungsaktien erfolgt nach einem Bezugsverhältnis. Bei einer ungeraden Anzahl von Aktien oder zu wenig Papieren, werden Teilrechte bewilligt, da es keine halben Aktien oder Bruchteile von Aktien gibt. Diese Teilrechte müssen dann entweder an der Börse verkauft werden; oder der Anleger kauft weitere Teilrechte, um eine gerade Anzahl von Gratisaktien erwerben zu können.

2.4.3 Der Aktiensplit

Beim Aktiensplit wird der Wert einer Aktie einfach halbiert oder durch eine andere Zahl geteilt. An dem Grundkapital der Aktiengesellschaft ändert sich dadurch gar nichts; diese Operation dient nur einem „optischen Zweck“. Es ist so, als würden Sie in einem Geschäft einen Hundert-Euro-Schein in fünf Zwanzig-Euro-Scheine wechseln lassen. Obgleich ein Aktiensplit auf den ersten Blick unsinnig erscheint, hat er viele Vorteile. In den USA war dieses Verfahren schon lange üblich; in Deutschland hat es sich vor allem in den 1990er massiv durchgesetzt.

Die meisten Kleinanleger schrecken davor zurück, eine Aktie im Wert von 1000 oder 2000 Euro zu kaufen. Obwohl diese Angst rein psychologisch begründet ist und keinen realen Hintergrund hat, erscheinen Aktien mit hohen Kurswerten teuer und luxuriös. Die meisten Investoren kaufen lieber hundert Aktien zu einem Wert von 10 Euro als eine, die gleich mit 1000 Euro zu Buche schlägt. Daher sind Aktien mit hohem Kurswert im Nachteil und werden häufig gesplittet. Wenn Sie nun eine Aktie im Wert von

1000 Euro besitzen und diese wird durch 10 geteilt, dann erhalten Sie automatisch in Ihrem Depot 10 Aktien zu 100 Euro. Diesen Vorgang macht die Bank von selbst, so dass Sie den Aktiensplit kaum bemerken.

Sowohl für die Aktionäre als auch für das Unternehmen hat diese rein kosmetische Operation etliche Vorteile. Die Porsche-Aktie beispielsweise stand zeitweise bei über 4000 Euro. Für Kleinanleger, die nur 1000 oder 2000 Euro anlegen, ist diese Aktie schon unerschwinglich. Aber auch andere Anleger mögen solche Elefantenwerte nicht, denn wer möchte sich schon eingestehen, dass er bei einem Gesamtwert von 40.000 Euro nur zehn Aktien im Depot hat? Für Großanleger sind solche Aktien mit hohen Werten auch dann von Nachteil, wenn sie eine exakte prozentuale Verteilung in ihrem Portfolio erreichen wollen. Manche Depots folgen bestimmten Strategien, bei denen Branchen, Länder oder einzelne Unternehmen genau prozentual aufgegliedert und gewichtet sind. Aktien mit hohen Kurswerten lassen sich nicht teilen. Aus diesen Gründen sind viele Aktiengesellschaften schnell bereit einen Split durchzuführen. Optisch billige Aktien lassen sich einfach leichter vermarkten.

Untersuchungen haben zudem verdeutlicht, dass Aktiensplits eine positive Signalwirkung haben, denn Unternehmen, deren Kurs fällt, führen in der Regel keinen Split durch. Ein Aktiensplit hat eine psychologische Wirkung und führt dazu, dass sich Aktiengesellschaften, die häufiger eine solche Maßnahme beschließen, am Markt überdurchschnittlich entwickeln, obwohl der Split keinen Einfluss auf das Grundkapital oder die Ertragslage hat. Das Phänomen ist rein psychologisch bedingt. Experten haben daraus sogar eine eigene Aktiensplit-Strategie entwickelt, bei der Anleger, die eine überdurchschnittliche Performance erreichen wollen, vor allem auf Aktien setzen, die einen Split hinter sich haben.

Splits haben jedoch auch einige Nachteile. Die meisten Anleger verlieren nach mehreren Splits die zahlenmäßige Übersicht über ihr Depot, da sich die Stückzahlen ändern. Schwierig ist das Ganze auch, wenn man eine technische Analyse durchführt oder die Performance berechnet. Auf einem Aktienchart lässt sich die Kursentwicklung grafisch nicht sinnvoll kontinuierlich darstellen. Wenn

Sie plötzlich auf einem Schaubild einen Kurssturz von 50 Prozent entdecken, kann dies auch durch einen Aktiensplit bedingt sein. Zu ähnlichen Problemen in der grafischen Darstellung führt die Währungsumstellung der Kurse von D-Mark auf Euro. Dabei wird meist der Kurs in der Vergangenheit in Euro umgerechnet.

Auch im Depot führen Aktiensplits zu Problemen, denn als Anleger müssen Sie drei bis vier Tage warten, bis die Umstellung vollzogen ist und die neue Stückzahl in Ihr Depot eingebucht wurde. Verkaufen Sie auf keinen Fall vorher, denn dann wird die alte Stückzahl zugrunde gelegt, der Kurswert der Aktien ist aber bereits gesplittet worden.

2.5 Neuemissionen – wie Aktien an die Börse kommen

Entgegen landläufiger Meinung sind nicht alle Aktien börsennotiert, sondern etliche Aktien werden privat platziert, d.h. die Aktiengesellschaft verkauft die Aktien direkt an private oder institutionelle Anleger. Wenn Ihnen ein solches Angebot in den Briefkasten flattert, sollten Sie Vorsicht walten lassen; denn solche Angebote können dubios sein, da diese Aktien nicht der Börsenaufsicht unterliegen. Darüber hinaus ist es sehr schwierig, solche Aktien wieder zu verkaufen. Ähnlich wie bei GmbH-Anteilen müssen Sie nämlich erst jemanden finden, der sie Ihnen abkauft. Da diese Aktiengesellschaften meist wenig bekannt sind, sind die Chancen dafür sehr gering. Kaufen Sie also im Zweifelsfall niemals Aktien, die nicht börsennotiert sind.

Obwohl es in den letzten Jahren deutliche Reformen gab und es inzwischen möglich ist, ein Unternehmen sofort als Aktiengesellschaft zu gründen, hat es sich eingebürgert, Unternehmen erst ein paar Jahre aufzubauen, bevor sie den Börsengang antreten können.

Die Konsortialbanken, die für den eigentlichen Börsengang zuständig sind, prüfen die Voraussetzungen sehr genau und erwarten eine solide Finanz- und Ertragslage und kontinuierlich steigende Umsätze. Zu Zeiten der New Economy und des Internetbooms, der 1999 einsetzte, strömten Hunderte von Unternehmen an die Börse, bei denen die Eignung oft fragwürdig war. Die Euphorie der Massen führte dazu, dass auch Dot.coms eine Chance erhielten, deren wirtschaftliche Aussichten bei nüchterner Betrachtung eher schlecht waren. Man hatte damals eigens ein Börsensegment für diese Technologiewerte geschaffen, das als „Neuer Markt“ bezeichnet wurde. Viele europäische und außereuropäische Länder schufen ähnliche Börsenabteilungen, an denen vor allem vermeintlich innovative Technologieaktien notierten, die der Internet-, Telekommunikations- oder Medienbranche angehörten. Ein neuer Index namens NEMAX spiegelte den unglaublichen Aufstieg dieses Segments wider. Der Höchstwert des NEMAX erreichte über 9000 Punkte; in den Jahren danach setzte ein in der Börsengeschichte einmaliger Crash ein, der den NEMAX auf unter 900 Punkte fallen ließ. Viele Internetwerte waren im Jahre 2003, als der Tiefststand erreicht wurde, nur ein Zehntel oder noch weniger wert. Etliche Unternehmen gerieten in den Verdacht der Bilanzmanipulation und anderer illegaler Praktiken und mussten Insolvenz anmelden.

Als Anleger sollten Sie Neuemissionen kritisch betrachten; zwar gibt es in diesem Bereich die Möglichkeit, in kurzer Zeit beträchtliche Gewinne zu erzielen, aber einige der Aktien, die neu an die Börse kamen, verloren schon nach wenigen Wochen erheblich an Wert oder gingen sogar Pleite. Neuemissionen sind daher besonders risikoreich. Enormen Gewinnchancen stehen dramatische Verluste gegenüber. Ein Spitzenjahr der Neuemissionen war 1999, als mehr als 170 Aktiengesellschaften an die Börse kamen. Damals konnten Anleger praktisch blind zeichnen und erzielten über Nacht Riesengewinne. Doch schon einige Jahre später stürzten viele der vermeintlich gewinnträchtigen Technologiewerte wie Kartenhäuser in sich zusammen und rissen die Anleger mit in den Abgrund.

Man nennt den Börsengang eines Unternehmens im Englischen IPO oder „Initial Public Offering“ (öffentliches Zeichnungsangebot). Um eine Neuemission zu kaufen, müssen Sie bei Ihrer Bank solche Aktien „zeichnen“. Sie werden dann für den Kauf noch vor der ersten Börsennotierung vorgemerkt. In der Praxis sind viele Anleger und institutionelle Investoren daran interessiert, solche Neuemissionen zu erwerben. Denn wenn man auf das richtige

Unternehmen gesetzt hat, können die Kursgewinne innerhalb weniger Monate oder eines Jahres beträchtlich sein. Während der Boomphase des neuen Marktes im Jahre 1999 erreichten manche Neuemissionen innerhalb von Monaten Wertsteigerungen von mehreren hundert Prozent. Solche Kursgewinne sind inzwischen seltener geworden, da nach dem Zusammenbruch des Neuen Marktes die Anleger vorsichtiger geworden sind. Doch auch mit den Neuemissionen der letzten Jahre konnte man in einem Jahr durchaus zwischen 20 und 100 Prozent erzielen. Was man allerdings bedenken sollte ist, dass es neben den Highflyern und den Börsengewinnern etliche Unternehmen gibt, deren Aktienkurs nur nach unten zeigt. Am Ende einer solch unrühmlichen Talfahrt steht oft die unvermeidliche Pleite. Seien Sie also vorsichtig und prüfen Sie das Unternehmen sorgfältig. Lassen Sie sich nicht von Werbekampagnen und vollmundigen Slogans blenden: Jedes Unternehmen, das an die Börse geht, versucht, durch eine Flut von Werbespots die Aufmerksamkeit der Öffentlichkeit zu erringen. Besonders bitter in Erinnerung ist die Werbekampagne der *Deutschen Telekom*, die Mitte der 1990er Jahre an die Börse ging und dort schon als zukünftige Volksaktie firmierte. Der Aktienkurs stieg auch innerhalb weniger Jahre dank des Internetbooms und der Euphorie am Neuen Markt auf unerwartete Höchststände. Mutige Anleger konnten ihr eingesetztes Kapital vervielfachen; doch dann setzte eine verhängnisvolle Talfahrt ein, so dass Anleger, die die Aktie zehn Jahre gehalten haben, inzwischen nur wenig mehr als den ursprünglichen Einstandskurs erreicht haben. Der starke internationale Wettbewerb, die enormen Veränderungen im Markt durch technische Innovationen wie DSL, WLAN, UMTS und Internettelefonie haben viele große Telekommunikationsunternehmen zu Verlierern gemacht. Als die Aktie jedoch an die Börse kam, zeichneten sich diese Entwicklungen erst in den Anfängen ab, so dass kaum jemand ahnen konnte, wie drastisch die Preise für Telekommunikation sinken würden.

Wenn Sie daher eine Neuemission kaufen möchten, nehmen Sie das Unternehmen kritisch und sorgfältig unter die Lupe. Welche Zukunftsaussichten hat das Unternehmen tatsächlich? Wie sehen die Märkte aus? Langfristige Untersuchungen haben ergeben, dass viele Neuemissionen trotz großer Versprechungen sich später schlechter entwickeln. Im Zeitraum von 1997 bis 2003, der den fulminanten Aufstieg der Technologiewerte und den Internetboom bis zum völligen Crash des neuen Marktes beschreibt, notierten über 90 Prozent aller Neuemissionen unter dem Ausgabewert. Angesichts solcher Zahlen sollten Sie äußerste Vorsicht walten lassen. Auch bei den Venture-Capital-Unternehmen, deren Hauptaufgabe es ist, neu gegründete Unternehmen durch so genanntes Wagniskapital in ihrer Expansion zu fördern und später auf den Börsengang vorzubereiten, ist es eine Erfahrungsregel, dass von 10 geförderten Unternehmen nur eines zum Börsenstar avanciert; vier entwickeln sich durchschnittlich bis mäßig, und der Rest erweist sich als erfolglos. Die meisten Unternehmen scheitern im vierten Jahr nach der Gründung.

Für viele Anleger ist es zudem schwierig, bei einer Neuemission zum Zuge zu kommen; denn die Banken, die die Aktie an die Börse bringen, die Konsortialbanken, bedienen ihre eigenen Kunden vorrangig; häufig ist es sogar so, dass vermögende Kunden bevorzugt werden, auch wenn die Kreditinstitute dies nie offiziell zugeben würden. Daher eröffnen gerissene Anleger ein zusätzliches Wertpapierdepot bei einer Bank, die am Emissionsverfahren beteiligt ist. Dennoch lohnt es sich für Sie nicht, bei jeder interessanten Neuemission ein neues Wertpapierdepot bei einer anderen Bank einzurichten, denn Sie verzetteln sich dadurch. Es kann nämlich wichtig sein, dass Sie Ihre Wertpapiere bei einer Bank verwalten, wenn Sie beispielsweise eine Baufinanzierung oder einen größeren Kredit benötigen. Eine Bank, bei der Sie erst einige Monate Kunde sind, wird Ihnen weniger Entgegenkommen bei der Zinshöhe oder bei der Einstufung Ihrer Kreditwürdigkeit zeigen als Ihre langjährige Hausbank. Bei vielen großen Aktienemissionen, die durch Privatisierung einst staatlicher Unternehmen entstanden, wurde Wert darauf gelegt, dass vor allem Kleinanleger zuerst Aktien erhielten. Beispielsweise hat die Telekom bei Ihrer Emission Zuteilungsklassen definiert; so bekamen Anleger, die zwischen 1 und 150 Aktien geordert hatten, auf jeden Fall den Zuschlag, unabhängig davon, ob sie Kunden bei einer der Konsortialbanken waren oder nicht. Der Emittent kann zudem festlegen, wie groß der Anteil für die institutionellen Anleger sein soll. Eine solche Beschränkung nennt man Kontingentierung.

Insgesamt ist die Zeichnung neuer Aktien eher eine Glückssache. Bei interessanten Neuemissionen sind die Aktien oft mehrfach überzeichnet, d.h. es gibt ein Vielfaches an potenziellen Käufern. Solche Papiere haben oft gute Chancen, innerhalb weniger Tage deutlich anzusteigen. Ein Beispiel aus der Vergangenheit ist die Aktie der berühmten Internetsuchmaschine *Google*. Für deutsche Anleger ist es allerdings aufwändig, eine ausländische Neuemission zu zeichnen; denn Sie müssen bei der ausländischen Konsortialbank ein Wertpapierdepot unterhalten.

Allerdings kann ein solcher „Run“ auf Neuemissionen auch das Ende einer Börsenhausse signalisieren. Als *Siemens Infineon* an die Börse brachte, stürmten bereits Hausfrauen, Taxifahrer und Studierende die Banken, um noch rechtzeitig ein Wertpapierdepot zu eröffnen und die Neuemission zu zeichnen. Doch dann brach der Neue Markt plötzlich in sich zusammen, und auch *Infineon* verzeichnete enorme Kursverluste. Sobald Sie in Boulevardzeitungen, TV-Magazinen und Lifestyle-Zeitschriften eine ausführliche Berichterstattung über die Börse finden, sollten Sie darüber nachdenken, ob möglicherweise unmittelbar eine Korrektur an den Aktienmärkten bevorsteht.

Ein wichtiges Beispiel für Neuemissionen sind Spin-offs. Darunter versteht man die Ausgliederung eines Unternehmensbereichs aus einem Konzern. Dieser Bereich wird zu einem eigenständigen, börsennotierten Unternehmen. Die Altaktionäre erhalten dann Berichtigungsaktien und haben in ihrem Depot zugleich die Aktien des ausgegliederten Unternehmens.

Infineon ist kein Spin-off im engeren Sinne, da in diesem Fall die Altaktionäre nicht beteiligt wurden. Der Unternehmensbereich wurde gleichsam als neue Aktiengesellschaft wieder gegründet, was für den Konzern von Vorteil war. Denn intern waren die Vermögenswerte in der Bilanz durch jahrelange Abschreibungen viel niedriger bewertet als der spätere Börsenwert. Ein ähnliches Beispiel ist die Ausgliederung der *Deutschen Postbank* aus der *Deutschen Post*. Für Negativschlagzeilen sorgte *T-Online*; dieses Unternehmen wurde zuerst aus der Deutschen Telekom ausgegliedert.

Als man bei der *Deutschen Telekom* die herausragende Bedeutung der Internettechnologie erkannte, beschloss man, sich das Unternehmen wieder einzuverleiben. Viele Aktionäre von *T-Online* mussten deutliche Einbußen hinnehmen, zumal das Unternehmen durch die Krise der Technologie- und Internetwerte erheblich an Wert verlor.

2.5.1 Das Emissionsverfahren

Bei kleineren Emissionen betreut meist nur eine Bank den Börsengang. Bei großen Emissionen hingegen, die sogar in mehreren Abschnitten, Tranchen, abgewickelt werden, sind mehrere Banken, die zu einem Konsortium zusammengefasst sind, zuständig. Bei der Emission sind zwei verschiedene Verfahren gängig: das Festpreisverfahren und das Bookbuilding-Verfahren.

Beim Festpreisverfahren, das bis Mitte der 1990er Jahre üblich war, vereinbaren der Emittent und die Emissionsbank gemeinsam einen festen Preis, zu dem die Anleger die Aktie zeichnen können. Das Festpreisverfahren wurde weitgehend aufgegeben, da es zu wenig flexibel ist und nicht auf das Wechselspiel von Angebot und Nachfrage eingeht. Beim Festpreisverfahren kam es bereits wenige Minuten nach der ersten Börsennotierung entweder zu starken Kursrückgängen, da der Festpreis zu hoch angesetzt worden war, oder zu enormen Kurssteigerungen, wenn die Emissionsbank und der Emittent die Nachfrage unterschätzten.

Das Bookbuilding-Verfahren, das heute ausschließlich angewendet wird, stammt aus den USA. In Deutschland wurde es vor allem durch den Börsengang der Deutschen Telekom im Jahre 1996 populär. Bei diesem Verfahren geben der Emittent und die Emissionsbank eine Preisspanne vor. Innerhalb dieser Bandbreite können die interessierten Anleger innerhalb eines bestimmten Zeitraums, meist zwei Wochen, ein Zeichnungsangebot über ihre Depotbank abgeben. Wenn die Nachfrage zu groß ist, kann die Emissionsbank das Verfahren vorzeitig abschließen. Sie sollten daher, wenn Sie an einer Neuemission interessiert sind, rechtzeitig Ihr Zeichnungsangebot abgeben. Anleger, die es nicht mehr schaffen, ein Angebot einzureichen, werden bei der Zuteilung nicht mehr berücksichtigt. Daher ist es sinnvoll, immer schon in den ersten Tagen ein Angebot zu machen. Nachdem die Emissionsbank die Orderbücher geschlossen hat, legt sie anhand der vorhandenen Angebote den Ausgabekurs fest, zu dem die Anleger, die gezeichnet haben, die Aktien am ersten Börsentag erhalten. Die anderen Anleger, die nicht mehr vormerken konnten oder bei der Zuteilung Pech hatten, können die Aktie erst über die Börse kaufen, was häufig teurer ist, da die Aktien am ersten Tag meist deutlich zulegen. In einer solchen Situation ist es empfehlenswert, ein paar Tage abzuwarten und erst zu kaufen, wenn der Kurs etwas nachgibt. Es ist ein offenes Geheimnis, dass das Bankenkonsortium den Kurs in den ersten Wochen stützt, indem es selbst Aktien über die Börse erwirbt oder massive Kundenempfehlungen ausspricht. Für jede Emissionsbank ist es nämlich eine Frage des Ansehens und des Renommees, dass die von ihr begleitete Aktiengesellschaft ein Erfolg wird. Emissionsbanken werden daher alles daransetzen, dass zumindest in den ersten Wochen nach dem Börsengang der Neuling nicht floppt, denn in dieser Phase wird die Aktie von der Fachpresse sehr genau beobachtet. Daher sollten Anleger, die bei der Zuteilung nicht berücksichtigt wurden, erst einige Zeit abwarten, bis der Kurs sich etwas konsolidiert. Bei besonders aussichtsreichen Aktien sollte man jedoch nicht zu lange warten, denn gerade diese steigen in den ersten Monaten deutlich an.

Da die Zuteilung immer problematisch ist, wenn die Neuemission mehrfach überzeichnet ist, hat man sich etwas einfallen lassen, um den Wünschen der Anleger besser gerecht zu werden. Die Emissionsbank kann 10 bis 15 Prozent der Aktien als Platzierungsreserve zurückhalten; wenn während der Zeichnungsfrist die Nachfrage das Angebot bei weitem übersteigt, kann sie die zurückgehaltenen Aktien zur Zeichnung freigeben. Man nennt dies eine Mehrzuteilungsoption oder den sog. *Greenshoe*. Der Name *Greenshoe* stammt von einem englischen Schuhhersteller, der dieses Verfahren erstmals anwandte. Die Mehrzuteilungsoption muss bereits im Emissionsprospekt bekannt gegeben werden.

Neben dem Festpreis- und dem Bookbuilding-Verfahren gibt es noch das Auktionsverfahren, das bisher seltener eingesetzt wurde.

Beim Auktionsverfahren gibt die Emissionsbank keine Preisspanne vor, sondern nur eine Empfehlung für eine bestimmte Bandbreite. Die Anleger können dann innerhalb der Zeichnungsfrist frei Angebote abgeben. Aus der Vielzahl der Zeichnungsangebote der Kunden berechnet dann die Emissionsbank einen optimalen Zeichnungspreis, zu dem die Emission trotz eines möglichst hohen Preises eine hohe Nachfrage erzielt. Die Anleger, die während der Zeichnungsfrist zu niedrig geboten haben und unter dem festgelegten Zeichnungspreis liegen, gehen leer aus. Das Auktionsverfahren ist umstritten, zumal Privatanleger aufgrund fehlender Hintergrundinformationen selten abschätzen können, was der voraussichtliche Zeichnungspreis sein wird. Im Zweifelsfall werden darum viele Anleger bei ihrer Hausbank einen zu hohen Preis angeben und damit das Ganze in die Höhe treiben. Viele institutionelle Anleger werden sich aufgrund der überhöhten Bewertung zurückhalten. Nach dem Börsengang hat diese Aktie kaum noch einen Spielraum nach oben und wird eher zurückgehen.

Eine andere Möglichkeit, sich Neuemissionen vorab zu sichern, gibt es über den grauen Markt. Spezialisierte Finanzdienstleister und Wertpapierhändler bieten die Papiere zum Kauf – wie es im Fachjargon heißt: „per Erscheinen" – an. Ein solcher Kauf stellt aber immer ein Risiko dar; als Privatanleger sollten Sie den Kauf über einen solchen Finanzdienstleister immer sorgsam limitieren oder besser ganz darauf verzichten. Die Graumarktkurse haben allerdings eine wichtige Informationsfunktion: Wenn Sie vor der Zeichnung bei Ihrer Hausbank diese Kurse beobachten, können Sie eher abschätzen, wie hoch der Emissionspreis voraussichtlich sein wird.

Wertpapierhändler	Internetadresse
Lang & Schwarz	www.quotecenter.de

Abb. 9: Graumarktkurse für Neuemissionen

2.5.2 Was Sie beim Kauf von Neuemissionen beachten sollten

Neuemissionen sind viel riskanter als Aktiengesellschaften, die schon seit Jahren oder Jahrzehnten an der Börse sind. Solche etablierten Unternehmen haben bereits bewiesen, dass sie sich in einer Rezession oder in einer schweren Krise behaupten können. Neu gegründete Aktiengesellschaften verfügen über diese Erfahrung nicht. Zwar werden meistens nur Unternehmen an der Börse platziert, die bereits einige Jahre steigende oder zumindest solide Umsätze und Gewinne vorweisen können, doch nicht immer ist dies ein Garant für zukünftigen Erfolg. Eine überschäumende Börseneuphorie wie zur Zeit des Internetbooms kann auch Unternehmen an die Börse schwemmen, die nur durch eine Idee und finanzkräftige Investoren nach oben katapultiert wurden. Als der Neue Markt zusammenbrach, offenbarte sich den verärgerten Anlegern einiges, das man bis dahin nicht für möglich gehalten hatte. Manche Unternehmen wurden von Studierenden gegründet, die anfangs ihre Ausgabenbelege in Schuhkartons verwalteten; andere Technologieunternehmen, etwa in den USA, schreckten selbst vor kriminellen Machenschaften nicht zurück und verlagerten hohe Schulden in eigens gegründete Tochtergesellschaften, um das wahre Ausmaß der Verschuldung zu verschleiern. So ist es nicht verwunderlich, dass viele der einst gepriesenen Dot.coms im Orkus der Börsengeschichte verschwanden und Insolvenz anmelden mussten. Andere Internetunternehmen, die den Sturm mit Ach und Krach überstanden, dümpeln heute auf dem Niveau einiger Cents. Spötter vergleichen die fast flache Kurve am unteren Ende des Charts mit der Monitorlinie eines Herztoten.

Vielen Flops stehen natürlich viele Erfolgsgeschichten gegenüber, die den Anlegern erkleckliche Gewinne bescherten. Als im Jahre 1986 ein unbekanntes Unternehmen namens *Microsoft* das Licht der Börsenwelt erblickte, hätte wohl niemand gedacht, dass die Aktionäre ein Jahrzehnt später bereits Multimillionäre wären, und das mit einem Einsatz von schlappen hundert Dollar. Auch *Google* brachte den Anlegern viel Glück.

Als Anleger sollten Sie wie bei jeder Aktie sorgfältig die Kennzahlen studieren. Sind die Umsätze und Gewinne in den letzten Jahren kontinuierlich gestiegen? Wie sind diese Gewinne zustande gekommen? Wie sieht das Branchenumfeld aus? Welche Chancen haben die angebotenen Produkte oder Dienstleistungen auf dem Weltmarkt?

Als besonders erfolgversprechend gelten Unternehmen, die sich auf einem Markt bereits etabliert und dort die Marktführerschaft erreicht haben. Das Produkt oder die Dienstleistung sollten Merkmale aufweisen, die sie auf dem Markt einzigartig machen. Im Marketing nennt man dies Alleinstellungsmerkmal oder Unique Selling Proposition (USP). Wenn es sich um die Konsumgüterindustrie handelt, sollten Sie überlegen, ob Sie selbst, sofern Bedarf besteht, das Produkt kaufen würden. Schauen Sie sich um und denken Sie nach, wer so etwas benötigt. Vorsicht ist bei einem Unternehmen angebracht, das nur ein anderes Produkt oder eine Dienstleistung nachahmt; man nennt solche Erzeugnisse „Me-too-Produkte“, und häufig hat bereits ein etabliertes Unternehmen eine Marktnische besetzt. Zum Beispiel wäre es wenig sinnvoll, noch einen Online-Buchhandel zu gründen, da *Amazon* in diesem Bereich bereits einen Spitzenplatz innehat. Ein Unternehmen, das aber gezielt nur Hörbücher oder interaktive Medien für eine Zielgruppe anbietet, hätte vermutlich bessere Chancen. Attraktiv wäre aber eine solche Neuemission dennoch nicht, da die Medienbranche in den letzten Jahren eher wenig renditeträchtig war.

Seien Sie auch kritisch, wenn bestimmte Modethemen eine Flut von Neuemissionen auslösen. In den letzten Jahren nahm aufgrund des Erdölpreises das Interesse an alternativen Energien deutlich zu. Viele Solarzellenhersteller, Fotovoltaikunternehmen und Biodieselproduzenten kamen an die Börse, so dass viele Anleger wahllos zeichneten. Beim näheren Hinsehen stellt man jedoch fest, dass manche der Unternehmen erst einige Jahre bestehen und noch ihr Vertriebsnetz ausbauen. Was die Anleger auch wenig beachten, ist, dass viele dieser Unternehmen empfindlich auf die steuerpolitischen Beschlüsse der Regierung reagieren. Aber jede Diskussion um das Erneuerbare-Energien-Gesetz (EEG), das die Bezuschussung und Subvention von regenerativen Energien regelt, oder die Besteuerung von Biodiesel, löst Turbulenzen beim Aktienkurs aus. Wenn ein Modethema bereits in aller Munde ist, ist der Zug für die Anleger meist bereits abgefahren. Sie können dann zwar noch Gewinne erzielen, aber Sie sind letztlich nur ein „Trittbrettfahrer“. Viel besser und lukrativer ist es, wenn Sie einen Trend bereits vor allen anderen erkennen.

Sehen Sie sich die Bilanz und andere Informationen genau an. Überzeugt Sie die zugrundeliegende Geschäftsidee? Wie sind die Zukunftsaussichten des Unternehmens? Ein wichtiges Kriterium ist auch, aus welchem Grunde das Unternehmen eine Börsennotierung anstrebt. Weist es hohe Verbindlichkeiten und damit eine Schuldenquote auf, sollten Sie den Börsengang kritisch sehen. In solchen Fällen versucht das Unternehmen zumeist, durch die Börsenplatzierung Einnahmen zu erzielen, die vorrangig der Schuldentilgung zugute kommen. Besser und sinnvoller ist es, wenn das Unternehmen nur gering verschuldet ist und die Einnahmen vor allem in Investitionen fließen. Auch das Motiv für einen Börsengang spielt eine ausschlaggebende Rolle. Wird das Unternehmen vor allem von den Gründern, den finanzierenden Banken oder einer Wagniskapitalgesellschaft an die Börse gebracht, dann möchten die Beteiligten in der Regel „Kasse" machen, d.h. von dem Börsengang profitieren oder sich auszahlen lassen, wie es bei Wagniskapitalgesellschaften die Regel ist. Strebt eine bereits bestehende Aktiengesellschaft jedoch den Börsengang an, um eine Kapitalerhöhung vorzunehmen, so ist dies positiv zu bewerten.

Eine einfache Möglichkeit, auf Neuemissionen zu setzen, besteht darin, ein spezielles Zertifikat zu kaufen; dabei werden in einen Aktienkorb mehrere interessante Neuemissionen aufgenommen.

Name	WKN
IPO-Select-Basket	SBL1PQ

Abb. 10: Beispiel für ein IPO-Zertifikat

2.5.3 Der Emissionsprospekt

Privatanleger sollten vor allem den Emissionsprospekt sorgfältig lesen, der für jedes Unternehmen erstellt wird, das einen Börsengang anstrebt. Das Besondere an diesem Prospekt ist die so genannte Prospekthaftung; für die Richtigkeit aller Angaben und Zahlen haftet nämlich nicht nur das Unternehmen selbst, sondern auch die beteiligten Emissionsbanken. Wenn der Anleger aufgrund unrichtiger, falscher oder unvollständiger Angaben Geld verliert, kann er Schadenersatz geltend machen. Die Börsen haben für den

Inhalt der Emissionsprospekte bestimmte Vorgaben gemacht, die genau eingehalten werden müssen. Vage oder undeutliche Aussagen sind nicht erlaubt; außerdem müssen die Unternehmen alle Risikofaktoren detailliert benennen und erläutern. Trotz dieser strengen Richtlinien sollte man die angegebenen Prognosen stets mit Vorbehalten versehen; das Unternehmen ist auch gehalten, Prognosen als solche zu kennzeichnen und klar darauf hinzuweisen, dass es sich hierbei nur um eine Schätzung oder Vorhersage handelt. Bei all diesen Prognosen sollten Sie wissen, dass viele junge Unternehmen zu optimistisch sind und bisherige Trends oder Umsatzentwicklungen in die Zukunft projizieren. Etliche Vorhersagen erweisen sich im Nachhinein als falsch.

Zum Schutz der Anleger darf die Aktiengesellschaft einen Monat vor und nach dem Börsengang keine weiteren Angaben zur Finanz- und Ertragslage machen. Mit dieser Vorschrift will man verhindern, dass ein Börsenaspirant einige Tage vor der Notierung noch bessere Gewinnaussichten verkündet oder dass nach dem Börsengang die Angaben im Emissionsprospekt nach unten korrigiert oder auf andere Weise manipuliert werden. Auch die Emissionsbanken dürfen kurz vor der ersten Börsennotierung keine Analystengutachten zum Unternehmen erstellen, um nicht die Anleger zu beeinflussen. Bei diesen Einschränkungen handelt es sich um keine Gesetze, sondern um Auflagen der Börse; Emittenten, die dagegen verstoßen, können zwar nicht belangt werden, aber für die Öffentlichkeit wird so offenkundig, dass sich die neu notierte Aktiengesellschaft nicht an die vereinbarten Spielregeln hält.

2.6 Fusionen und Unternehmensübernahmen

Bei einer Fusion verschmelzen zwei Unternehmen miteinander. Die Aktionäre erhalten dann in einem bestimmten Tauschverhältnis, das von einem unabhängigen Wirtschaftsprüfer ermittelt wird, die Aktien des neuen Unternehmens. Ob eine Fusion für die Aktionäre von Vorteil oder eher von Nachteil ist, lässt sich nicht generell beantworten. Die Unternehmensleitung weist häufig auf die Freisetzung von Synergien hin, wenn zwei Unternehmen sich ergänzen oder einen größeren Markt gemeinsam erschließen können. Trotz der möglicherweise größeren Marktmacht haben Fusionen nämlich auch deutliche Nachteile: Bei einem Zusammenschluss sind viele Abteilungen doppelt vorhanden, so dass zuerst einmal Personal abgebaut werden muss. Auch die Umstrukturierung der Unternehmensorganisation, die Neugliederung der Führungsebenen, die Vereinheitlichung von Ablaufprozessen und die Übernahme einer neuen Unternehmenskultur fordert in der Praxis ihren Tribut, so dass es zumindest in der Anfangsphase zu enormen Reibungsverlusten kommt. Konflikte sind bei der Zusammenlegung von Abteilungen und beim Vorgesetztenwechsel oft vorprogrammiert. Außerdem führen neue Mentalitäten, Arbeitsabläufe, andere Standards, verschiedene Softwaresysteme und andere Besonderheiten dazu, dass die Leistungsfähigkeit insgesamt ins Stocken gerät. Als Aktionär sollten Sie daher nach einer Fusion eingehend überprüfen, ob es nicht ratsam ist, angesichts ungewisser Zukunftsperspektiven nach dem Unternehmenszusammenschluss die Aktien zu veräußern.

Wesentlich dramatischer als eine Fusion verläuft eine Unternehmensübernahme vor allem dann, wenn es sich um eine feindliche, eine „unfriendly take-over“, handelt. In den 1980er Jahren waren solche Vorgänge an der Tagesordnung, und man nannte die Wallstreet-Tycoons, die den Angriff starteten, „Raider“. Auch heute noch nehmen freundliche oder feindliche Unternehmensübernahmen zu, da angesichts der Globalisierung und der Integration der Märkte die Unternehmen gezwungen sind, stetig zu wachsen. Der Sinn einer feindlichen Übernahme besteht manchmal darin, das Unternehmen zu zerschlagen und dann in Einzelteilen zu veräußern. Wenn eine Aktiengesellschaft beispielsweise unter ihrem Buchwert notiert, lockt dies häufig Raider an. Wenn man nämlich eine Aktienmehrheit erwirbt, kann man Einfluss auf die Unternehmensleitung nehmen und beschließen, das Unternehmen zu liquidieren. Was auf den ersten Blick unsinnig erscheint, erweist sich als profitabel. Wenn die Aktiengesellschaft unter ihrem Buchwert notiert, bedeutet dies, dass die Gesamtheit der vorhandenen Vermögenswerte (beispielsweise Maschinen, Immobilien, Patente, Vorräte) mehr wert ist als der Gesamtwert aller

Aktien. Für einen Raider ist ein solches Unternehmen gleichsam ein „Schnäppchen“. Sobald er die Aktienmehrheit besitzt, wird er das Unternehmen zerschlagen und die Einzelteile verkaufen. Dadurch macht er Gewinn.

Da an der Börse bisweilen nicht genügend Aktien angeboten werden, um sich eine Aktienmehrheit zu sichern, versucht der Raider, bei den Großaktionären, beispielsweise bei Banken, Versicherungen oder Industrieunternehmen, Aktienpakete zu erwerben. Solange das betroffene Unternehmen nichts davon bemerkt, kann es keine Gegenmaßnahmen einleiten. In Deutschland aber ist es vorgeschrieben, dass der Besitz von mehr als fünf Prozent an einer Aktiengesellschaft veröffentlicht werden muss. Damit der Raider sein Opfer in einem Überraschungsangriff attackieren kann, müsste er diesen Aktienerwerb durch Strohmänner verschleiern, was hierzulande jedoch gesetzlich verboten ist.

Deshalb besteht der gängige Weg darin, den Aktionären ein Übernahmeangebot vorzulegen. In Deutschland ist es so geregelt, dass ein Aktionär, der bereits mehr als 30 Prozent der Anteile besitzt und die Übernahme anstrebt, allen anderen Aktionären ein Übernahmeangebot unterbreiten muss. Mit dieser Regelung möchte man verhindern, dass Kleinaktionäre einfach übergangen werden. Weiterhin gilt die Vorschrift, dass das Übernahmeangebot mindestens den Durchschnitt der Börsenkurse der letzten Monate erreichen muss. In der Praxis übersteigt die Offerte immer den aktuellen Kurs, denn sonst wären die Anteilseigner nicht bereit, sich von ihren Aktien zu trennen. Für Sie als Aktionär ist das von großem Vorteil; denn das Unternehmen, das die Übernahme einleiten will, muss Sie mit einem höheren Preis zum Verkauf bewegen. Der Raider hat dabei im Prinzip drei Möglichkeiten: Er kann Ihnen Bargeld anbieten, wenn Sie ihm die Aktien überlassen. Er kann Ihnen eigene Aktien zum Tausch anbieten oder Bargeld und Aktien miteinander kombinieren. Die Erfahrung lehrt jedoch, dass die meisten Aktionäre Geld bevorzugen, da man nicht abschätzen kann, wie sich das Unternehmen, das den Angriff gestartet hat, nach der Übernahme entwickelt. Generell gibt es hier komplizierte Einschränkungen. Beispielsweise darf der Raider nur dann seine eigenen Aktien zum Tausch anbieten, wenn diese an einer Börse notiert sind und ausreichende Handelsumsätze vorweisen. Wenn der Raider bereits drei Monate zuvor mehr als fünf Prozent des zu übernehmenden Unternehmens in bar erworben hat, muss er zwingend ein Barangebot vorlegen.

Es gibt außerdem eine so genannte Nachbesserungspflicht; stellen Sie sich eine solche Übernahme wie ein Pokerspiel vor. Wenn der Raider zwar einige Aktionäre dazu bewegen konnte, ihm Aktien gegen ein entsprechendes Angebot zu überlassen, kann es sein, dass er noch immer nicht die Aktienmehrheit besitzt. Er wird deshalb die hartnäckigen Aktionäre, die noch nicht auf seine Offerte eingegangen sind, mit noch höheren Preisen dazu verleiten, ihm ihre Anteile zu überlassen. In Deutschland gilt in diesem Fall die Nachbesserungspflicht: Das bedeutet, der Raider muss auch allen früheren Aktionären, die auf das schlechtere Angebot bereits eingegangen sind, die Differenz zu dem höheren Angebot zahlen, damit sie nicht schlechter gestellt sind. In der Praxis werden dann solche höheren Angebote geheim gehalten, damit der Raider nicht noch Nachzahlungen leisten muss.

Das betroffene Unternehmen kann sich nur dadurch zur Wehr setzen, dass es den Aktienkurs in die Höhe treibt, denn dann wird die Übernahme zu kostspielig. Eine solche Erhöhung des Kurses ist beispielsweise möglich, indem man die eigenen Aktien zurückkauft. Für viele angegriffene Unternehmen ist dies keine wirkliche Lösung, da ihnen die finanziellen Mittel fehlen, um ein groß aufgelegtes Aktienrückkaufprogramm zu starten. Außerdem muss ein solches Aktienrückkaufprogramm, das in Deutschland ohnehin auf zehn Prozent der umlaufenden Aktien begrenzt ist, von den Aktionären in der Hauptversammlung genehmigt werden. Erschwerend kommt hinzu, dass ein solches Rückkaufprogramm nicht durch Kredite finanziert werden darf.

Ein anderer Rettungsversuch besteht darin, befreundete Unternehmen zu bitten, Aktien zu erwerben und das Übernahmeangebot des „Raubritters“ zu überbieten; es handelt sich dann um eine freundliche Übernahme (friendly take-over). Solche Retter in der Not bezeichnet man metaphorisch als „weiße Ritter“. In solch einem Fall kommt es dann zu einem Scharmützel zwischen dem bösen, schwarzen Ritter, dem Raider, und dem weißen Ritter, der mit dem Unternehmen befreundet ist. Es entbrennt eine regelrechte Bieterschlacht, von der die Aktionäre besonders profitieren, da sich der Aktienkurs im Eifer des Gefechts immer mehr hochschaukelt und Spitzenwerte erreicht.

Die verzweifelten Versuche des Topmanagements, sich gegen den Raider zur Wehr zu setzen, sind häufig besonders dadurch motiviert, dass der Vorstand bei einem gelungenen Take-over seinen Arbeitsplatz verliert. Daher wird der Vorstand unverzüglich eine Hauptversammlung einberufen und den Aktionären erklären, wie er das Unternehmen noch profitabler ausrichten kann. Hat das Management aber in der Vergangenheit nur ein mageres Umsatz- und Gewinnwachstum erzielt, wird es schwierig sein, die Aktionäre bei Laune zu halten.

Ein anderer Trick besteht darin, Vermögenswerte, die für den Raubritter (Raider) besonders interessant sind, vorzeitig zu verscherbeln. In der Panik wird daher der Vorstand einige „Filetstücke" des Unternehmens wie teuere Immobilien oder wertvolle Beteiligungen veräußern. Für einen Raider ist dann vielleicht das Unternehmen nicht mehr verlockend. Eine andere Taktik ist die der so genannten „goldenen Fallschirme", bei denen der Vorstand für die Führungskräfte in aller Eile teure Abfindungsvereinbarungen beschließt, so dass der Raider nach der Übernahme beim Ausscheiden der Topmanager ungewöhnlich hohe Abfindungen zahlen muss.

Eine andere Abwehrmaßnahme besteht in einer Kapitalerhöhung; die Folge davon ist, dass der Angreifer mehr Kapital zur Verfügung haben muss, um die Aktiengesellschaft zu kaufen.

In diesem Übernahmespektakel gibt es noch eine besonders kühne Variante: Das angegriffene Unternehmen mutiert selbst zum Angreifer und attackiert nun seinerseits den Raider nach dem altbewährten Motto: Angriff ist die beste Verteidigung. Ein solches Vorhaben ist nur möglich, wenn der Raider selbst ein börsennotiertes Unternehmen mit genügend Streubesitz ist. Der Streubesitz oder Free Float bezeichnet die Aktien, die nicht in den Händen von Großaktionären sind. Nur ein Unternehmen, das hohen Streubesitz vorweist, lässt sich leichter übernehmen, da Kleinaktionäre eher für Übernahmeangebote empfänglich sind. Mit dem Gegenangriff muss sich das attackierte Unternehmen beeilen, denn wenn der Raider bereits ein Viertel der Anteile am zu übernehmenden Unternehmen besitzt, ist ein Gegenangriff nicht mehr möglich.

Als Aktionär können Sie von solchen Übernahmeschlachten und „Ritterscharmützeln" nur profitieren, da der Aktienkurs des zu übernehmenden Unternehmens im Verlauf der Auseinandersetzungen deutlich steigen wird. Das ist vor allem dann der Fall, wenn der Vorstand auf den Hauptversammlungen nicht vorsorglich Maßnahmen eingeleitet hat, die vor einer Übernahme schützen oder sie zumindest erschweren.

Als Aktionär werden Sie von Ihrer Depotbank unterrichtet, wenn ein Übernahmeangebot vorliegt. Sie haben dann eine gewisse Zeit sich zu entscheiden, ob Sie das Angebot annehmen oder ablehnen möchten. In der Regel ist das Angebot für Sie lukrativ, wenn es in Bar beglichen wird und wenn es mehr als 30 oder gar 40 Prozent über dem aktuellen Börsenkurs liegt. Falls der Bieter Ihnen eigene Aktien offeriert, sollten Sie überlegen, ob die Aktiengesellschaft des Raiders wirklich interessant ist und ob das Umtauschverhältnis für Sie einen Bonus von 30 oder 40 Prozent auf Ihre alten Aktien ergibt. Prüfen Sie in einem solchen Fall genau die bisherige Gewinn- und Umsatzentwicklung, und schauen Sie sich ein paar aussagekräftige Bilanzkennzahlen an. Die Erfahrung zeigt, dass der Raider sich meist „übernimmt" und zu viel bietet. Der Aktienkurs sinkt danach häufig, weil es Probleme bei der Integration des neuen Unternehmens gibt. Wenn Sie den Eindruck haben, dass die Aktien des Raiders nicht interessant sind, ist es möglicherweise sinnvoller, das Angebot auszuschlagen.

Ein solcher Schritt ist immer sorgfältig abzuwägen; denn wenn die Frist für das Angebot abgelaufen ist, wird es für Sie als Aktionär unwägbarer. Wenn Sie Glück haben, steigen die Aktien aufgrund von Spekulationen noch weiter; im günstigsten Fall erhöht der Raider vielleicht sogar noch das Angebot für die verbliebenen Aktionäre, weil er noch keine Aktienmehrheit erreicht hat. Jedoch kann es bisweilen mehrere Jahre dauern, bis sich der Raider entschließt, die restlichen Aktien aufzukaufen. Diese Zeit kann mit unangenehmen Begleiterscheinungen verbunden sein, denn der

Aufkäufer könnte beispielsweise die Aktiengesellschaft in eine andere Rechtsform wie eine Personengesellschaft umwandeln.

Sie sollten beachten, dass das Übernahmeangebot unverbindlich ist, d.h. auch wenn Sie gegenüber Ihrer Depotbank bereits eine Zusage erteilt haben, Ihre Anteile zu den jeweiligen Konditionen zu verkaufen, kann der Bieter einen Rückzieher machen, beispielsweise wenn ein befreundetes Unternehmen (ein „weißer Ritter") der Aktiengesellschaft zu Hilfe eilt und eine freundliche Übernahme anstrebt.

Der günstigste Zeitpunkt für Sie, Ihre Aktien zu verkaufen, ist oft, sobald erste Spekulationen wegen einer Übernahme aufkeimen und an der Börse erste Gerüchte die Runde machen. Schon zu diesem Zeitpunkt setzen solche Aktien zum Höhenflug an. Auch das Übernahmeangebot kann sich noch als lukrativ erweisen. Nach dem Ende der Frist wird es für Sie als Aktionär schon viel schwieriger; denn im besten Fall kommt es zu weiteren Spekulationen, die den Kurs in die Höhe treiben oder zu einer Nachbesserung führen; im schlimmsten Fall werden Sie jahrelang hingehalten und vom Raider schikaniert.

Tatsächlich kann die Suche nach Übernahmekandidaten eine erfolgreiche Anlagestrategie sein, die zu einer Überrendite führt. Übernahmekandidaten erkennen Sie daran, dass sie an der Börse unterbewertet sind. Wenn der Buchwert eines Unternehmens den Börsenwert übersteigt, ist dies für jeden „Raubritter" ein Schnäppchen, denn er bezahlt über die Börse für das Unternehmen weniger, als es wert ist. Die Branche sollte aus einigen großen Unternehmen bestehen, die nicht mehr als ein Drittel der Branche ausmachen dürfen, und vielen kleineren Firmen. Nur in einer solchen Konstellation ist es für die Branchenführer noch interessant, kleinere Konkurrenten zu übernehmen. In einer Branche wie der Automobilindustrie dominieren die fünf größten Vertreter mehr als die Hälfte des Marktes; unter solchen Umständen ist die Notwendigkeit, weiter zu wachsen, nicht unbedingt erforderlich. In der Branche sollte darüber hinaus ein deutlicher Wettbewerbsdruck bestehen, der die Notwendigkeit zur weiteren Expansion unumgänglich macht. Ein typisches Beispiel dafür ist die Telekommunikations- und die Logistikbranche. Für die Übernahme muss das Unternehmen über freie finanzielle Mittel verfügen. In den 1980er Jahren, der Hochzeit der Übernahmeschlachten, wurden viele der Transaktionen durch Anleihen finanziert; da diese Unternehmen mangels Finanzkraft nur über eine geringe Bonität verfügten, nannte man die Anleihen, die zur Finanzierung der Übernahme eigens aufgelegt wurden, „Ramschanleihen" oder Junk Bonds. Einige Raider stiegen zur Zeit dieses Wallstreet-Fiebers zu legendären Multimilliardären auf.

Am Ende bleiben aber auch bei einer guten Übernahmeofferte noch immer Aktionäre übrig, die sich weigern, das Angebot anzunehmen und auf eine Nachbesserung hoffen. In der Praxis erreicht der Bieter bei seinem ersten Angebot nur eine Zustimmung von 70 bis 80 Prozent. Die verbleibenden Aktionäre warten auf eine nächste Bieterrunde. Selbst nach einem gelungenen Take-over ist es für den neuen Eigentümer ärgerlich, wenn er das Unternehmen nicht vollständig übernehmen kann, weil ihm eine kleine Clique von Altaktionären Ärger bereitet. Der neue Eigentümer muss nämlich dann weiterhin regelmäßig Hauptversammlungen abhalten, Gebühren für die Börsennotierung entrichten, Geschäfts- und Quartalsberichte erstellen und all seinen sonstigen Pflichten nachkommen. Aus diesem Grunde gibt es eine Regelung, dass der Großaktionär, wenn er 95 Prozent aller Anteile sein Eigen nennt, die verbleibenden Aktionäre zwangsweise abfinden kann. Man nennt einen solchen Vorgang „Squeeze-out". Problematisch dabei ist natürlich die Höhe der Abfindung, die sich am aktuellen Börsenkurs orientieren muss. Das Unternehmen ist verpflichtet, einen Wirtschaftsprüfer zu Rate ziehen, der ein Gutachten erstellt. Viele Aktionärsvereinigungen bemängeln aber, dass solche Abfindungen häufig nicht den Vorstellungen der Altaktionäre gerecht werden. In solch einem Fall kann der betroffene Aktionär juristische Maßnahmen ergreifen und die Offerte anfechten. Der Aufkauf der restlichen Aktien wird dadurch jedoch nicht verzögert. In dem anhängigen Verfahren wird dann nur noch über die Höhe der Abfindung entschieden, was sehr lange dauern kann. Sie sollten sich daher als Aktionär bei einer Übernahme immer überlegen, ob Sie bis zum Squeeze-out pokern möchten. Denn nicht selten liegt das Abfindungsangebot unter dem früheren Übernahmeangebot.

Wenn Sie Glück haben, können Sie allerdings auch ein weit besseres Ergebnis erzielen. Allgemeine Regeln lassen sich hier nicht aufstellen, da die Rahmenbedingungen von Fall zu Fall unterschiedlich sind.

Nach dem Squeeze-out befindet sich das Unternehmen zu hundert Prozent in der Hand des Aufkäufers. Damit wird die Börsennotierung eingestellt, da das aufgekaufte Unternehmen Eigentum eines anderen Unternehmens ist und zu diesem gehört. Die Einstellung der Börsennotierung nennt man Delisting. Ein solches Delisting ist auch möglich, wenn die Abfindung der restlichen Aktionäre noch nicht stattgefunden hat. Aufgrund der Mehrheitsverhältnisse kann der neue Großaktionär in der Hauptversammlung durchsetzen, dass ein Delisting noch vor dem Squeeze-out durchgeführt wird. Wenn die Hauptversammlung mehrheitlich zustimmt, was angesichts der Dominanz des Großaktionärs höchstwahrscheinlich ist, wird das Delisting eingeleitet. Die Frist dafür beträgt sechs Monate. Als Aktionär sollten Sie dann möglichst schnell Ihre Aktien verkaufen, da nach dem Ablauf des halben Jahres die Börsennotierung endgültig eingestellt wird. Dann können Sie Ihre Aktien nur noch privat verkaufen – es gibt keine offiziellen Börsenkurse mehr, was ein enormes Risiko darstellt und immer zu beträchtlichen Verlusten führt.

2.7 Aktienarten

Neben Stamm- und Vorzugsaktien gliedert man die Wertpapiere meist nach dem Grad der Marktkapitalisierung, d.h. die Aktien werden nach der Größe der jeweiligen Aktiengesellschaft unterteilt. Es werden große Aktiengesellschaften, die so genannten Standardwerte oder Blue Chips, die mittelgroßen Gesellschaften, die Mid Caps, und die kleinen Aktiengesellschaften, Small Caps, unterschieden.

2.7.1 Die Standardwerte

Die Standardwerte gehören zu den geläufigsten Aktien, denn sie bilden das Flaggschiff einer Nation oder eines Marktes. Die

Standardwerte werden wegen ihrer großen Marktkapitalisierung häufig auch als Large Caps (von engl. „large capitalization" – große Marktkapitalisierung) bezeichnet. Der Börsenwert solcher Unternehmen erreicht mehrere Milliarden. Solche Giganten werden ironisch „Blue Chips" genannt, denn in Spielcasinos haben die blauen Jetons den höchsten Wert.

Die 30 größten deutschen Standardwerte sind im DAX zusammengefasst; der DAX ist ein Aktienindex, der jede Minute neu berechnet wird und die Wertentwicklung der deutschen Börse widerspiegelt.

Zu den DAX-Werten zählen bekannte Aktiengesellschaften wie die *Deutsche Bank*, *DaimlerChrysler*, *BMW*, *Deutsche Post*, *SAP*, *Lufthansa*, *Siemens* und andere. Diese Unternehmen haben oft eine lange Tradition und sind auf den Weltmärkten tätig. Für Anleger haben diese Large Caps den Vorteil, dass sie auch schwere Krisen meist unbeschadet überstehen und aufgrund ihrer Größe eine Vielzahl von Möglichkeiten haben, sich neue Weltmärkte zu erschließen. Es ist sehr unwahrscheinlich, dass diese Blue Chips jemals insolvent werden und Pleite gehen. Denn sie verfügen über beträchtliche finanzielle Ressourcen und eine starke, wettbewerbsfähige Position auf den internationalen Märkten.

Betrachtet man die Wertentwicklung der DAX-Werte in den letzten fünf Jahren, so ergibt sich ein uneinheitliches Bild. Während der Reifenhersteller *Continental* mit fast 500 Prozent Wertzuwachs das Feld anführt und eine erstaunliche Performance erzielte, büßte *Infineon* mehr als 50 Prozent seines ursprünglichen Wertes ein. An solchen Ergebnissen können Sie erkennen, dass es sehr riskant sein kann, eine Aktie beliebig herauszusuchen. Wenn Sie auf den falschen Wert setzen, können deutliche Verluste entstehen.

Standardwerte werden häufig unerfahrenen Anlegern als Standardinvestment empfohlen. Ihr Kurs ist leicht zu verfolgen, da täglich in den Fernsehnachrichten über diese Aktiengesellschaften berichtet wird. Darüber hinaus untersuchen die Analysten aller renommierten Banken ständig die Unternehmen, berechnen Kennzahlen, fertigen Analysen und Gutachten an. Kaum irgendwelche anderen Aktien werden so aufmerksam beobachtet und untersucht

Name der Aktie	**Wertentwicklung 5 Jahre (in Prozent)**
Adidas	96,3
Allianz	– 38,7
Altana	– 22,6
BASF	85,2
Bayer	33,6
BMW	12,7
Commerzbank	78,4
Continental	495,0
DaimlerChrysler	27,8
Deutsche Bank	56,6
Deutsche Börse	263,8
Deutsche Lufthansa	29,7
Deutsche Post	60,6
Deutsche Postbank	–
Deutsche Telekom	– 10,1
E.on	91,8
Fresenius Medical Care	90,0
Henkel	78,8
Hypo Real Estate	–
Infineon Technologies	– 51,8
Linde	47,5
MAN	246,8
Metro	48,2
Münchener Rück	– 54,0
RWE	100,8
SAP	– 9,1
Siemens	29,6
Thyssen Krupp	139,6
TUI	– 43,6
Volkswagen	69,3

Abb. 11: Die 30 DAX-Werte – Stand: 20. 2. 2007

wie die 30 DAX-Werte. Darüber hinaus verfügen diese Aktien über hohe Börsenumsätze und damit eine überdurchschnittliche Liquidität, so dass auch institutionelle Investoren und Investmentfonds Aktien für Millionenbeträge kaufen können, ohne dass es zu außergewöhnlich starken Schwankungen kommt. Insbesondere für Investmentfonds ist es von großer Bedeutung, dass sie jederzeit größere Positionen aufbauen und auch wieder schnell veräußern können.

Aus all diesen Gründen werden Standardwerte oft als Anlageinstrument empfohlen, und es gibt eine Reihe von Investmentfonds, die sich nur auf diese Blue Chips konzentrieren. So hat die zur Deutschen Bank gehörende Investmentgesellschaft DWS eine Reihe von Aktienfonds aufgelegt, die sich auf die 50 besten Standardwerte konzentrieren (beispielsweise DWS Top 50 Welt, DWS Top 50 Europa).

Obwohl diese Standardwerte fast einhellig von Beratern angepriesen werden, hat eine solche Large-Cap-Strategie, die ausschließlich auf Standardwerte setzt, einige Nachteile. Untersuchungen in der Finanzmarktforschung haben gezeigt, dass Standardwerte im Vergleich zu Aktiengesellschaften mit einer geringeren Marktkapitalisierung (Mid Caps und Small Caps) schlechter abschneiden. Vielfach haftet den großen Aktiengesellschaften das Image eines „Dinosauriers“ oder „Elefanten“ an. Viele dieser renommierten Unternehmen sind oft schwerfällig und wenig flexibel; oftmals etabliert sich eine Bürokratie, die der einer Behörde in nichts nachsteht, und die Fähigkeit, neue Innovationen herzubringen, erlahmt im Laufe der Zeit. Viele dieser Unternehmen zehren von einer ruhmreichen Vergangenheit und reagieren zu spät auf die Herausforderungen der Globalisierung. Trotz der internationalen Ausrichtung dieser Unternehmen neigt das Management dazu, sich auf den Lorbeeren auszuruhen und erkennt nur zögerlich die neuesten Entwicklungen der Märkte. Ein typisches Beispiel dafür ist, dass *Microsoft* in der zweiten Hälfte der 1990er Jahre die Bedeutung des Internets verkannt hat. Durch gezielte Unternehmensübernahmen konnte der Software-Riese den Entwicklungsrückstand überwinden. *DaimlerChrysler* gelang es in den letzten Jahren nicht, eine klare und schlüssige Konzernpolitik zu betreiben.

Noch heute notieren die Aktienkurse vieler Standardwerte unter dem Einstiegskurs vor dem Niedergang des Neuen Marktes, der 2001 einsetzte und auch die vermeintlich sicheren Blue Chips in einen Abwärtssog riss. Zwar wurden die Large Caps weniger stark gebeutelt als die anfälligen Internetaktien und Technologiewerte, aber auch die Standardwerte mussten während des Börsenrückgangs deutliche Einbußen hinnehmen.

Standardwerte sind keineswegs sichere und zuverlässige Aktien. Sie haben zwar bessere Börsenumsätze und eignen sich daher für manche Anlagestrategien besser als mittelgroße und kleine Aktiengesellschaften, sind aber im Zweifelsfall weniger ertragsstark. Häufig sind diese Konzerne träge und reagieren zu langsam auf aktuelle Entwicklungen. Bevor das Lean Management Mitte der neunziger Jahre aufkam und damit eine Verschlankung der Strukturen vorantrieb, hatten manche dieser Riesen sieben Führungsebenen. Die Löhne und Gehälter liegen noch heute weit über dem Branchendurchschnitt, und das Gewinn- und Umsatzwachstum ist eher weniger rekordverdächtig.

Wenn Ihnen Ihr Bankberater solche Aktien vollmundig anpreist, dann sollten Sie bedenken, dass die Analystenabteilungen der großen Banken fast ausschließlich diese Werte untersuchen und gelegentlich sogar an diesen Unternehmen beteiligt sind. Werden Ihnen beim Beratungsgespräch nur *DaimlerChrysler*, *Siemens*, *BMW* und Co. empfohlen, so deutet dies darauf hin, dass der Bankberater sich nicht besonders viel Mühe mit Ihnen als Kunden gibt.

Die meisten Blue Chips entwickeln sich nur durchschnittlich, und in schlechten Börsenzeiten können sie erheblich verlieren. Natürlich gibt es auch unter diesen Standardwerten einzelne Aktien, die sich weitaus besser entwickeln konnten als der Marktdurchschnitt. Ob Standardwerte für Sie in Frage kommen, hängt letztlich von Ihren Zielen ab: Wenn Sie eher ein Portfolio mit einem durchschnittlichen Ertrag haben möchten, dann könnten Large Caps für Sie das Richtige sein. Vor allem haben Sie bei diesen Werten die Sicherheit, dass diese Unternehmen nur selten insolvent werden.

Wenn Sie an einer höheren Rendite interessiert sind, können Aktiengesellschaften mit geringerer Marktkapitalisierung vorteilhafter sein.

2.7.2 Die mittleren Werte (Mid Caps)

Diese Aktiengesellschaften haben eine mittlere Marktkapitalisierung und nehmen somit eine Zwischenstellung zwischen den großen Standardwerten und den kleinen Aktiengesellschaften ein. Die mittleren Werte werden in einem eigenen Aktienindex, dem MDAX, zusammengefasst, der aus 50 Aktien besteht. Zu den Mid Caps zählen beispielsweise der bekannte Brillenhersteller *Fielmann*, das Bauunternehmen *Hochtief*, der Finanzdienstleister *AWD*, der Fernsehsender *Premiere* und der Sportartikelhersteller *Puma*.

Diese Unternehmen haben den Vorteil, dass sie eher Mittelständlern gleichen und daher flexibler und offener sind. Anders als große Konzerne müssen sie sich stetig an den internationalen Markt anpassen und neue Ideen entwickeln. Fehlentscheidungen und gravierende Managementfehler schlagen sich sofort in Verlusten nieder und führen im schlimmsten Fall zur Pleite. Diese Unternehmen sind viel weniger etabliert als die großen Konzerne des DAX und daher erheblich anfälliger für Krisen und Probleme. Denken Sie nur an den Fernsehsender *Premiere*, dessen Erfolg von der Übertragung von Bundesligaspielen abhängig ist. Ein weiteres Beispiel ist das Handelsunternehmen *KarstadtQuelle*, das aufgrund eines veralteten Marketing-Konzepts in eine schwere Krise schlitterte.

Für Privatanleger ist es äußerst riskant, ausschließlich auf ein solches Unternehmen zu setzen, denn wenn das Unternehmen in eine Schieflage gerät, ist nicht gewährleistet, dass es auch die Krise bewältigt. Börsianer bezeichnen solche Unternehmen, die sich am Rande einer Insolvenz oder einer Existenzkrise befinden, als Turnaround-Kandidaten. Sie können das Risiko umgehen, indem Sie eine Vielzahl solcher Unternehmen bündeln und beispielsweise ein Zertifikat auf den MDAX kaufen. Da der MDAX aus vielen Werten besteht, verteilt sich Ihr Risiko auf diese Unternehmen. Selbst wenn eines der Unternehmen insolvent würde, hätte dies so gut wie keinen Einfluss auf Ihr Zertifikat.

Die letzten Jahre haben gezeigt, dass sich ein Investment in diese Mid Caps gelohnt hätte. Der MDAX schnitt wesentlich besser ab als der behäbigere DAX. Diesen Effekt, der bereits in den 1980er Jahren beschrieben wurde, bezeichnen Wissenschaftler als „Small-Cap-Effekt". Kleine oder mittelgroße Aktiengesellschaften sind viel beweglicher, dynamischer und innovativer als die großen Konzerne des DAX. Neue, weltbewegende Produktideen werden häufig zuerst von Tüftlern und Erfindern in Klein- und mittelständischen Unternehmen entdeckt. Anders als in den überbürokratisierten Riesen sind mittelständische Unternehmen kundennah und kennen die Probleme vor Ort. Die Umsatzentwicklung wird sorgfältig beobachtet, denn schon geringe Fehler und Kundenverluste können dramatische Folgen haben. Während Konzerne Krisen und Managementfehler oft jahrelang „aussitzen" und ignorieren können, müssen mittelständische Unternehmen schnell handeln und Fehler sofort korrigieren. Kleinere Unternehmen können oft auch nicht die internationale Ausrichtung optimal einsetzen und sich die Steuervorteile in anderen Ländern zunutze machen. Sie müssen daher sehr viel härter und nachdrücklicher um neue Absatzmärkte kämpfen.

Mittelgroße und kleine Aktiengesellschaften weisen häufig ein größeres Umsatz- und Gewinnwachstum auf als etablierte Konzerne, denn diese Klein- und mittelständischen Unternehmen stehen erst am Anfang. Daher ist die Rendite, die Sie mit solchen Aktien erzielen können, oft sehr viel größer als bei Blue Chips – vorausgesetzt, Sie wählen die richtige Aktie aus. Viele Unternehmen, die noch nicht lange am Markt sind, erweisen sich möglicherweise als nicht wettbewerbsfähig und müssen aufgeben. Auch scheinbar stabile Unternehmen können durch Marketingfehler oder unzulängliche Innovationen an den Rand einer Katastrophe geraten.

Aus diesem Grund sollten Anleger, die auf einzelne Aktien setzen, vorsichtig und umsichtig agieren. In den meisten Fällen ist es besser, ein Indexzertifikat zu kaufen, das das Risiko auf eine Vielzahl von Aktien verteilt. Anleger, die sich mit einer Indexstrategie nicht zufrieden geben, können auch Anlagestrategien wählen, die zu Überrenditeeffekten führen, wie sie in einem späteren Kapitel vorgestellt werden.

2.7.3 Die Small Caps

Small Caps sind die kleineren Aktiengesellschaften. Sie werden im SDAX zusammengefasst. Neben den SDAX-Werten gibt es auch Small Caps, die nicht die Zulassungsbedingungen für den SDAX erfüllen, und deshalb keinem Index zugeordnet sind.

Anders als die meisten mittelgroßen Aktiengesellschaften muss man bei Small Caps stärker differenzieren: Neben lukrativen Aktien gibt es auch Nischen- und Regionalwerte, die eine schwächere Marktposition haben. Solche Nischenwerte sind oft Familienunternehmen mit geringen Börsenumsätzen und nur lokaler Bedeutung. Bevor Sie eine solche Aktie kaufen, sollten Sie sich überlegen, ob das nicht ein zu großes Risiko bedeutet. Wenn Sie sich an einem solchen Unternehmen beteiligen, laufen Sie Gefahr, dass Sie die Aktie in einer Krisensituation nicht schnell genug veräußern können. Die Börsenumsätze sind bisweilen so niedrig, dass es im Zweifelsfall etliche Tage dauern kann, bis Sie Ihre Aktie verkauft haben. Fast alle Investmentfonds meiden Small Caps, da die niedrige Marktkapitalisierung und die geringen Börsenumsätze verhindern, dass ein Fondsmanager größere Summen investieren kann.

Natürlich gibt es auch unter den Small Caps Unternehmen, die erst am Anfang stehen und sich dank eines hervorragenden Produkts oder einer exzellenten Dienstleistung zum Shooting Star entwickeln und dem Anleger beträchtliche Gewinne bescheren. Dennoch ist es nicht einfach, solche potenziellen Highflyer ausfindig zu machen. Einige Small Caps sind Unternehmen, die regional verwurzelt sind und ein Geschäftsmodell haben, das nur bescheidene Perspektiven eröffnet.

Sie sollten sich vor einem Kauf besonders die Bilanzkennzahlen und die Börsenumsätze ansehen. In kaum einem Börsensegment sind die Unterschiede so groß wie bei den Small Caps.

2.8 Die Börsen der Welt

Als Anleger steht Ihnen die ganze Welt offen. Selbst wenn einmal die Börsen in Deutschland stagnieren sollten, haben Sie die Möglichkeit, Aktien aus einem anderen Land zu kaufen. Dank der

Globalisierung und der Öffnung der Finanzmärkte ist dies heute fast überall möglich. Nur einige Entwicklungs- und Schwellenländer haben Restriktionen für ausländische Anleger, die jedoch in den letzten Jahren immer mehr gelockert wurden.

In Europa sind die Frankfurter Wertpapierbörse und die Londoner Börse von großer Bedeutung. In den letzten Jahren zeichnet sich immer mehr die Tendenz ab, dass die Börsen Kooperationen und Zusammenschlüsse anstreben. Denn im Zeitalter der Globalisierung ist das Konzept der nationalen Börsen überholt. Der Druck, möglichst günstige Gebühren und einen Aktienhandel rund um die Uhr anzubieten, stellt eine enorme Herausforderung für die Börsenplätze dar.

Börse	Internet
Amsterdam	http://www.aex.nl/
Athen	http://www.ase.gr/
Barcelona	http://www.borsabcn.es/
Brüssel	http://www.stockexchange.be/
Dublin	http://www.ise.ie/
Helsinki	http://www.hexgroup.com/
Kopenhagen	http://www.xcse.dk/
Lissabon	http://www.bvl.pt/
London	http://www.stockex.co.uk/
Luxemburg	http://www.bourse.lu/
Madrid	http://www.bolsamadrid.es/
Mailand	http://www.borsaitalia.it/
Oslo	http://www.ose.no/
Paris	http://www.bourse-de-paris.fr/
Stockholm	http://www.stockholmsborsen.se/
Wien	http://www.wbag.at/index_deutsch.html
Zürich	http://www.bourse.ch/

Abb. 12: Börsen in Europa

Auch in den USA gibt es mehrere regionale Börsen, die aber neben der New York Stock Exchange und der NASDAQ nur eine sekundäre Bedeutung haben.

Börse	**Internet**
American Stock Exchange	http://www.amex.com/
Boston	http://www.bostonstock.com/
Chicago	http://www.chicagostockex.com/
NASDAQ	http://www.nasdaq.com/
New York (NYSE)	http://www.nyse.com/
Philadelphia	http://www.phlx.com/

Abb. 13: Börsen in Nordamerika

2.8.1 Die Indizes

Ein Index fasst die wichtigsten Aktien einer Börse in einer Punktzahl zusammen. Der Index ist quasi ein Börsenbarometer, das die Wertentwicklung nachvollzieht. Jede Börse hat ihren eigenen Index. Der DAX beispielsweise umfasst die 30 wichtigsten Aktiengesellschaften, die in Deutschland notiert sind. Daneben gibt es auch Indizes, die sich auf einzelne Börsensegmente beziehen wie etwa der MDAX, der die mittelgroßen Aktiengesellschaften umschreibt, der TecDAX, der die Technologieaktien abbildet, und der SDAX mit den kleineren Aktiengesellschaften.

Die Indizes sind nicht nur ein Messinstrument für die Performance eines Aktienmarktes, sondern sie können auch als Anlageinstrument dienen. Wenn Sie beispielsweise Aktien aus Ungarn, Italien oder Griechenland kaufen möchten, dann kann es sehr kompliziert sein, sich über einzelne Titel zu informieren. Die Geschäftsberichte werden manchmal nicht einmal auf Englisch veröffentlicht, und Sie werden nicht so oft aktuelle Informationen in Deutschland erhalten. Aus diesem Grund haben bei vielen Anlegern deutsche Aktien im Depot ein Übergewicht. Diese Bevorzugung des Heimatmarktes ist ein weltweites Phänomen und kann auf Sprachbarrieren, unterschiedliche gesetzliche Rahmenbedingungen und ein Informationsdefizit zurückgeführt werden.

Dennoch sollten Sie auch auf ausländische Aktien setzen, denn dadurch wird Ihr Portfolio stärker gestreut. Wenn die Aktienmärkte in Deutschland gerade schlechter laufen, kann es sein, dass irgendwo anders in der Welt die Aktien rapide steigen. In den Jahren nach dem Niedergang der New Economy liefen die meisten

Börsen in Westeuropa und Nordamerika bis zum Jahr 2003 sehr schlecht. Die Kurse stürzten in den Keller. In Osteuropa hingegen boomten die Märkte; und die Börsen in Russland, Polen, Tschechien, der Slowakei und in Ungarn brachen innerhalb kürzester Zeit immer neue Rekorde.

Die einfachste Art, in diesen Märkten Geld anzulegen, ist es, ein Indexzertifikat zu kaufen. Ein solches Wertpapier bildet relativ genau die Wertentwicklung des Index ab. Indem Sie ein Indexzertifikat kaufen, partizipieren Sie unmittelbar an der Performance des Marktes. Man unterscheidet übrigens zwischen Performance- und Kursindizes. Bei den Kursindizes bleiben die ausgeschütteten Dividenden unberücksichtigt, deshalb entwickelt sich ein Performanceindex stets besser als der reine Kursindex. Der DAX ist ein Performanceindex. Aber viele Indizes anderer Aktienmärkte sind Kursindizes.

2.8.1.1 Der DAX

In Deutschland werden die großen Standardwerte im DAX zusammengefasst, in dem die 30 Aktien mit der größten Marktkapitalisierung enthalten sind. Er wurde erstmals am 1. Juli 1988 veröffentlicht. Die Ausgangsbasis des Index bildeten 1000 Punkte, die für den 30. Dezember 1987 festgelegt wurden. Der DAX wird jährlich in der Zusammensetzung revidiert und als Index jede Sekunde neu berechnet. Seine Handelzeit reicht von 9.00 h bis 17.30 h. Nach dem Handelsschluss wurden zusätzlich die Indexstände von 17.45 h bis 20.00 h ermittelt. Dieser spezielle DAX wird L-DAX (late DAX) genannt.

Zum DAX-30, der ein Performanceindex ist und somit die Dividendenausschüttung mit einbezieht, gehören Unternehmen wie *Siemens*, *DaimlerChrysler*, *Deutsche Bank*, *Metro*, *BMW*, *SAP* und *Volkswagen*.

2.8.1.2 Der MDAX

Die Aktien mit mittlerer Marktkapitalisierung werden im MDAX zusammengefasst, der 50 Titel umfasst. Diese Unternehmen folgen in der Rangordnung den Standardwerten, was die Marktkapitalisierung und den Börsenumsatz anbelangt. Der MDAX wird alle

Land	**Index**
Deutschland	DAX
Deutschland	MDAX
Deutschland	SDAX
Deutschland	TecDAX
Österreich	ATX
Schweiz	SMI
Großbritannien	FTSE-100
Frankreich	CAC 40
Italien	MIB 30
Niederlande	AEX
Schweden	OMXS30
Spanien	IBEX 35
Portugal	PSI 20
Griechenland	ASE 20
Tschechien	CTX
Polen	PTX
Ungarn	HTX, BUX
Russland	RDX
Türkei	ISE 30
Südafrika	JSE Top40
Israel	Tel Aviv 25
USA	Dow Jones Industrial Average
USA	NASDAQ-100
USA	S&P500
Japan	Nikkei 225, Topix
Hongkong	HSI
China	HSCEI
Südkorea	KOSPI 200
Thailand	S.E.T. 50
Taiwan	MSCI Taiwan
Indonesien	ABN Indonesia
Malaysia	KLCI
Indien	Nifty 50
Australien	ASX 200

Abb. 14: Die Indizes der wichtigsten Aktienmärkte

60 Sekunden neu berechnet und seine Zusammensetzung halbjährlich überprüft.

In den letzten Jahren schnitt der MDAX gegenüber dem DAX deutlich besser ab. Anleger, die auf solche Aktien gesetzt hatten, konnten wesentlich höhere Kurszuwächse verbuchen.

2.8.1.3 Der SDAX

Der SDAX, der die kleineren Aktiengesellschaft zusammenfasst, enthält 50 Werte. Seine Zusammensetzung wird in einem vierteljährlichen Abstand überprüft, und der SDAX wird an der Börse im 60-Sekunden-Takt aktualisiert. Der SDAX ist wie der MDAX und der TecDAX ausländischen Unternehmen zugänglich.

Manche Werte im SDAX haben den Nachteil, dass sie sehr markteng sind und nur über ein geringes Handelsvolumen verfügen, so dass Großinvestoren und Investmentfonds diese Titel eher meiden. Schon geringe Stückzahlen können nicht erworben oder veräußert werden, ohne beim Aktienkurs große Schwankungen auszulösen. Die meisten Investment- oder Pensionsfonds kaufen erst bei einer Mindestkapitalisierung von 50 Millionen Euro, um hohe Kursschwankungen zu vermeiden. Einige der Aktien im SDAX sind nur von regionaler Bedeutung.

2.8.1.4 Der TecDAX

Der TecDAX umfasst die 30 größten, an den deutschen Börsen notierten Technologieaktien. Er wird alle sechs Monate neu überprüft und im 15-Sekunden-Takt aktualisiert. Der TecDAX, den es seit dem 24. März 2003 gibt, ist Nachfolger des berüchtigten NEMAX, des Neuen-Markt-Index, der 1997 einführt wurde. Auf dem Neuen Markt wurden Unternehmen notiert, die damals zu den gewinnträchtigen Internet- und Technologiewerten zählten. Im Jahre 1999 gab es Aktien, deren Kurs sich bereits am Tag der Emission vervielfacht hatte. Nach dem Zusammenbruch des Neuen Marktes hat der NEMAX mehr als 90 Prozent seines ursprünglichen Wertes eingebüßt. Er wurde daher abgeschafft und durch den TecDAX ersetzt, bei dem man darauf achtete, nur solide Technologieaktien mit einzubeziehen.

2.8.1.5 Der DivDAX

Der DivDAX enthält die dividendenstärksten Aktien. Der DivDAX ist vom DAX abgeleitet und umfasst die 15 Unternehmen mit der höchsten Dividendenrendite. Er wird einmal im Jahr auf seine Zusammensetzung überprüft. Die maximale Gewichtung einer Aktie darf zehn Prozent nicht überschreiten. Durch diese Regelung möchte man vermeiden, dass Schwergewichte im DAX wie die Deutsche Telekom zu großen Einfluss auf die Performance des DivDAX gewinnen. Die enthaltenen Werte sind stets hoch liquide und zeichnen sich durch hohe Börsenumsätze aus, da sie dem DAX angehören.

2.8.1.6 Der GEX

Seit Anfang 2005 gibt es einen neuen Index auf deutsche Aktien – den GEX. Die Abkürzung steht für „German Entrepreneurial Index“, und dieses neue Börsenbarometer bezieht sich auf deutsche Familienbetriebe oder eigentümerdominierte Unternehmen. Anders als beim DAX oder MDAX sind kapitalmarktbezogene Kriterien wie die Börsenkapitalisierung oder die Handelsumsätze für die Aufnahme in den GEX nicht entscheidend. Ausschlaggebend ist die Aktionärsstruktur, also der Streubesitz, und die Dauer der Börsennotierung. Die Eigentümer (Vorstände, eventuell auch Aufsichtsräte oder deren Familien) müssen einen großen Einfluss auf das Unternehmensgeschehen besitzen. Der Anteil ihrer Stimmrechte liegt bei mindestens 25 Prozent und höchstens bei 75 Prozent. Konzerne können nicht in den GEX aufgenommen werden ebenso Unternehmen, die nur Vorzugsaktien herausgeben, um das Stimmrecht der anderen Aktionäre zu beschneiden.

2.8.1.7 Der Dow Jones

Einer der bedeutendsten und wichtigsten Indizes der New Yorker Börse, der New York Stock Exchange, ist der Dow Jones Industrial Average (DJIA). Am 16. Februar 1885 veröffentlichten Charles H. Dow und sein Mitarbeiter Edward Jones diesen für 10 Aktienwerte. Er ist einer der ältesten Aktienindizes überhaupt. Neben dem Dow Jones Industrial Average (DJIA) gibt es noch andere Dow Jones Indizes wie den Dow Jones Transport und den Dow Jones für Versorgungswerte.

Der Dow Jones ist ein reiner Kursindex, d.h. Dividendenausschüttungen oder Bezugsrechtsveränderungen bleiben völlig unberücksichtigt. Die Gewichtung einer Einzelaktie im Index wird nur unzulänglich berücksichtigt. Bestimmte Branchen sind unter diesen Standardwerten nicht oder nur teilweise vertreten. Obwohl der Dow Jones täglich in den Nachrichten Erwähnung findet, ist er aus den oben genannten Gründen als Indexinvestment weniger geeignet. Der marktbreitere S&P500 bildet die Performance des amerikanischen Aktienmarktes besser ab.

3M	*Honeywell International*
Alcoa	*IBM*
Altria Group	*Intel*
American Express	*J. P. Morgan Chase*
American International Group	*Johnson & Johnson*
Boeing	*McDonald's*
Caterpillar	*Merck & Co.*
CitiGroup	*Microsoft*
Coca-Cola	*Pfizer*
Du Pont	*Procter & Gamble*
Exxon Mobil	*SBC Communications*
General Electric	*United Technologies*
General Motors	*Verizon Comm.*
Hewlett-Packard	*Wal-Mart Stores*
Home Depot	*Walt Disney*

Tab. 1: Aktien im Dow Jones Industrial Average (DJIA)

2.8.1.8 Der Standard & Poor's 500 (S&P 500)

Der Standard & Poor's 500 (kurz: S&P 500) umfasst 500 nordamerikanische Aktiengesellschaften; neben den USA sind auch kanadische Werte enthalten. Die Zusammensetzung der 500 Einzelwerte wird monatlich erneuert. Kriterien für die Überprüfung sind der jeweilige Börsenwert und das Handelsvolumen, so dass der S&P 500 die Marktentwicklung einer großen Bandbreite von Aktien in Nordamerika exakt wiedergibt.

Aufgrund seines Umfangs und seiner Branchenvielfalt ist der S&P 500 die erste Wahl für ein Indexzertifikat, das den gesamten nordamerikanischen Markt repräsentiert. Der S&P 500 ist als Kurs- und als Performanceindex erhältlich.

Aktie	Branche
General Electric	Konglomerat
Exxon Mobil	Öl
Microsoft	Software
Citigroup	Banken
Wal-Mart Stores	Handel
Pfizer	Pharma
Bank of America	Banken
Johnson & Johnson	Pharma
American International Group	Versicherung
IBM	IT

Tab. 2: Die wichtigsten Werte des S&P500

Neben den großen Standardwerten, wie sie auch im Dow Jones zusammengefasst sind, sind auch mittelgroße und kleine Aktiengesellschaften vertreten.

2.8.1.9 Der NASDAQ 100

Der NASDAQ 100 fasst die wichtigsten Technologiewerte der USA zusammen. Die Technologietitel beziehen sich auf Branchen wie Biotechnologie, Halbleiterindustrie und Software. Die Computerbörse NASDAQ, die in den siebziger Jahren entstand, ist vor allem ein Markt für innovative, technologiebezogene Branchen. Als die New Economy ihren Niedergang erlebte, sank auch der NASDAQ-100 drastisch. Die Technologiebörse ist sehr schwankungsanfällig und eignet sich für Ihr Depot nur, wenn Sie einen Schwerpunkt auf Technologieaktien setzen wollen.

2.8.2 Emerging Markets

Die Emerging Markets sind Schwellenländer, die auf dem Sprung zu einer Industrienation sind oder sich gleich zu einer fortgeschrittenen Dienstleistungsgesellschaft entwickeln. Zu den Emerging Markets zählen die osteuropäischen Länder (wie Polen, Tschechien, Ungarn, die Slowakei, Slowenien, Rumänien, Bulgarien, Kroatien, Russland, das Baltikum) und viele Länder in Asien (China, Indien, Vietnam) und speziell in Südostasien (Thailand, Malaysia, Indonesien, Philippinen). Aber auch die Länder in Lateinamerika rechnen zu den Emerging Markets. In letzter Zeit haben auch Länder wie Ägypten und Marokko an Bedeutung gewonnen.

Einige Länder haben sich bereits so gut entwickelt, dass sie das Niveau einer fortgeschrittenen Volkswirtschaft erreicht haben und über ein Einkommen verfügen, das dem Durchschnittseinkommen in der Europäischen Union vergleichbar ist. Beispiele für solche Erfolgsgeschichten sind Südkorea und Singapur.

Als Anleger sollten Sie beachten, dass solche Märkte enorme Risiken mit sich bringen; denn wirtschaftliche und politische Unsicherheiten sind nicht zu übersehen. Die Bilanzierungspraxis unterscheidet sich oft erheblich von den Standards, die in der Europäischen Union oder Nordamerika üblich sind. Korruption, Misswirtschaft und ein instabiles Rechtssystem machen Geldanlagen in den Emerging Markets zu einer Gefahr. Hinzu kommen deutliche Währungsschwankungen und Investitionseinschränkungen für Ausländer, wenngleich dies inzwischen in vielen Schwellenländern abgeschafft wurde.

Angesichts dieser Risikofaktoren sollten Sie auf keinen Fall Einzelwerte kaufen; denn es ist äußerst schwierig, eine geeignete Aktie in einem solchen Markt zu finden. Wesentlich besser ist es, sich am Gesamtmarkt über ein Indexzertifikat zu beteiligen. Aber hierbei sollten Sie stets die Risiken beachten. In den letzten Jahren gab es einen regelrechten Boom der Schwellenländer. Innerhalb weniger Jahre konnte man in manchen Regionen einen Wertzuwachs von mehreren hundert Prozent erreichen.

Den Emerging Markets wird eine große Zukunft vorhergesagt, denn schon jetzt wächst beispielsweise die chinesische Volkswirtschaft um über 10 Prozent pro Jahr. Es ist nur noch eine Frage von Jahrzehnten, bis China zur größten Wirtschaftsmacht aufsteigen wird. Auch Länder wie Indien wachsen enorm schnell und haben ein beträchtliches Potenzial. Die neuen Beitrittsländer der EU, Bulgarien und Rumänien, zeichnen sich durch eine ausgeprägte Dynamik aus, von der auch Kroatien beflügelt wird.

In Lateinamerika zählen Peru und Venezuela zu den Spitzenreitern; aber auch Mexiko und Brasilien sind bevorzugte Aktienmärkte, da insbesondere Mexiko vom Handel mit den USA und günstigen Produktionsbedingungen profitiert.

Region	**Börse**	**Internet**
Asien	Bangkok	http://www.set.or.th/
	Bombay	http://www.bseindia.com/
	Hongkong	http://www.hkex.com/
	Karachi	http://www.kse.com.pk/
	Kuala Lumpur	http://www.klse.com.my/
	Manila	http://www.pse.com.ph/
	Osaka	http://www.ose.or.jp/
	Seoul	http://www.kse.or.kr/
	Shanghai	http://www.sse.com.cn/
	Shenzhen	http://www.irasia.com/stocks/ shenzhenindex.htm
Lateinamerika	Buenos Aires	http://www.merval.sba.com.ar/
	Caracas	http://www.caracasstock.com/
	Lima	http://www.bvl.com.pe/
	Managua	http://www.bolsanic.com/
	Mexiko	http://www.bmv.com.mx/
	Santiago de Chile	http://www.bolsantiago.cl/
	Sao Paulo	http://www.bovespa.com.br/
Karibik	Cayman Islands	http://www.csx.com.ky/
	Jamaica	http://www.jamstockex.com/
Afrika	Botswana	http://mbendi.co.za/exbo.htm
	Kairo	http://mbendi.co.za/exeg.htm
	Johannesburg	http://www.jse.co.za/
	Nairobi	http://mbendi.co.za/exke.htm
Ozeanien	Sydney	http://www.asx.com.au/
	Neuseeland	http://www.nzse.co.nz/

Abb. 15: Börsenplätze in Asien, der Karibik, Afrika und Ozeanien

Zu den Stars der letzten Jahre gehörten Vietnam und Ägypten. Die vietnamesische Volkswirtschaft boomt seit langem, denn das Land zeichnet sich durch noch niedrigere Löhne als China, kaufmännisches Geschick und großen Fleiß aus. Seit dem Beitritt zur Welthandelsorganisation (WTO) konnte das Land deutlich zulegen. Innerhalb eines Jahres stieg die Börse in Hanoi um mehr als hundert Prozent. Noch eindrucksvoller war die Wertentwicklung in Ägypten. Der dortige Aktienindex CASE 30 stieg innerhalb von fünf Jahren um mehr als 1000 Prozent.

Land	Emissionsbank des Zertifikats	ISIN
Tschechien	*ABN Amro*	DE0003937520
Polen	*ABN Amro*	DE0003937504
Ungarn	*Commerzbank*	DE0007748998
Rumänien	*Raiffeisen Centrobank*	AT0000481403
Bulgarien	*ABN Amro*	NL0000732295
Kroatien	*Erste Bank*	AT0000A042X6
Slowenien	*Raiffeisen Centrobank*	AT0000A038L9
Baltikum	*ABN Amro*	NL0000757417
Russland	*Deutsche Bank*	DE0007749004
Türkei	*Deutsche Bank*	DE000DB0AMD2
China	*Deutsche Bank*	DE0003721437
Thailand	*ABN Amro*	NL0000322865
Indonesien	*ABN Amro*	NL0000400166
Vietnam	*Deutsche Bank*	DE000DB6GSC5
Malaysia	*ABN Amro*	NL0000400182
Indien	*ABN Amro*	NL0000202166
Mexiko	*ABN Amro*	NL0000162527
Brasilien	*ABN Amro*	NL0000411478
Chile	*ABN Amro*	NL0000756583
Argentinien	*Goldman Sachs*	DE000GS0KCV2
Ägypten	*Goldman Sachs*	DE000GS0J632
Marokko	*ABN Amro*	NL0000716439

Abb. 16: Schwellenländer und Zertifikate

Auch wenn Ihnen die Emerging Markets verlockend erscheinen, sollten Sie stets die Risiken berücksichtigen. Ein Aktienmarkt, der innerhalb kürzester Zeit um 100 Prozent gestiegen ist, kann auch über Nacht dramatisch fallen. Die Schwankungen an den Aktienmärkten in Schwellenländern sind enorm. Wenn Sie dennoch auf Emerging Markets setzen wollen, haben Sie neben den Indexzertifikaten auch die Möglichkeit auf ganze Regionen oder alle Emerging Markets zu setzen. Die Länder Brasilien, Russland, Indien und China, die mit ihrer Größe das Schwergewicht bilden, werden durch so genannte BRIC-Zertifikate abgebildet. Darüber hinaus gibt es Wertpapiere auf den Index MSCI Emerging Markets, der die wichtigsten Schwellenländer zusammenfasst.

Für das Investment in Schwellenländern eignen sich auch spezialisierte Investmentfonds, die vor Ort die Aktiengesellschaft analysieren und dadurch Einzeltitel auswählen können. Für einige Schwellenländer gibt es noch keine Indexzertifikate, da die Börsen in den meisten Fällen zu klein sind, nicht über genügend Liquidität verfügen und die notierten Werte einseitig bestimmte Branchen wie Banken oder Rohstoffe repräsentieren.

2.9 Die Aktienanalyse

Die Aktienanalyse ist ein sehr umfassendes Gebiet, das man in einem Kapitel nicht erschöpfend behandeln kann. Dennoch möchte ich Ihnen zumindest einige Grundlagen vermitteln, damit Sie die Ertrags- und Finanzlage einer Aktiengesellschaft besser und sachkundiger beurteilen können.

Die Aktienanalyse wird in zwei Hauptbereiche untergliedert: in die Fundamentalanalyse, die sich auf Bilanzkennzahlen bezieht, sowie die Chart- und die technische Analyse, die auf der Auswertung des Aktienkurses beruht. Die meisten Börsenprofis setzen beide Richtungen in der Aktienanalyse ein. Die Fundamentalanalyse hat den Vorteil, dass sie auf Bilanzkennzahlen zurückgreift und daher einen wissenschaftlich fundierteren Ansatz verfolgt. Dennoch ist auch die Fundamentalanalyse kein Königsweg zu großen Aktiengewinnen, denn Kritiker wenden ein, Bilanzkennzahlen seien stets vergangenheitsbezogen und könnten keine prognostischen Aussagen über die Zukunft machen. Dieser Einwand ist durchaus berechtigt, denn die Rahmenbedingungen eines Unternehmens können sich sehr schnell ändern und neue Verhältnisse schaffen. Ein Unternehmen, das gestern noch als profitabel galt, kann durch Marktveränderungen, eine höheren Wettbewerbsdruck, Steuererhöhungen und andere Unwägbarkeiten schnell in die Verlustzone geraten. Trotz all dieser Vorbehalte wird die Fundamentalanalyse von vielen Analysten bevorzugt, denn sie hat aufgrund der quantitativen Auswertung der Bilanzkennzahlen einen objektiveren Anstrich. Letztlich sollte Ihnen aber bewusst sein, dass jede Vorhersage aufgrund dieser Kennzahlen nur eine Fortführung und somit eine Projektion einer bisherigen Entwicklung darstellt.

Die technische Analyse, die sich seit den 1990er dank der besseren Verfügbarkeit von schnellen Rechnern und moderner Software stark verbreitet hat, ist unter Experten umstritten. Vielfach wird sie als „Kaffeesatzleserei“ disqualifiziert und als Unfug abgetan. Die gesamte technische Analyse beruht auf der Vorstellung, dass die Aktienkurse bestimmte Muster abbilden; und sobald man eine solche Formation erkannt habe, könne man den weiteren Verlauf des Aktienkurses vorhersagen. Die technische Analyse hat darüber hinaus Kennzahlen entwickelt, die den Aktienkurs mit dem Marktdurchschnitt oder anderen Parametern vergleichen.

Der wissenschaftliche Wert der technischen Analyse bleibt weiterhin kontrovers, da niemand genau beurteilen kann, ob man wirklich einen Trend aus dem Verlauf des Aktienkurses vorhersagen kann. Die empirische Finanzmarktforschung, die sich dieses Themas längst angenommen hat, kommt zu keinem eindeutigen Resultat. Bereits Anfang der 1970er Jahre wurde die Hypothese aufgestellt, der Verlauf der Aktienkurse sei rein zufällig und nicht vorhersehbar. Die Annahme ist unter der Bezeichnung „Random-Walk-Hypothese“ in die Geschichte eingegangen. Um die Zufälligkeit der Aktienkurse zu beweisen, hat man künstliche Aktienkurse generiert, indem man Würfel geworfen hat. Jedes Mal wenn der Würfel eine gerade Augenzahl zeigte, wurde der Aktienkurs nach oben fortgeführt, wenn der Wurf hingegen ungerade war, ließ man den Aktienkurs nach unten korrigieren. Aus diesem Zufallsmuster ergibt sich dann ebenfalls ein realistisch aussehender Aktienkurs. Andererseits bewiesen andere Studien, dass zumindest in einem kurzfristigen Zeitraum die einzelnen Kurse miteinander zusammenhängen, was man als Korrelation bezeichnet.

In der Praxis sollten Sie sich nicht ausschließlich auf die technische Analyse verlassen, sondern immer auch Fundamentaldaten zur Beurteilung heranziehen. Es kann aber nicht schaden, vor dem Kauf einer Aktie eine genauen Blick auf den Aktienchart zu werfen. Wenn der Kurs Ihrer favorisierten Aktien stetig nach unten zeigt, sollten Sie vorerst auf den Kauf verzichten und warten, bis der Kurs einen Boden erreicht hat. Ein solcher steiler Abschwung kann nämlich ein deutliches Warnsignal sein, und Sie sollten noch einmal prüfen, ob es nicht irgendwelche Unternehmensnachrichten gibt, die einen solchen Kursabschwung begründen. Immerhin argumentieren die Verfechter der technischen Analyse, der Aktienkurs bilde anders als die Auswertung der Bilanzkennzahlen die aktuelle Lage des Unternehmens ab und spiegele unmittelbar die Veränderungen wider.

2.9.1 Die Fundamentalanalyse

Die Fundamentalanalyse entstand in der ersten Hälfte des zwanzigsten Jahrhunderts und bezieht sich auf die Bilanzkennzahlen, die über dem Geschäftsbericht der Aktiengesellschaft jährlich und meist auch im Quartal veröffentlicht werden. Zugegeben: Für viele Anleger sind eine Bilanz oder eine Gewinn- und Verlustrechnung ein Buch mit sieben Siegeln. Sie werden, wenn Sie einen solchen Geschäftsbericht durchlesen, ihn schon nach wenigen Seiten gelangweilt weglegen. Tatsächlich haben es viele Unternehmen noch nicht geschafft, den unverständlichen Jargon der Bilanzbuchhalter und Wirtschaftsprüfer in normales Deutsch zu übersetzen.

Dennoch gibt es einige sehr aussagekräftige Kennzahlen, die Sie in den meisten Geschäftsberichten als Zusammenfassung finden oder zur Not selbst berechnen können. Aber in über 95 Prozent der Fälle werden Sie die wichtigsten Kennzahlen in einer

Übersicht auf den ersten Seiten des Geschäftsberichts vorfinden. Alternativ können Sie auch im Internet ein Finanzportal aufrufen und dort die Kennzahlen bereits ausgerechnet ablesen. Wichtige Finanzportale sind die Eingangsseiten von Direktbanken oder spezialisierten Dienstleistern wie *Onvista* (www.onvista.de).

2.9.1.1 Die Eigenkapitalquote

Die Eigenkapitalquote gibt an, wie hoch der Eigenkapitalanteil ist. Wenn Sie sich schon einmal mit Bilanzen befasst haben, wissen Sie sicherlich, dass jede Bilanz aus einer rechten und einer linken Seite besteht. Die rechte Seite, deren Posten Passiva genannt werden, sagt aus, woher die Mittel des Unternehmens kommen (Mittelherkunft). Die linke Seite der Bilanz hingegen, die so genannten Aktiva, zeigt Ihnen, wie die Mittel verwendet wurden (Mittelverwendung), d.h. was das Unternehmen mit den Geldern erworben hat.

Die Passivseite, die die Herkunft der Mittel beschreibt, besteht nun vereinfacht aus zwei Hauptposten: den Mitteln, die das Unternehmen selbst aufgebracht hat, nämlich das Eigenkapital, und den Mitteln, die es sich als Kredit leihen musste, das Fremdkapital. Wenn man nun Eigen- und Fremdkapital zusammennimmt, erhält man das Gesamtkapital eines Unternehmens. Die Eigenkapitalquote gibt Ihnen nun an, wie hoch der Anteil des Eigenkapitals ist – Sie müssen also nur das Eigenkapital durch das Gesamtkapital (das in den meisten Geschäftsberichten als Bilanzsumme bezeichnet wird) dividieren und in Prozent umrechnen.

Diese Zahl werden Sie in allen Geschäftsberichten schon ausgerechnet vorfinden. Die entscheidende Frage lautet nun: Welcher Wert ist am besten? 10%? 30%? 60%? Sie werden kein Unternehmen finden, dass über 100 Prozent Eigenkapital verfügt, denn bei jeder Neugründung ist nicht genügend Eigenkapital vorhanden; selbst Personengesellschaften oder Einzelunternehmen sind fast immer auf zusätzliche Kredite angewiesen, was die Existenzgründung nicht gerade einfach macht. Die meisten börsennotierten Konzerne in Deutschland, wie sie im DAX zusammengefasst sind, haben eine Eigenkapitalquote, die zwischen 30 und 40 Prozent liegt.

Der optimale Wert der Eigenkapitalquote ist von der Branche abhängig, deshalb gibt es in diesem Zusammenhang keine eindeutige Zahl, aber zumindest einige Anhaltspunkte. Stellen Sie sich vor, Sie gründen ein Maschinenbauunternehmen. Dann benötigen Sie Grundstücke und Gebäude, einen Fuhrpark und eine Vielzahl sehr teurer Maschinen in der Produktion (wie Industrieroboter) und zusätzlich Vorräte (wie Rohstoffe – beispielsweise Stahl, Kunststoff, Glas) und möglicherweise Fertigbauteile. Sie können sich sicherlich ausmalen, dass Sie zur Anschaffung viele Kredite benötigen und am Anfang nur wenig Eigenkapital haben. Die Banken erwarten aber bei so umfangreichen Investitionen, dass Sie zumindest genügend eigene Mittel vorweisen können, da die Banken nicht von vornherein bereit sind, solche Millionensummen zur Verfügung zu stellen. Ein Maschinenbauunternehmen hat daher meist eine Eigenkapitalquote von mehr als 30 Prozent.

Anders sieht es im Einzelhandel aus. Ein Supermarkt benötigt nur einen Laden, den man nicht unbedingt kaufen, sondern auch mieten kann. Die Innenausstattung besteht nicht aus extrem teueren Maschinen, sondern nur aus vielen Regalen, die nicht besonders teuer sind. Auch wenn man berücksichtigt, dass ein solcher Supermarkt Scanner-Kassen und eine komplizierte Software für die Lagerhaltung braucht, ist der Kapitalbedarf viel geringer als bei einem Maschinenbauunternehmen. Darüber hinaus verkauft der Supermarkt täglich Lebensmittel an viele Kunden, die mit großer Wahrscheinlichkeit kommen. Die Experten sagen, die Umschlagshäufigkeit der Waren ist sehr hoch.

Anders sieht es bei einem Maschinenbauunternehmen aus: Es ist im Bereich der Investitionsgüterindustrie tätig und muss äußerst anspruchsvolle, wählerische und sachkundige Industriekunden zufrieden stellen. Einen Schokoriegel kauft man täglich, denn er kostet nur ein paar Cents. Eine Verpackungsmaschine, die mit mehreren Hunderttausend Euro zu Buche schlägt, ist eine kostspielige, wohlüberlegte Anschaffung. Aus all diesen Gründen kann ein Supermarkt mit einer sehr dünnen Eigenkapitaldecke auskommen; in der Regel liegt deshalb die Eigenkapitalquote im Einzelhandel bei unter 10 Prozent und gelegentlich sogar unter 5 Prozent.

Wenn Sie also beurteilen möchten, ob die Eigenkapitalquote Ihres Unternehmens angemessen ist, sollten Sie folgende Aspekte beachten: Vergleichen Sie die Kennzahl immer nur innerhalb derselben Branche. Es macht keinen Sinn, wenn Sie ein Automobilunternehmen mit einem Einzelhändler vergleichen. Eine hohe Eigenkapitalquote innerhalb der Branche ist eine gute Absicherung. Denn das Unternehmen ist weniger auf Kredite angewiesen und wird weniger durch Fremdkapitalzinsen belastet. Es hat insgesamt ein solideres Fundament und kann auch Krisen und Umsatzrückgänge besser durchstehen.

Besonders positiv ist es, wenn das Unternehmen den Eigenkapitalanteil in den letzten Jahren noch erhöhen konnte – vor allem wenn diese Erhöhung aus eigenen Gesellschaftsmitteln stammt. Sie müssen dazu wissen, dass Gewinne, wenn Sie nicht an die Aktionäre ausgeschüttet werden, in die Gewinnrücklage fließen können.

Schlechter ist es, wenn das Eigenkapital durch die Ausgabe junger Aktien erhöht wurde, denn dann kam der Zufluss von außen, von den Aktionären.

Ist die Eigenkapitalquote außergewöhnlich hoch, dann kann dies in seltenen Fällen einen gewissen Nachteil darstellen; denn das Unternehmen nutzt dann zu wenig die Möglichkeiten der Kreditaufnahme.

Die Eigenkapitalquote ist zudem länderspezifisch. In manchen Ländern wie den USA ist die Eigenkapitalausstattung besser als in Deutschland oder gar in Schwellenländern. Eine dünne Eigenkapitaldecke ist immer ein Risiko – insbesondere bei Unternehmen, die erst vor einigen Jahren gegründet wurden oder aus Emerging Markets stammen. Wenn Sie den Eindruck haben, dass die von Ihnen bevorzugte Aktiengesellschaft zu wenig Eigenkapital besitzt, sollten Sie die anderen Kennzahlen sehr sorgfältig unter die Lupe nehmen und im Zweifelsfall auf den Kauf verzichten.

2.9.1.2 Das Kurs-Buchwert-Verhältnis

Das Kurs-Buchwert-Verhältnis (KBV) ist ebenfalls eine wichtige Kennzahl. Durch sie erfahren Sie, wie weit der Börsenwert des Unternehmens über dem Buchwert liegt. In den meisten Fällen spiegelt der Wert einer Aktie die Zukunftsaussichten und die Gewinnchancen eines Unternehmens wider, d.h. die Aktie stellt nicht den realen Wert eines Unternehmens dar, sondern schließt schon zukünftige Erwartungen mit ein.

Den realen Wert eines Unternehmens, den Buchwert, erhalten Sie, wenn Sie sämtliche Vermögensgegenstände (Grundstücke, Gebäude, Fahrzeuge, Maschinen, Erzeugnisse, Waren, Vorräte, Kontoguthaben, Wertpapiere usw.) im Unternehmen zusammenzählen und davon die Schulden abziehen. Was dann übrig bliebt, ist das, was das Unternehmen tatsächlich hat. Diesen Wert nennt man Buchwert. In der Praxis wird der Buchwert je Aktie berechnet, d.h. Sie dividieren den Buchwert durch die Anzahl der umlaufenden Aktien. Das ist notwendig, damit Sie diesen Wert mit dem Kurs einer einzelnen Aktie vergleichen können. Den aktuellen Börsenkurs einer Aktie dividieren Sie dann durch den Buchwert je Aktie.

Wenn der Aktienkurs um ein Vielfaches über dem Buchwert liegt, dann bedeutet das Folgendes: Die Marktteilnehmer sind bereit, ein Mehrfaches für das Unternehmen zu zahlen. Sie erwarten, dass in Zukunft die Aktiengesellschaft deutliche Gewinne und steigende Umsätze erzielt. Der im Vergleich zum Buchwert hohe Aktienkurs signalisiert glänzende Perspektiven. Falls Ihnen der Zusammenhang noch nicht klar sein sollte, möchte ich es mit Hilfe einer Analogie verdeutlichen: Stellen Sie sich vor, Sie kaufen das Bild eines noch wenig bekannten Malers, der aber nach Auskunft bekannter Galeristen ein bedeutender Künstler werden könnte. Das Gemälde, das Sie kaufen, hat vielleicht einen Substanzwert von wenigen Euro; denn es besteht nur aus einer Leinwand, ein wenig Farbe und einem Rahmen. Sie zahlen aber für das Bild beispielsweise 2000 Euro. Diese Summe spiegelt Ihre Erwartungen wider, dass der noch wenig bekannte Maler eines Tages berühmt werden könnte.

Genauso verhält sich mit dem Verhältnis von Buchwert und Börsenwert. Der Börsenwert liegt meist deutlich höher, weil er die Zukunftsaussichten des Unternehmens repräsentiert.

Die entscheidende Frage ist nun: Was ist als Anlagestrategie besser? Ein Unternehmen, dessen Börsenwert nahe dem Buchwert oder sogar darunter liegt? Oder eines, dessen Börsenwert sich weit vom Buchwert entfernt hat? Auch hier scheiden sich leider die Geister, und man muss bei der Beurteilung einige wichtige Gesichtspunkte beachten.

Wenn der Börsenwert eines Unternehmens weit über dem Buchwert, also der Substanz des Unternehmens, liegt, dann ist es überteuert; denn Sie müssen als Aktionär ein Vielfaches für das Unternehmen zahlen, als es eigentlich wert ist. Andererseits könnte der hohe Preis gerechtfertigt sein, weil das Unternehmen in der Vergangenheit ständig steigende Umsätze und Gewinne vorweisen konnte. In unserem Beispiel mit dem Kunstmarkt würde es bedeuten, dass Sie – vorausgesetzt Sie haben das nötige Kleingeld – einen Picasso oder van Gogh kaufen.

Ist der Börsenwert niedrig oder entspricht er ungefähr dem Buchwert (dann ist der Quotient bei 1,0), werden die Gewinnperspektiven von den Marktteilnehmern eher schlecht eingeschätzt oder falsch bewertet. Es kann natürlich sein, dass sich aus einer solchen „grauen Ente" ein prächtiger Schwan entwickelt.

Noch kritischer ist es natürlich, wenn der Börsenwert unter dem Buchwert liegt; dann erreicht der Quotient des Kurs-Buchwert-Verhältnisses (KBV) einen Wert von unter 1,0. Dies bedeutet, dass Sie – zumindest theoretisch – über die Börse ein Unternehmen billiger einkaufen können, als es wert ist. Das wäre etwa so, als würde ein Galerist ein Bild, dessen Rahmen allein 30 Euro kostet, für 10 Euro verschleudern.

Eine solche Situation zieht natürlich unsere bereits bekannten „Raubritter" oder Raider an, die nun ein solch unterbewertetes Unternehmen kaufen, in die Einzelteile zerlegen und dann Stück für Stück verkaufen.

Als Anleger sollten Sie aber beachten, dass nicht jedes unterbewertete Unternehmen wirklich ein lukratives Schnäppchen ist. Wenn die Marktteilnehmer schon so sehr das Unternehmen abwerten, dann kann dies an schlechten Gewinnperspektiven liegen. Möglicherweise hat die Aktiengesellschaft über viele Jahre hinweg nur dürftige Ergebnisse erzielt und nichts getan, um die Ertragslage zu verbessern. Auch wenn ein solches Unternehmen wie ein Schnäppchen wirkt, ist es in Wirklichkeit möglicherweise eine Niete. Denn wenn das Unternehmen jahrelang auf diesem Niveau vor sich hindümpelt, haben Sie als Aktionär verloren. Erst bei einer Liquidation, d.h. bei der Auflösung des Unternehmens, können Sie die noch wertvollen Grundstücke, Gebäude, Patente oder Maschinen zu Geld machen.

Das Kurs-Buchwert-Verhältnis lässt sich nur dann für eine interessante Anlagestrategie nutzen, wenn Sie den Eindruck haben, dass das Unternehmen die Wende schafft und sich wieder verbessert. Dann könnte eine unterbewertete Aktiengesellschaft, die unter ihrem Buchwert an der Börse notiert, ein guter Kauf sein. Leider ist dies in der Praxis für Außenstehende nur schwer zu beurteilen. Als weiteres Hindernis kommt hinzu, dass viele Aktiengesellschaften über stille Reserven verfügen, was insbesondere bei der deutschen Bilanzierungspraxis der Fall ist. Das deutsche System ist auf den Gläubigerschutz ausgerichtet, deshalb erlaubt es im Vergleich zum europäischen oder US-amerikanischen Standard großzügige Abschreibungen - vor allem bei Immobilien. Dadurch ist es dem Unternehmen möglich, sich ärmer zu machen, als es ist. Wenn ein Unternehmen beispielsweise ein Gebäude in der Innenstadt von München besitzt, sinkt der Bilanzwert dieser Immobilie nach mehreren Jahrzehnten praktisch auf fast Null wegen der unzähligen Abschreibungen. In der Realität aber steigt der richtige Wert, der Verkehrswert, einer Immobilie im Laufe der Jahre. Allein das Grundstück in der Münchener Innenstadt kann sich in den Jahrzehnten im Wert vervielfachen. Durch diesen krassen Unterschied zwischen dem Wert in der Bilanz und dem tatsächlichen Wert entstehen stille Reserven, die nirgends auftauchen. Erst wenn das Unternehmen die Immobilie verkaufen würde, könnte man den tatsächlichen Wert erkennen. Aus diesem Grund ist der Buchwert aufgrund der vielen stillen Reserven in den meisten Fällen zu niedrig angesetzt. Bei amerikanischen Aktien ist dieses Problem geringer ausgeprägt, da bei der dortigen Bilanzierung Immobilien anders bewertet werden.

Sie sollten daher das Kurs-Buchwert-Verhältnis kritisch betrachten. Eine unterbewertete Aktie ist nur dann einen Kauf wert, wenn viele Indizien dafür sprechen, dass sich das Unternehmen in der Zukunft besser entwickelt. Trotz dieser schwierigen Beurteilung beruhen einige Anlagestrategien gerade auf einem niedrigen

KBV. Auch der Begründer der Fundamentalanalyse, Benjamin Graham, machte diese Kennzahl zum Angelpunkt seiner Anlagestrategie. Man spricht in diesem Zusammenhang auch von einer Value-Strategie, da man auf den Substanzwert eines Unternehmens setzt.

2.9.1.3 Das Kurs-Gewinn-Verhältnis

Das Kurs-Gewinn-Verhältnis (KGV) gibt an, das Wievielfache des Gewinns der Anleger für die Aktie bezahlt. Das KGV ist eine sehr wichtige Kennzahl, die in fast allen Publikationen angegeben wird. Dabei wird zuerst der Jahresgewinn des Unternehmens durch die Anzahl der umlaufenden Aktien geteilt; so erhält man den Gewinn pro Aktie. Danach dividiert man den aktuellen Börsenkurs durch den Jahresgewinn pro Aktie.

Für Sie als Anleger ist es wieder wichtig, die Zahl richtig zu interpretieren. Eine allgemeine Regel lautet, dass Aktien mit einem hohen Kurs-Gewinn-Verhältnis relativ teuer sind, da Sie ein Vielfaches des Gewinns für die Aktien bezahlen müssen. Die Modellvorstellung ist, dass der Kaufpreis einer Aktie gleichsam über den Gewinn an den Anleger zurückfließt, da zumindest ein Teil des Gewinns als Dividende ausgeschüttet wird. Demnach sollten Sie Aktien mit einem hohen KGV meiden und solche mit einem niedrigen Kurs-Gewinn-Verhältnis bevorzugen.

Diese vermeintlich einfache Regel ist aber in der Praxis wesentlich komplizierter. Stellen Sie sich vor, eine Aktie ist über Monate gesunken. Dann ist der aktuelle Börsenkurs relativ niedrig. Wenn aber der Gewinn des Unternehmens in den letzten Jahren konstant war oder sogar zurückgegangen ist, ergibt sich beim KGV trotzdem ein vergleichsweise guter Wert, denn der Zähler des Quotienten ist wegen der Kursrückgangs verringert worden. Diese vermeintlich gut bewertete Aktie kann sich aber dann als schlechtes Investment erweisen, denn wenn eine Aktie über Monate sinkt, sollten Sie warten, bis eine Trendumkehr erfolgt. Die schlechte Gewinnentwicklung spricht von fundamentaler Seite dafür, die Aktie nicht zu kaufen.

Die eherne Regel „niedriges KGV gute Aktie, hohes KGV schlechte Aktie“ ist zu schablonenartig, um richtig zu sein. Vielmehr gilt: Das KGV kann ohnehin nur innerhalb einer Branche verglichen werden. Wenn eine Bankaktie ein KGV von 11 und eine Internetaktie von 30 besitzt, sagt dies gar nichts aus. Denn Bankaktien haben traditionell ein niedriges KGV, da die Gewinne bei vielen Kreditinstituten relativ kontinuierlich fließen. Risiken, wie sie im Technologiesektor vorherrschen, sind im Finanzwesen nicht von Bedeutung. Dennoch können natürlich auch Finanzdienstleister durch Umbrüche im Markt deutlich in eine Schieflage geraten. Aber die Risiken sind ganz anderer Natur als in anderen Branchen.

Technologieaktien sind hingegen fast immer Wachstumswerte, deren Kurs in Boomzeiten deutlich ansteigen kann. Die Gewinnentwicklung bleibt hinter dieser Euphorie meist weit zurück. Ein charakteristisches Beispiel sind Biotechnologiewerte, die in den ersten Jahren der Gründung meist nur das Geld der Investoren „verbrennen", was man mit dem Begriff „Cash Burn Rate" zu umschreiben versucht. Der Grund dafür ist, dass die Entwicklung neuer Medikamente mit extrem hohen Investitionen verbunden ist und dass der Erfolg der aufwändigen Forschung sich erst ganz am Ende zeigt. Viele anfangs als erfolgversprechend eingestuften Wirkstoffe zeigen in der klinischen Erprobung erhebliche Nebenwirkungen oder sind weniger wirksam als bereits auf dem Markt etablierte Standardpräparate. Aufgrund all dieser Umstände haben Biotechnologieaktien meist ein hohes KGV, da die Aktienkurse bei jeder Pressemitteilung, die die Marktreife des neuen Medikaments ankündigt, in die Höhe getrieben werden. Bis ein neues Arzneimittel jedoch zugelassen wird, können viele Jahre vergeben. Während dieser langen Zeit verdient das Unternehmen buchstäblich nichts, da es noch kein Produkt verkaufen kann. In dieser Phase lebt es ausschließlich von den Geldern der Investoren.

Wenn ein Unternehmen bislang nur Verluste eingebracht hat, lässt sich das KGV erst gar nicht berechnen. Dass manche Biotechnologieunternehmen dennoch zumindest geringe Gewinne vorweisen können, liegt daran, dass manche Firmen noch ein anderes Geschäftsfeld haben, das für Umsätze sorgt, wie beispielsweise die Diagnostik, die Analyse von Gensequenzen oder die Produktion von Laborgeräten.

Wenn Sie folglich ein Kurs-Gewinn-Verhältnis angemessen einschätzen möchten, sollten Sie die Kennzahl nur innerhalb derselben Branche vergleichen. Bei Wachstumswerten wie Technologieaktien kann auch ein höheres KGV noch gerechtfertigt sein. Allerdings sollten es keine astronomisch hohen KGVs sein. Zur Zeit des Internetbooms im Jahre 1999 erreichten manche Internetaktien ein Kurs-Gewinn-Verhältnis von 100 oder 200. Bei solch hohen Bewertungen ist die Aktie viel zu teuer, und ein Kursrückgang ist in absehbarer Zeit vorprogrammiert. Ein KGV von 100 bedeutet nichts anderes, als dass Sie hundertmal den Jahresgewinn erwirtschaften müssen, um das entsprechende Kursniveau zu erreichen. Solche hohen Bewertungen deuten auf eine Übertreibung oder gar eine Spekulationsblase hin, die jederzeit platzen kann. Selbst gut positionierte Technologiewerte rechtfertigen keine solch hohen KGVs.

Umgekehrt sollten Sie sich auch vor scheinbaren Schnäppchen hüten. Wenn eine Aktie nur ein KGV von 5 aufweist, sieht dies zwar günstig aus, aber der niedrige Wert kann dadurch zustande gekommen sein, dass der Aktienkurs ständig gesunken ist. Außergewöhnlich niedrige KGVs sind meist ein Anzeichen für eine Aktie, die zu den Verlierern zählt. Erkenntnisse aus der Finanzmarktforschung deuten darauf hin, dass das optimale Kurs-Gewinn-Verhältnis geringfügig unter dem Branchendurchschnitt liegt. Eine Aktie, die zu stark nach oben oder unten vom Durchschnitt abweicht, ist nicht empfehlenswert. Zur Sicherheit sollten Sie aber stets noch andere Kennzahlen zur Beurteilung heranziehen und die gesamte Ertrags- und Finanzlage betrachten.

Das KGV gibt auch Aufschluss über die Bewertung eines Aktienmarktes; obwohl die Branchendurchschnitte unterschiedlich sind, spielen länderspezifische Besonderheiten eine Rolle. Der Aktienmarkt eines Landes, das einen längeren Boom hinter sich hat, hat stets viel höhere KGVs, und dies wirkt sich auf alle Branchen aus. Insofern kann es sinnvoll sein, Länder, die bereits ein sehr hohes Kurs-Gewinn-Verhältnis aufweisen, zu meiden. Denn es ist, als ob Sie in letzter Minute auf einen bereits anfahrenden Zug aufspringen.

2.9.1.4 Kennzahlen für den Gewinn

Neben dem Jahresgewinn, der in der Bilanz angegeben wird, sind eine Reihe anderer Kennziffern üblich. Hierzu gehören die Begriffe EBIT und EBITDA. Die englische Abkürzung EBIT steht für „earnings before interest and taxes". Darunter versteht man das Ergebnis vor Zinsen und Ertragssteuern. Das Akronym EBITDA bedeutet „earnings before interest, taxes, depreciation and amortisation"; es handelt sich um das Ergebnis vor Zinsen, Steuern, Abschreibungen und Eigenkapital-Amortisation.

Die Berechnung dieser beiden Kennzahlen ist relativ komplex und setzt umfangreiche Bilanzkenntnisse voraus. Vereinfacht kann man sagen, diese Kennzahlen wurden entwickelt, damit man den operativen Gewinn eines Unternehmens besser ermitteln kann. Außerordentliche Ereignisse werden ausgeklammert. Darüber hinaus werden die Steuerbelastung und die Zinsen für das Fremdkapital außer Betracht gelassen. Der Grund für diese Maßnahme ist, dass die steuerliche Belastung des Unternehmens länderspezifisch ist und je nach Unternehmenslage variiert; die Zinsen für das Fremdkapital werden ebenfalls nicht berücksichtigt, damit die Vergleichbarkeit von Unternehmen eher gegeben ist, denn manche Firmen sind auf ein hohes Maß an Fremdkapital angewiesen, während andere sich selbst finanzieren können.

Eine weitere wichtige Kennzahl ist der häufig genannte Cashflow. Der Cashflow kann auf mehrere Weisen berechnet werden, und es gibt außerdem unterschiedliche Varianten des Cashflows wie beispielsweise den Brutto und Netto Cashflow sowie freie Cashflows. Simpel ausgedrückt versteht man unter dem Cashflow die Differenz zwischen sämtlichen Ein- und Auszahlungen, die in einem Geschäftsjahr anfallen. Was unter dem Strich übrig bleibt, ist der Cashflow. Natürlich ist es in der Praxis etwas komplizierter, denn es dürfen lediglich zahlungswirksame Vorgänge berücksichtigt werden. Man könnte auch sagen: Der Cashflow ist das um die Abschreibungen und Zinsaufwendungen bereinigte Jahresergebnis und spiegelt die Innenfinanzierungskraft des Unternehmens wider. Insofern ist der Cashflow viel aussagekräftiger als das Jahresergebnis.

Eine interessante Aktiengesellschaft zeichnet sich durch einen positiven oder sogar stetig steigenden Cashflow aus. Ist der Cashflow hingegen negativ, bedeutet dies langfristig immer finanzielle Probleme, so dass selbst dringende Investitionen hinausgeschoben werden müssen. Analog zum Kurs-Gewinn-Verhältnis berechnet man das Kurs-Cashflow-Verhältnis (KCV), das genauso interpretiert wird wie das KGV. Das KCV sollte geringfügig unter dem Branchendurchschnitt liegen.

2.9.1.5 Das Kurs-Umsatz-Verhältnis

Diese Kennzahl, die auch in einer Anlagestrategie eine zentrale Rolle spielt, ist sehr aufschlussreich, denn anders als beim Jahresergebnis kann eine Aktiengesellschaft die Umsätze nicht durch bilanzpolitische Maßnahmen schönen. Der Umsatz ist eine ungemein aussagekräftige Kennziffer, die als Faktum viel über das Unternehmen aussagt. Ein Unternehmen, das ständig sinkende Umsätze ausweist, schlittert früher oder später in eine Krise. Es ist auch kein gutes Omen, wenn die Umsätze über Jahre auf dem gleichen Niveau stagnieren. Von einem soliden Unternehmen wird erwartet, dass es jedes Jahres die Umsätze steigert.

Sie sollten in diesem Zusammenhang die Umsätze mit dem Jahresüberschuss über einen Zeitraum vergleichen. Wenn die Umsätze zwar stetig zunehmen, aber der Jahresüberschuss zurückgeht, dann bedeutet dies, dass das Unternehmen die Kosten nicht im Griff hat. Hält diese Situation langfristig an, kann es sein, dass das Unternehmen trotz steigender Umsätze irgendwann Probleme hat. Umgekehrt ist es seltsam, wenn eine Aktiengesellschaft zwar steigende Gewinne verbucht, aber die Umsätze stagnieren oder sogar fallen. In solch einem Fall hat das Unternehmen das Jahresergebnis durch bilanzpolitische Maßnahmen schön gefärbt, beispielsweise indem es die Abschreibungen höher angesetzt hat, was in manchen Situationen zulässig ist, oder indem es Beteiligungen oder Grundstücke verkauft hat. Durch solche Sondermaßnahmen kann eine Krisensituation in einem Unternehmen geschickt kaschiert werden. Sie sollten sich daher nie von einem guten Jahresergebnis blenden lassen: Entscheidend ist, wie das Ergebnis zustande kam.

Bei den Umsätzen sollten Sie eventuell prüfen, ob es bestimmte Geschäftsfelder gab, die den Löwenanteil der Umsätze auf sich vereinen. In vielen Industrieunternehmen gibt es Sparten, die besser laufen als andere. Dann ist es wichtig zu beurteilen, ob sich der Konzern langfristig von den maroden Geschäftsfeldern trennen möchte oder ob sie noch längere Zeit quersubventioniert werden.

Um den Umsatz besser beurteilen zu können, verwendet man die Kennzahl Kurs-Umsatz-Verhältnis (KUV). Dabei wird der aktuelle Börsenkurs durch den Umsatz je Aktie geteilt. Auch hier gilt, was bereits beim Kurs-Gewinn-Verhältnis (KGV) oder dem Kurs-Cashflow-Verhältnis (KCV) erwähnt wurde: Ein Vergleich ist stets nur innerhalb der Branche sinnvoll. Der faire Wert beim Kurs- Umsatz-Verhältnis ist 1,0. Sie sollten diese Regel allerdings bei der Aktienanalyse nicht schematisch anwenden. Der Branchendurchschnitt ist als Richtgröße maßgeblich. Gute Aktiengesellschaften liegen knapp unter dem Branchendurchschnitt. Ein hoher Wert (beispielsweise 3,0 bis 6,0 oder noch mehr) beim KUV deutet darauf hin, dass das Unternehmen zu wenig Umsätze erwirtschaftet. Der Aktienkurs ist dann vorausgeeilt, aber die Umsatzerlöse konnten nicht mithalten. Eine solche Bewertung kann darauf hindeuten, dass die Marktteilnehmer glauben, das Unternehmen werde in Zukunft bessere Ergebnisse vorweisen und den Absatz steigern. In der Regel ist aber ein zu hohes Kurs-Umsatz-Verhältnis eher ein negatives Zeichen.

Umgekehrt signalisiert ein niedriges KUV (weniger als 1,0 oder im Extremfall weniger als 0,5), dass das Unternehmen zwar hohe Umsätze vorweisen kann, aber der Aktienkurs nicht steigt. Dann muss man sich als Anleger fragen: Warum steigt der Aktienkurs nicht mit den wachsenden Umsätzen? Ist das Unternehmen ein Small Cap, also ein wenig beachteter Nischenwert? Oder gibt es möglicherweise andere Umstände, die das Unternehmen an einer weiteren Expansion hindern wie Managementprobleme oder andere Faktoren?

Sie sollten als Anleger keine Aktien kaufen, die ein zu hohes Kurs-Umsatz-Verhältnis haben. Die Umsätze dieser Unternehmen stehen in keiner günstigen Relation zum Börsenkurs. Ein niedriges KUV ist immer vorteilhafter; jedoch sollte der Branchendurchschnitt als Richtschnur dienen. Weicht das KUV zu sehr nach unten ab, sollten Sie herausfinden, wie sich der Aktienkurs entwickelt hat und weshalb er hinter dem Umsatzwachstum zurückblieb.

2.9.1.6 Die Dividendenrendite

Die Dividendenrendite wird berechnet, indem man den Börsenkurs durch die Dividende je Aktie teilt. Da manche Aktiengesellschaften gar keine Dividenden ausschütten, ist bei ihnen die Dividendenrendite gleich Null. Dies gilt insbesondere für Technologieunternehmen, die vorzugsweise die Gewinne wieder in technische Innovationen reinvestieren. Untersuchungen haben gezeigt, dass Aktien mit einer hohen Dividendenrendite langfristig eine bessere Performance erzielen als Unternehmen, die nur eine geringe oder gar keine Dividende ausschütten. Einige wichtige Anlagestrategien beruhen auf diesem Merkmal. Sie sollten beachten, dass eine hohe Dividendenrendite auch dann zustande kommt, wenn der Aktienkurs stark gesunken ist. Eine Aktie ist nur dann ein echter Kauf, wenn die Dividendenausschüttung hoch ist, aber zugleich alle anderen Faktoren für den Erwerb der Aktie sprechen. In Deutschland liegt die Dividendenrendite nur selten über 2 bis 3 Prozent. Bei Unternehmen, die eine Rendite über 3 Prozent erwirtschaften, sollten Sie sich die Aktie genau ansehen. Ist der Kurs in letzter Zeit stark gesunken? Hat das Unternehmen Probleme oder einen Gewinnrückgang? Sie sollten solche Dividendenschwergewichte nur dann kaufen, wenn Sie sicher sind, dass das Unternehmen auch rentabel ist.

2.9.2 Die technische Analyse

Die technische Analyse untersucht nur den Aktienkurs und betrachtet dessen Verlauf. Hierzu bedienen sich die Techniker des Charts; der englische Begriff bedeutete ursprünglich „Seekarte“ und meint ein Diagramm oder eine Grafik. Aktiencharts gibt es in den unterschiedlichsten Ausprägungen, und viele Finanzportale ermöglichen es Ihnen, die verschiedensten Charts zu erzeugen. Sie können den Kursverlauf einer Aktie 3 oder 5 Jahre zurückverfolgen und zusätzlich einen Index einblenden, der die Wertentwicklung des gesamten Aktienmarktes wiedergibt. Wenn Sie beispielsweise den Kursverlauf der *BMW*-Aktie für einen Fünfjahreszeitraum betrachten, können Sie den DAX als Hilfsmittel heranziehen und anschaulich vergleichen, ob die Aktie den DAX über eine längere Periode überflügeln konnte. Es ist außerdem möglich, anstelle eines Index eine zweite Aktie zum Vergleich heranzuziehen. Die Charttechniker setzen darüber hinaus gleitende Durchschnitte ein, die sich auf einen bestimmten Zeitraum beziehen. Sehr beliebt ist die 200-Tages-Linie; dabei werden die einzelnen Kursdaten miteinander verrechnet und geglättet.

Wenn der Aktienkurs die 200-Tages-Linie von unten nach oben durchbricht, bedeutet dies nach Auffassung der Charttechniker ein Kaufsignal. Die Techniker haben einen ganzen Katalog typischer Chartformationen erstellt, die auf ein Kauf- oder Verkaufssignal hindeuten. Bekannte Formationen sind zum Beispiel die Kopf-Schulter-Formation, bei der der Aktienkurs zuerst einen Hügel erklimmt und dann wieder abfällt. Danach erholt sich der Kurs wieder und erreicht einen neuen Gipfel. Nach einem Rückschlag bildet der Chart wieder einen Hügel und sinkt dann endgültig in die Tiefe. Diese Formation sieht wie ein Berg aus, der von einem kleineren Hügel auf jeder Seite flankiert wird; deshalb nennt man dieses Muster Kopf-Schulterformation. Eine solche Formation ist für den Anleger ein Verkaufssignal, da dieser Verlauf letztlich in einen Abwärtstrend mündet. Natürlich gibt es auch eine umgekehrte Kopf-Schulter-Formation, die ein Kaufsignal darstellt. Zu den anderen wichtigen Formationen zählen beispielsweise die V-Formation, die W-Formation, Dreiecke, Wimpel, Untertassen- und Rechteckformationen.

Zusätzlich zeichnen Chartisten oft imaginäre Widerstands- und Unterstützungslinien ein, die gleichsam die Decke und den Boden eines Kursverlaufs markieren. Wenn die Aktie eine solche Widerstandslinie überwindet, gilt dies als ein Kaufsignal.

Die technische Analyse hat zudem eigene Kennzahlen entwickelt, die sich nur auf den Kursverlauf beziehen und bereits bei einigen Anlagestrategien Anwendung finden. Eine wichtige Kennzahl in diesem Zusammenhang ist die relative Stärke einer Aktie. Darunter versteht man die Abweichung einer einzelnen Aktie vom gesamten Markt. Wenn beispielsweise *BMW* stets besser abschneidet als der DAX, so hat die Aktie eine große relative Stärke.

Eine bedeutsame Kennzahl der technischen Analyse ist die Advance-Decline-Linie; sie ermittelt für jeden Börsentag, wie viele

Aktien gestiegen und wie viele gefallen sind. Zeigt die Advance-Decline-Linie nach unten, so kann dies bedeuten, dass an der Börse eine längere Phase der Konsolidierung oder sogar eine Baisse herannaht. Eine andere Kennzahl ist das Momentum; es beschreibt die Veränderungsgeschwindigkeit und die Dynamik eines Kursverlaufs. Das Momentum misst, wie rapide eine Aktienkurve steigt oder fällt. Dabei wird der aktuelle Kurs mit einem Durchschnittswert verglichen und in Relation gesetzt.

Aktiencharts	**Internetadresse**
Technical Investor	www.technical-investor.de
Deutsche Vereinigung für Finanzanalyse und Asset Management e.V. (DVfA)	www.dvfa.de

Abb. 17: Aktiencharts und technische Finanzanalyse

Die technische Analyse wird häufig als unsinnig kritisiert, denn sie erinnert an Wahrsagemethoden, mit denen einst die Römer aus dem Flug der Vögel die Zukunft weissagen wollten. Die Behauptung, man könne aus dem Auf und Ab der Aktienkurse deren Trend vorhersagen, ist bisher unbewiesen und wissenschaftlich erheblich umstritten. Die Befürworter hingegen argumentieren, anders als die vergangenheitsorientierte Fundamentalanalyse, die sich einzig und allein auf die Bilanzkennzahlen stützt, spiegele der Chartverlauf die aktuellen Entwicklungen wider. Wenn beispielsweise der Kurs einer Aktie ständig sinkt, obwohl das Unternehmen glänzende Bilanzen vorweisen kann, dann deutet dies darauf hin, dass sich irgendwelche Probleme oder Krisen ergeben haben. Diese Information ist jedoch noch nicht an die breite Öffentlichkeit gelangt, sondern nur einigen Insidern oder institutionellen Investoren bekannt, die deshalb bereits die Papiere abstoßen.

Trotz dieses Arguments tut sich die technische Analyse schwer, eine Trendumkehr rechtzeitig vorherzusagen. Am Anfang einer Formation ist es nämlich nur schwer möglich, den weiteren Verlauf vorherzubestimmen.

Als Anleger sollten Sie bei Ihrer Aktienanalyse auf beide Methoden setzen. Ziehen Sie sowohl die Bilanzkennzahlen als auch die technische Analyse heran, um sich ein umfassendes Bild zu machen. Eine Aktie, deren Kurs auf dem Chart ständig nach unten tendiert, ohne dass eine Bodenbildung erfolgt ist, sollten Sie auch dann nicht kaufen, wenn das Unternehmen brillante Bilanzkennzahlen veröffentlicht hat. Warten Sie in solch einem Fall ab, bis die Konsolidierung des Kurses beendet ist.

2.10 Portfoliomanagement

Grundlage jeder vernünftigen Altersvorsorge ist ein sinnvolles Portfoliomanagement. Das Portfolio oder das Portefeuille ist die Gesamtheit aller Anlageformen und Wertpapiere, die sich in Ihrem Depot befindet.

Die wichtigste Frage, die sich für Anleger generell stellt, ist: Wie hoch sollte der Aktienanteil sein, und welche anderen Anlageformen benötigt man noch für ein ausgewogenes Portfolio? Eine alte Faustregel lautet: Der Aktienanteil beträgt 100 minus Lebensalter. Wenn Sie also jetzt 30 Jahre alt sind, sollte Ihr Aktienanteil im Portfolio zirka 70 Prozent betragen. Doch solche schematischen Regeln eignen sich nicht für die komplexe Lebenswirklichkeit der meisten Anleger. Wenn Ihre Risikobereitschaft geringer ausgeprägt ist, können Sie auch mit einem Aktienanteil von 20 Prozent zufrieden sein. Es ist besser, wenn Sie auf riskante Anlagen verzichten, dafür aber beruhigt schlafen können. Bedenken Sie stets, dass Aktienmärkte enormen Schwankungen unterliegen. In kurzen Zeiträumen wie einem Jahr können Aktien in schwierigen Situationen durchaus um 50 Prozent oder sogar noch mehr fallen. Im allerschlimmsten Fall muss das Unternehmen Insolvenz anmelden, und Sie erleiden einen Totalverlust.

Nur wenn Sie die Wertpapiere langfristig halten, d.h. mehr als fünf oder besser noch zehn Jahre, kommen Sie in den meisten Fällen in die Gewinnzone. Es ist aber immer sinnvoll, das Risiko über viele Aktien, Wertpapiere, Länder und Währungen zu streuen.

Wie hoch der Aktienanteil bei Ihnen sein sollte, hängt letztlich von Ihren persönlichen Lebensumständen ab. Jeder verantwortungsvolle Berater wird Sie ohnehin zuerst danach fragen und sich nach Ihren Zielen erkundigen. Es macht einen großen Unterschied, ob Sie in zehn Jahren Millionär sein oder sich nur ein Auto anschaffen wollen. Die meisten Anleger werden Ihr Geld für die Altersvorsorge verwenden. Denken Sie auch daran, dass Sie es sich nicht leisten können, Geld durch riskante Anlageformen zu verlieren. Das Geld, das Sie eingebüßt haben, müssen Sie erst wieder verdienen und erwirtschaften; dadurch fallen Sie in Ihrem Sparplan weiter zurück, denn der sehr mächtige, exponentiell steigende Zinseszinseffekt arbeitet gegen Sie. Andererseits können Sie es sich nicht leisten, Ihr Geld mit zwei oder drei Prozent Zinsen anzulegen. Zwar haben Sie durch den Zinseszinseffekt auch hier noch einige Vorteile, aber langfristig reicht dies kaum aus, um die inflationsbedingte Geldentwertung auszugleichen. Angesichts der Anhebung des Renteneintrittalters müssen Sie in Zukunft damit rechnen, dass Ihnen die gesetzliche Rentenversicherung nur noch ein bescheidenes Auskommen garantiert. Die Anhebung bedeutet nämlich faktisch eine drastische Rentenkürzung, da kaum ein Arbeitnehmer in Deutschland bis zum 67. Lebensjahr berufstätig ist. Die jetzige Rentnergeneration wird wohl eine der wohlhabendsten der deutschen Geschichte sein. Für die nachfolgenden Generationen bahnt sich jedoch eine zunehmende Altersarmut an.

In Anbetracht eines solchen Szenarios sollten Sie das Beste aus Ihrem Geld machen und nach optimalen Anlageformen suchen. Renten- und Lebensversicherungen, die nur eine mäßige Rendite erwirtschaften, sind dafür nicht wirklich geeignet. Andererseits sollten Sie auch nicht willkürlich auf das Stockpicking setzen. Wenn Sie einfach ein paar Aktien auswählen, kann Ihnen niemand garantieren, dass sich diese Einzeltitel auch in Zukunft optimal entwickeln. In den meisten Fällen werden Sie mit diesen Aktien nach zehn Jahren eine sehr akzeptable Wertentwicklung erzielen, wenn Sie die Papiere sorgfältig ausgewählt haben. Aber denken Sie daran: Niemand kann Aktienkurse vorhersagen. Einige Unternehmen können aufgrund von Managementfehlern oder Marktbereinigungen an den Rand einer Insolvenz geraten.

Zu Ihrer Absicherung sollten Sie daher Folgendes beachten: Es ist besser, wenn Sie das Prinzip der Streuung konsequent beachten. In Ihrem Portfolio sollten nicht nur deutsche, sondern auch ausländische Werte vertreten sein. Auch die Streuung über mehrere Währungen ist sinnvoll, denn dadurch sichern Sie sich zusätzlich ab.

Sie brauchen außerdem andere Anlageformen, um Ihr Portfolio auf eine solide Grundlage zu stellen. Dazu gehören beispielsweise Anleihen, Rohstoffe und Immobilien. Früher galt der Grundsatz: ein Drittel Aktien, ein Drittel Anleihen, ein Drittel Immobilen. Ein solches Schema ist nur ein Anhaltspunkt, denn Sie sollten die Struktur Ihres Portfolios sowie die Auswahl und Gewichtung der Vermögensanlagen, was man im Fachjargon „Asset Allocation" nennt, Ihren persönlichen Umständen, Zielen und Präferenzen anpassen.

Auch Anleihen können lukrativ sein, wenn sie hohe Zinsen abwerfen und eine hohe Bonität haben. Kaufen Sie nur Qualitätsanleihen, die über ein so genanntes A-Rating verfügen. Die Schuldner von festverzinslichen Wertpapieren, die bereits in der B-Kategorie eingeordnet sind, können insolvenzgefährdet sein. Am sichersten sind in diesem Zusammenhang immer noch Staatsanleihen von Schuldnern mit einem A-Rating. Jedoch haben diese meist eine eher niedrige Verzinsung. Vorsichtig sollten Sie mit Fremdwährungsanleihen scin, denn diese bergen ein enormes Währungsrisiko in sich. Zwar erhält man zurzeit für Anleihen in türkischen Lira 18 Prozent Zinsen und isländische Anleihen bringen immerhin noch 12 Prozent, doch ist die Gefahr, dass die Währung gegenüber dem Euro nachgibt, relativ groß. Solche Fremdwährungsanleihen eignen sich nur für äußerst risikobewusste, spekulativ eingestellte Anleger.

Bei Immobilien sollten Sie nicht nur an ein selbstgenutztes Haus oder eine Eigentumswohnung denken. Denn bei diesen ist die Rendite vergleichsweise gering; in einigen strukturschwachen Regionen kann die Rendite sogar bei Null liegen oder in die Verlustzone kommen. Auch vermietete Immobilien haben ihre Tücken, denn Sie können als Vermieter sehr viel Ärger und Ungemach haben, wenn Ihre Mieter nicht zahlen oder ständig Wohnungsmängel reklamieren und die Miete mindern. Auch Fehler in der Baufinanzierung oder der Kauf völlig überteuerter Wohnungen, die sich im Nachhinein als unverkäuflich herausstellen, können Sie schnell in den Ruin treiben. Seien Sie daher bei Immobiliengeschäften äußerst vorsichtig. Im Zweifelsfall beauftragen Sie vor dem Kauf besser einen unabhängigen Sachverständigen oder Architekten, der den tatsächlichen Wert der Immobilie ermittelt und Ihnen dies in einem schriftlichen Gutachten bestätigt.

Wenn Sie dies alles abschreckt, haben Sie die Möglichkeit, so genannte Immobilienzertifikate zu kaufen. Diese Wertpapiere beziehen sich auf eine Auswahl von Immobilienaktien oder einen Immobilienindex. Immobiliengesellschaften können nämlich börsennotiert sein. Es ist allerdings sicherer, keine einzelne Immobilienaktie zu kaufen, sondern das Risiko zu streuen, indem Sie eine Auswahl nehmen, die bereits in einem Immobilienzertifikat zusammengefasst ist. Noch vorteilhafter ist es, wenn Sie auf einen Immobilienindex setzen, denn dieser umfasst eine Vielzahl von Immobiliengesellschaften. Zertifikate gibt es bereits auf deutsche, europäische, internationale und amerikanische Immobilien. Es sind auch Zertifikate erhältlich, die den australischen, südafrikanischen, türkischen, japanischen, osteuropäischen und chinesischen Markt abbilden.

In Ihrem Portfolio sollten Sie nur Einzelaktien haben, wenn Sie bereit sind, das Risiko auf sich zu nehmen. Wenn Sie mit Ihrer Aktiengesellschaft daneben liegen, kann dies auch einen Totalverlust bedeuten. Deshalb ist es wichtig, wenn Sie dieses Risiko eingehen, dass Sie den Wert in regelmäßigen Abständen, beispielsweise einmal in der Woche, beobachten. Für weniger risikobereite Anleger, die nicht auf Aktienanlagen verzichten möchten, kommen zur Risikominimierung auch Investmentfonds und Zertifikate in Frage.

2.10.1 Investmentfonds und Zertifikate

Investmentfonds haben den entscheidenden Vorteil, dass sie das Risiko wesentlich senken, denn ein durchschnittlicher Investmentfonds verwaltet zwischen 50 und 100 Aktien, die nach sorgfältigen, wissenschaftlichen Kriterien ausgesucht wurden. Das Management kann jederzeit Papiere veräußern oder hinzukaufen und die aktuelle Marktlage berücksichtigen. Besonders gute Investmentfonds haben ihre Experten meist vor Ort und können so auch in Schwellenländern das Marktgeschehen ständig beobachten.

In vielen Fachpublikationen werden daher Investmentfonds als die ideale Geldanlage für die Altersvorsorge angepriesen. Mit Abstrichen ist diese Behauptung sicherlich wahr; aber dennoch sollten Sie auch die Nachteile kennen. Mehr als 90 Prozent der Investmentfonds schaffen es nicht einmal, den Vergleichsindex zu übertreffen. Im Gegenteil: Viele Fonds schneiden sogar schlechter ab, da hohe Gebühren und ein häufiges Umschichten der Papiere das Ergebnis beeinträchtigen. Die meisten Fondsmanager kaufen das, was andere Fonds oder Marktteilnehmer auch kaufen. Dieses Herdenverhalten führt dazu, dass viele Fonds sich nur mittelmäßig entwickeln. Bei einem Crash oder einem drastischen Börsenrückgang können auch die angeblich so gut informierten Fondsmanager nicht rechtzeitig verkaufen oder Gegenmaßnahmen einleiten. Bei einer Baisse verlieren Investmentfonds oft noch mehr als der Marktdurchschnitt. Die Gebühren sind relativ hoch, denn Sie müssen den so genannten Ausgabeaufschlag bezahlen, der bei Aktienfonds zwischen 5 und 6 Prozent liegt. Rentenfonds, die Anleihen enthalten, verlangen einen Ausgabeaufschlag von 3 Prozent, was sehr viel ist. Ein Rentenfonds lohnt sich deshalb nur, wenn Sie das Risiko von Fremdwährungsanleihen oder Anleihen aus Schwellenländern (Emerging-Market-Bonds) streuen wollen. Wahre Geldverschwendung ist es, Rentenfonds mit deutschen Staatsanleihen zu kaufen. Denn solche Bundeswertpapiere können Sie selbst kaufen und sparen sich den Ausgabeaufschlag von 3 Prozent.

Bei Aktienfonds sollten Sie vor allem auf zwei Aspekte achten. Es gibt internationale Rating-Agenturen, die sich auf Investmentfonds spezialisieren und deren Ertragschancen prüfen. Dabei werden das Management und die Anlagestrategie sorgfältig untersucht. Wichtige Rating-Agenturen sind beispielsweise *Feri Trust*, *Morningstar* und *Standard & Poor's*. Diese Organisationen vergeben „Sterne" oder andere Qualitätsmerkmale für Investmentfonds. Sie sollten nur Fonds kaufen, die qualitativ hoch eingestuft werden und die höchste Auszeichnung besitzen.

Rating-Agentur	Internetadresse
Feri Trust	www.feri-trust.de
Standard & Poor's	www.funds-sp.de
Morningstar	www.morningstar.com

Abb. 18: Rating-Agenturen und Fondsanalysen

Auch Fonds, die in der Vergangenheit Spitzenergebnisse erzielt haben, sind kein Garant für eine überdurchschnittliche Wertentwicklung. Das Ergebnis kann auf Zufall beruhen. Es gibt eine unüberschaubare Vielzahl unterschiedlicher Fonds. Einige Fonds setzen gezielt auf Standardwerte, wie sie im DAX enthalten sind, während andere Small Caps bevorzugen. Andere wiederum haben sich auf einzelne Branchen wie die Biotechnologie oder das Internet spezialisiert. Darüber hinaus setzen viele Investmentfonds auf Schwellenländer wie China, Indien und Brasilien, während andere eine bestimmte Anlagestrategie verfolgen.

Für risikoscheue Anleger empfiehlt sich ein breit anlegender Fonds, der sich auf eine Region wie Europa bezieht oder international aktiv ist. Sie sollten allerdings wissen, dass solche international anlegenden Fonds meist nur eine schwache Wertentwicklung erzielen. Je größer die Streuung ist, desto mehr pendelt sich die Performance auf einem unteren Niveau ein. Andererseits kann es äußerst riskant und verlustreich sein, wenn Sie ausschließlich auf spekulative Fonds setzen, die in China, Lateinamerika oder in Technologiewerte investieren. Solche Investmentfonds eignen sich allenfalls als Beimischung und für äußerst spekulativ eingestellte Anleger, die auch große Verluste verkraften können.

Informationen über Investmentfonds	Internetadresse
Fondscheck	www.fondscheck.de
Fondsweb	www.fondsweb.de
Onvista	www.onvista.de

Abb. 19: Informationsquellen über Investmentfonds

Ein andere Alternative, die in den letzten Jahren regen Zulauf gefunden hat, sind die Zertifikate. Es handelt sich dabei um

Schuldverschreibungen einer Bank, die beispielsweise an einen Aktienindex gekoppelt sind. Dadurch haben Sie die Möglichkeit, den Index direkt zu kaufen. Stellen Sie sich vor, der DAX steigt von 6900 Punkten auf 8000 Punkte. Um diese Wertentwicklung nachzuvollziehen, müssten Sie ohne Zertifikat alle 30 Aktien, die im DAX enthalten sind, kaufen. So etwas wäre umständlich und aufgrund der Bankprovisionen relativ teuer. Statt dessen gibt es Zertifikate; wenn Sie ein solches Wertpapier kaufen, steigt der Kurs automatisch entsprechend der Punktzahl des Index. In der Praxis gibt es ein Bezugsverhältnis, d.h. Sie kaufen nicht ein einziges DAX-Zertifikat im Wert von 6900 Euro, sondern eines, das nur 69 Euro kostet. Steigt der DAX dann auf 8000 Punkte, ist Ihr Zertifikat 80 Euro wert. Diese Bezugsverhältnis wendet man an, damit auch Kleinanleger zum Zug kommen.

Das Risiko bei Zertifikaten besteht darin, dass diese Wertpapiere rechtlich Schuldverschreibungen, also Anleihen der Bank, sind. Wenn die Bank Insolvenz anmelden muss, sind die Zertifikate völlig wertlos. Darum raten Experten im Bereich der Altersvorsorge von Zertifikaten ab. Wenn Sie jedoch auf sichere Großbanken setzen, die eine hohe Bonität genießen, ist das Risiko einigermaßen gering. Natürlich kann niemand sagen, wie es um die Zahlungsfähigkeit dieser Banken im Jahre 2030 oder 2040 bestellt ist. Aber im Allgemeinen werden Großbanken nicht so schnell insolvent werden. Bei Investmentfonds besteht dieses Problem nicht, da die Aktien als Sondervermögen unantastbar sind und nicht in das Insolvenzverfahren mit einfließen.

Bei Zertifikaten gibt es neben den Indexzertifikaten, die auf viele Aktienindizes erhältlich sind, auch noch Basketzertifikate, die auf einer Auswahl von Aktien beruhen. Basketzertifikate sind weniger empfehlenswert, da deren Zusammensetzung nicht fortlaufend überprüft wird. Bei Zertifikaten erfolgt die Revision im besten Fall nur vierteljährlich. Ein Investmentfonds ist in dieser Hinsicht flexibler. Ein Basketzertifikat macht nur dann Sinn, wenn dadurch ein Aktienmarkt abgedeckt wird, der durch keinen sinnvollen Index rekonstruiert oder abgebildet wird.

Darüber hinaus gibt es Strategiezertifikate, die einzelne Strategien verfolgen, die in der Finanzmarktforschung untersucht wurden und eine höhere Rendite als der Marktdurchschnitt ermöglichen.

Informationen über Zertifikate	**Internetadresse**
Finanztreff	www.finanztreff.de
Onvista	www.onvista.de
Zertifikate-Journal	www.zertifikatejournal.de
Zertifikate Check	www.zertifikate-check.de

Abb. 20: Informationsquellen über Zertifikate

2.11 Anlagestrategien für Aktionäre

Noch in den 1970er Jahren waren die meisten Wissenschaftler der Auffassung, dass es unmöglich sei, langfristig den Aktienmarkt zu übertreffen. Die meisten Anleger würden nur eine Durchschnittsrendite erzielen, die der Wertentwicklung des Gesamtmarkts entspricht. Deshalb plädierte man damals dafür, die sicherste und zuverlässigste Art, Geld anzulegen, sei ein Indexinvestment. Wenn man den Index eines Gesamtmarkts kauft wie etwa den DAX, dann erzielt man stets die gleiche Performance wie der Marktdurchschnitt, da der DAX die 30 größten deutschen Aktiengesellschaften zusammenfasst. Eine Frage, die aber viele Wissenschaftler und Anleger weiterhin beschäftigte, war: Ist es möglich, den Gesamtmarkt langfristig zu übertreffen? Kann man mit einer Strategie zuverlässig den Markt übertrumpfen und eine höhere Rendite erzielen?

In den 1970er Jahren hätten viele Wissenschafter diese Fragen verneint und hämisch darauf hingewiesen, dass selbst Investmentfonds mit hoch qualifizierten Analysten nicht in der Lage sind, langfristig eine höhere Rendite zu erreichen. Die überwiegende Mehrheit der Investmentfonds schneidet sogar deutlich schlechter als der Markt ab. Seit den 1980er Jahren erkannte man dank moderner Analyseverfahren und verfügbaren schnellen Computern, dass einige Strategien zu einer Überrendite führen, d.h. mit manchen Strategien schneiden Sie langfristig noch besser als der Markt ab. Ganze Heerscharen von Analysten und Wissenschaftlern durchforsteten und durchkämmten riesige Datenberge, um weitere Gesetzmäßigkeiten zu finden. Und sie wurden zunehmend fündig. Die Zahl der Anlagestrategien, die nachweislich zu einer höheren Rendite führen, ist in den letzten Jahren enorm gestiegen. Ich möchte Ihnen einige dieser Strategien ausführlicher vorstellen.

2.11.1 Die Nachteile des Stockpicking

Unter Stockpicking versteht man die gezielte Auswahl von Aktien mit Hilfe der Fundamental- und der technischen Analyse. Obwohl Investmentfonds über gut ausgebildetes Personal und exzellente Informationen verfügen, sind die meisten Ergebnisse mehr als mager. Häufig ist die Performance, die ein solcher Investmentfonds erzielt, geringer als die Wertentwicklung des Vergleichsmarktes. Es stimmt schon nachdenklich, wenn ein Aktienfonds, der sich auf deutsche Qualitätsaktien spezialisiert hat, schlechter abschneidet als der DAX. Für Sie als Anleger wäre es auf jeden Fall sinnvoller und lukrativer gewesen, gleich den DAX über ein Zertifikat zu kaufen. In vielen Publikationen werden dennoch Investmentfonds als Königsweg der Altersvorsorge angepriesen. Sie sollten aber bedenken, dass Sie es sich angesichts der Probleme in der gesetzlichen Rentenversicherung nicht leisten können, in Investmentfonds zu investieren, die nur eine karge Rendite mit sich bringen. Wenn Ihr Investmentfonds nicht mindestens den Marktdurchschnitt erreicht, sollten Sie solche Investmentfonds besser verkaufen.

In der Finanzmarktforschung ist man schon lange der Auffassung, dass Aktienkurse nicht vorhergesagt werden können. Auch ausgezeichnete Bilanzkennzahlen sind kein sicheres Indiz für eine überdurchschnittliche Wertentwicklung, da all diese Kennziffern nur etwas über die Vergangenheit des Unternehmens aussagen. Auch Chartanalytiker irren und können häufig eine Trendumkehr oder einen Kurseinbruch nicht zuverlässig vorhersagen. Angesichts dieser Unwägbarkeiten kommen manche Experten zu dem Schluss, dass Stockpicking, also die gezielte Auswahl einzelner Aktien, nicht wirklich zu einer guten Rendite führt. Man kann durch einen Zufallstreffer Glück haben oder im schlimmsten Fall auf eine Niete setzen, die mit hohen Kursverlusten verbunden ist.

Eine Untersuchung der Universität Halle konnte zeigen, dass die meisten Analysten mit ihren Empfehlungen häufig daneben liegen. Im Zeitraum von Juni 2000 bis März 2002 verlor der Stoxx-50, der die wichtigsten europäischen Standardwerte umfasst, 24 Prozent. Der Niedergang der New Economy und der Fall der Internetaktien riss auch die Blue Chips mit in die Tiefe, wenngleich die Kursverluste in diesem Börsensegment weniger dramatisch waren. Die Untersuchung nahm die Analystenempfehlungen im gleichen Zeitraum unter die Lupe und ermittelte eine Performance, die sogar ein Prozent unter dem Marktdurchschnitt lag, also minus 25 Prozent erreichte. Angesichts der vermeintlich ausgeklügelten Analysemethoden ist es verwunderlich, dass selbst die Börsenprofis noch schlechter abschnitten als der ohnehin schon schwache Markt. In den USA untersuchte Michael O'Higgins die Gewinnprognosen von Analysten und förderte Verblüffendes zutage. Er untersuchte die Gewinnvorhersagen für Dow-Jones-Unternehmen im Zeitraum von 1974 bis 1990. Die Analystenschätzungen wichen bis zu 48 Prozent vom tatsächlichen Ergebnis ab; selbst zwei Wochen vor dem Ende des Geschäftsjahrs, wenn die Gewinnprognose wesentlich erleichtert war, wich die Vorhersage immer noch um 18 Prozent ab. Aus diesem Grund verwendet man übrigens bei der Berechnung von Kennzahlen, die auf Gewinnprognosen beruhen, so genannte Konsensusschätzungen; dabei handelt es sich um einen Mittelwert, der mehrere Analystenschätzungen zusammenfasst.

Im Jahr 2000, als sich der katastrophale und verheerende Zusammenbruch des Neuen Marktes und der Technologiewerte ankündigte, waren über 70 Prozent aller Analystenaussagen Kaufempfehlungen, und nur ein Prozent riet explizit zum Verkauf von Aktien. Analysten sind von Berufs wegen ständig optimistisch, und selbst bei einem bevorstehenden Crash werden die Warnsignale so gut wie nie rechtzeitig erkannt. Selbst nach einem deutlichen Kursrückgang empfehlen Analysten notorisch weiter, Aktien – nun auf verbilligtem Niveau – zu kaufen.

Sie sollten als Anleger Analystengutachten immer kritisch beurteilen. Zwar ist die Aufbereitung der Bilanzkennzahlen sehr sorgfältig und gewissenhaft und die Marktanalyse vortrefflich, dennoch können Analysten in den seltensten Fällen einen Aktienkurs zielsicher vorhersagen. In vielen Fällen liegen sie sogar weit daneben. Aufgrund dieses Umstandes gingen in den USA in den 1970er Jahren viele Pensionsfonds, die Gelder in Milliardenhöhe verwalten, dazu über, nur noch auf Indexstrategien zu setzen. Obwohl diese Vorgehensweise anfangs als „langweilig“ belächelt wurde, denn schließlich ist die Wertentwicklung dann genauso gut oder schlecht wie der Gesamtmarkt, hat sie sich bewährt. Denn mit dieser Indexstrategie konnte man die meisten Investmentfonds und Analysten übertreffen.

Erst seitdem einige Überrendite-Effekte wissenschaftlich nachgewiesen werden konnten, macht man sich auf die Suche nach einer Methode, wie man den Markt noch übertrumpfen kann.

2.11.2 Die Marktanomalien

Tatsächlich zeigte sich, dass es Anlagestrategien gibt, die langfristig eine höhere Rendite als der Markt erzielen. Sie beruhen auf so genannten Marktanomalien; das sind besondere Phänomene, die man sich in der Strategie zunutze machen kann. Ein solches Phänomen ist beispielsweise der so genannte Januar-Effekt. Langfristige Untersuchungen, die sich auf einen Zeitraum von 1904 bis 1974 erstreckten, zeigten augenscheinlich, dass die Aktienkurse generell im Januar am stärksten steigen. Der Januar ist mit Abstand der beste und gewinnträchtigste Monat im ganzen Jahr. Insbesondere die erste Januarwoche zeichnet sich durch eine überdurchschnittliche Wertentwicklung aus. Anleger, die im Januar investiert waren, erzielten im Durchschnitt eine Rendite, die um 3 Prozentpunkte höher lag. Als Ursache vermutet man, dass manche Anleger vor Weihnachten ihr Depot leeren, um entspannt den Weihnachtsurlaub genießen zu können oder um die Depotgebühren zu sparen, da zumindest früher viele Banken die Gebühr nach einem Stichtag am Jahresende berechneten. Eine andere Vermutung lautet, dass Investmentfonds, die Milliardensummen verwalten, zum Jahresende Nieten aus dem Portfolio werfen, um im Abschlussbericht vor den Anlegern besser dazustehen. Ein solches Vorgehen nennt man „Window Dressing“.

Dennoch überzeugen die vorgebrachten Erklärungsversuche nicht, denn aufgrund dieser Verkäufe müssten die Aktienkurse im Dezember sinken, was aber nicht der Fall ist. Der Dezember ist vielmehr ein relativ guter Börsenmonat. Wahrscheinlicher ist, dass der Januar-Effekt durch die Zuversicht und den Optimismus der Marktteilnehmer ausgelöst wird, wenn nach der Silvesternacht das neue Jahr beginnt.

Insgesamt ist die Wertentwicklung in den einzelnen Monaten sehr unterschiedlich. Als die besten Monate gelten der Januar und der Februar. Die Aufwärtstendenz hält in der Regel mit einer immer schwächer werdenden Performance bis April an. Der Mai ist bereits ein sehr mäßiger Börsenmonat und kann bereits mit größeren Kursrückgängen verbunden sein. Ein altes Börsensprichwort lautet deshalb: „Sell in May and go away." Die nachfolgenden Sommermonate, in denen anscheinend viele Anleger Urlaub machen, sind sehr schwach. Der gefährlichste Monat ist übrigens der September. Langfristige Untersuchungen konnten zeigen, dass im September die größten Kursverluste entstehen. Landläufig gilt der Oktober als Katastrophenmonat, wenngleich der September im Langfristvergleich noch schlechter abschneidet. Der Oktober wird deshalb als Krisen- und Katastrophenmonat angesehen, weil sich zu dieser Zeit mehrere schwere und verhängnisvolle Crashs ereigneten. So begann die desaströse Weltwirtschaftskrise von 1929 im Oktober und führte selbst bei Standardwerten zu Kurseinbrüchen von mehr als 90 Prozent. In der Wall Street stürzten sich viele Spekulanten in ihrer Verzweiflung aus dem Fenster, und die nachfolgende Massenarbeitslosigkeit brachte fast die gesamte westliche Welt an den Rand eines Abgrunds. Ein anderer fataler Crash fand ebenfalls im Oktober statt: am 19.10.1987 fielen die meisten großen Börsen um mehr als 20 Prozent. Der amerikanische Aktienindex S&P 500 verlor an diesem Tag mehr als 23 Prozent. Besonders gefürchtet ist der Freitag im Börsenmonat Oktober.

Als Anleger sollten Sie daher Folgendes beherzigen: In der Regel, auch wenn es in manchen Jahren kleinere Abweichungen oder Besonderheiten geben mag, ist der Januar der beste Monat, vor allem die erste Woche nach dem Jahreswechsel. Der positive Trend hält normalerweise mit sich abschwächender Tendenz bis

März. In diesen Monaten sollten Sie auf jeden Fall investiert sein.

Problematisch wird es im Monat Mai, der bereits mit heftigen Kursrückgängen einsetzen kann. Diese turbulente Zeit mit fallenden Kursen hält den ganzen Sommer an. Der Höhepunkt ist im September erreicht; dann drohen gravierende Verluste. Auch der Oktober als häufiger Krisenmonat hat schon vielen Anlegern schwerste Verluste und dramatische Crashs eingebracht. Erst im Dezember beginnt wieder die zaghafte Erholung der Kurse. Auf den Grundlagen dieser Erkenntnisse wurden saisonale Anlagestrategien entwickelt.

Ein anderes Phänomen ist der Monatswechsel-Effekt; die Kursgewinne sind immer zum Monatswechsel höher als in der Mitte des Monats. Vermutlich liegt dies daran, dass dann die Gehälter ausgezahlt werden und mehr Kleinanleger sich entscheiden, Wertpapiere zu kaufen.

Andere wichtige Marktanomalien beruhen auf Besonderheiten der Kennzahlen. So hat man herausgefunden, dass Aktien mit einem niedrigen Kurs-Gewinn-Verhältnis langfristig den Markt übertreffen. Da bei ihnen die Relation von Kurs und Gewinn günstig ist, haben sie im übertragenen Sinne ein besseres „Preis-Leistungs-Verhältnis“, wenngleich es auch hier Einschränkungen gibt. Aktien mit einem besonders niedrigen KGV performen oft schlechter als der Gesamtmarkt. Aktien mit einem niedrigeren Kurs-Buchwert-Verhältnis (KBV) und einem günstigen Kurs-Umsatz-Verhältnis (KUV) schneiden besser ab als der Gesamtmarkt.

Detaillierte Untersuchungen haben noch andere Zusammenhänge zutage gefördert, die bisweilen einen kuriosen Anschein erwecken. So hat man herausgefunden, dass die Börsenkurse eher bei Sonnenschein steigen als an Regentagen, was nur den großen Einfluss psychologischer Faktoren unterstreicht. Anscheinend haben die Anleger bei sonnigem Wetter eine größere Kauflaune. Auch die Zahl der Sonnenflecken übt einen nicht zu unterschätzenden Einfluss auf das Wirtschaftsgeschehen aus. Darüber hinaus stellte man fest, dass die Rocklänge ein Indikator für die Inflationsentwicklung sein kann. Als 1923 in Deutschland eine Hyperinflation ausbrach, bei der man bereits für einen Laib Brot

Millionen Reichsmark zahlen musste, trugen die Damen sehr kurze Röcke, was auch in den inflationsgebeutelten 1970er Jahren der Fall war, als die Minirockmode aufkam. Um das Jahr 2000 hingegen, als in vielen Ländern die Inflation deutlich zurückging und in Japan schon fast deflationäre Tendenzen sichtbar wurden, kamen knöchellange Röcke in Mode, wie man sie bereits in der Belle Epoque um 1900 getragen hatte.

2.11.3 Das Data-Mining-Problem

Solche Kuriosa wie die Rocksaum-Theorie zeigen auch auf, welche Gefahren mit solchen Analysen verbunden sind. Das Data Mining, die systematische Durchforstung großer Datenberge, führt dazu, dass immer mehr Zusammenhänge erkannt werden. Es ist so, als würde jemand einen Heuhaufen minutiös durchwühlen und statt der berühmten Stecknadel gleich ein ganzes Sortiment an Nadeln finden. Das Problem beim Data Mining ist, dass niemand genau sagen kann, ob es sich bei diesem Zusammenhängen um eine wirkliche Ursache handelt oder nur um Scheinkorrelationen, also Zusammenhänge, die sich aufgrund der riesigen Datenmenge rein zufällig ergeben.

Deshalb muss bei der Korrelation eine Erklärung aufgestellt werden, weshalb gerade dieser Faktor einen Einfluss ausübt und als Ursache anerkannt werden kann. Solche Erklärungen sind aber nur Mutmaßungen und Hypothesen, die so lange gelten, bis sie widerlegt sind. Es ist für Anleger gefährlich darauf zu vertrauen, dass es sich um eine wirkliche Ursache handelt, denn im Nachhinein könnte es sich herausstellen, dass es doch nur ein scheinbarer Zusammenhang war. Bei der Verarbeitungskapazität heutiger Computer können Millionen von Faktoren in die Analyse mit einbezogen werden, so dass die Zahl der Scheinkorrelationen sprunghaft zunimmt. In der Finanzmarktforschung versucht man, die Sicherheit einer solchen Anlagestrategie durch ein hypothetisches Backtesting zu beweisen. Dabei wird ein Zusammenhang, den man durch Data Mining ermittelt hat, über verschiedene Zeiträume hinweg getestet.

Wenn man beispielsweise der Auffassung ist, dass kleine Aktiengesellschaften (Small Caps) langfristig eine bessere Wertentwicklung mit sich bringen als die Standardwerte, dann kann diese Annahme belegt werden, indem man sämtliche Aktienkurse in den USA von 1900 bis 2006 untersucht. Das Problem beim Backtesting ist, wie man die Zeiträume wählt. Wenn etwa die Untersuchung aus Kostengründen auf den Zeitraum von 1983 bis 1999 beschränkt wird, erhält man dank dieser herausragenden Boomperiode ein völlig anderes Ergebnis, als wenn man die Untersuchung im Jahr 1928 – kurz vor der entsetzlichen Weltwirtschaftskrise – beginnen lässt. Durch die Variation solcher Zeiträume mussten schon viele gefundene Zusammenhänge aufgegeben werden, da sie sich für einen anderen Zeitraum nicht bestätigten oder sogar als Scheinkorrelation entpuppten.

In den vergangenen Jahren wurde diese Gefahr der Scheinkorrelationen immer deutlicher, als man völlig unsinnige Faktoren miteinander in Verbindung brachte. Jason Zweig führte eine solche Untersuchung durch. Er legte zwei Kriterien fest, die durch ein Data Mining als besonders renditestark ermittelt worden waren: Er nahm 25 Prozent aller Aktien in den USA mit der niedrigsten Börsenkapitalisierung. Das zweite Kriterium lautete: Der Name der Aktiengesellschaft durfte keinen Doppelbuchstaben enthalten (also beispielsweise „ll" oder „mm"). Jeder vernünftige Mensch kann sofort erkennen, dass die Schreibweise des Firmennamens keinerlei Einfluss auf die Rendite haben kann. Dennoch erzielte man mit diesen beiden Kriterien innerhalb von 20 Jahren eine jährliche Rendite, die 6 Prozentpunkte über dem Marktdurchschnitt lag. Das Ergebnis beruht aber in Wirklichkeit auf reinem Zufall! Es handelt sich um gar keine Anlagestrategie, die kausal erklärbar wäre.

Für Wissenschaftler und Analysten ist es sehr schwer, echte Zusammenhänge von Scheinkorrelationen zu trennen. Aufgrund der riesigen Datenmengen und der Verarbeitungsmöglichkeiten moderner PCs wird die Zahl solcher Scheinzusammenhänge noch weiter steigen. Fast schon erheiternd ist die Untersuchung, die David Leinweber anstellte. Er verglich die Kursdaten des S&P 500 mit den Statistiken der Vereinten Nationen, um einen Indikator zu finden, der die Wertentwicklung des amerikanischen Börsenbarometers am besten vorhersagen kann. Das Ergebnis war mehr als amüsant: Die Butterproduktion in Bangladesh korrelierte exakt mit dem Verlauf des Aktienindex S&P 500.

Mindestens ebenso bizarr und unterhaltsam ist die Super-Bowl-Theorie. Wenn Sie Sportfan sind, wissen Sie vielleicht, dass alljährlich in den USA die Meisterschaften im American Football stattfinden. Dieses landesweit übertragene Spitzenereignis, das fast die ganze Nation in den Bann schlägt, kann Vorhersagen über die Entwicklung des Aktienmarktes machen. Im Endspiel der Meisterschaft treten stets zwei Mannschaften gegeneinander an, die konkurrierenden Verbänden angehören. Es gibt die *National Football Conference* (NFC) und die *American Football Conference* (AFC).

Der Sportjournalist Leonard Koppett behauptete bereits 1979, dass der Dow-Jones-Index immer dann steigt, wenn eine NFC-Mannschaft gewinnt. Wenn dagegen das AFC-Team im Finale siegt, fällt der Dow-Jones-Index.

Allerdings ist die Zuordnung der Teams etwas kompliziert; denn obwohl die Mannschaften Indianapolis Colts, Pittsburgh Steelers, Baltimore Ravens offiziell dem Verband AFC angehören, zählen sie in der Börsenprognose zum gegnerischen NFC. Der Grund dafür ist, dass sie ursprünglich diesem Verband angegliedert waren und erst später die Verbandszughörigkeit wechselten. Der erste Super Bowl in der Geschichte der USA fand 1967 statt. In 26 von 39 Jahren traf die Prognose ein und die Entwicklung des Dow Jones konnte richtig vorhergesagt werden. Bevor Sie nun schon dem nächsten Super Bowl entgegenfiebern, kann ich Ihnen versichern, dass es sich hierbei um eine Scheinkorrelation handelt.

In einer anderen amüsanten Untersuchung belegten David Hirshleifer und Tyler Shumway, dass die Wertentwicklung eines Aktienmarktes vom Sonnenschein abhängt. Sie analysierten 26 Aktienmärkte für einen Zeitraum von 1982 bis 1997. Als Kriterium für die Sonnenscheinstärke nahm man das Ausmaß der Bewölkung. Sie stellen fest, dass an 18 von 26 Börsen der Sonnenschein eine prominente Rolle spielt, insbesondere an der Börse in Istanbul, Dublin, Santiago de Chile, Singapur und Kuala Lumpur. Sie kamen sogar zu dem Ergebnis, dass man anhand der Wetterprognosen zumindest geringfügige Überrenditen erzielen konnte.

Allerdings sind diese höheren Renditen wenig interessant, da die Transaktionskosten und Steuern aufgrund der ständigen Umschichtung des Depots den Vorteil wieder zunichte machen.

Als Anleger sollten Sie daher solche Anlagestrategien, die einen Überrendite-Effekt versprechen, mit gewissen Vorbehalten betrachten. Auch noch sehr viel später kann sich herausstellen, dass es sich nur um einen scheinbaren Zusammenhang handelt. Ein Backtesting, das die Anlagestrategien anhand unterschiedlicher Zeiträume überprüft, sollte den Zeitraum variieren. Es ist ein gewaltiger Unterschied, ob die untersuchte Periode unmittelbar vor der Weltwirtschaftskrise einsetzt oder vor einer Boomphase beginnt. Auch die Länge der Periode spielt eine Rolle; zu kurze Zeiträume sind viel weniger aussagekräftig. Darüber hinaus kommt es auf den Umschichtungstermin an. Da die meisten Anlagestrategien eine jährliche Umschichtung oder gar eine häufigere Revision vorsehen, kommt dem Umschichtungstermin eine große Bedeutung zu. Wie wir bereits vom Januar- und anderen saisonalen Effekten wissen, hat es enormen Einfluss, ob Sie Ihr Depot am 2. Januar oder im Krisenmonat September in der Zusammensetzung ändern. Anlagestrategien, die mit anderen Umschichtungsterminen durchgerechnet wurden, zeigten plötzlich nur eine geringere oder gar keine Überrendite mehr. In diesem Fall war die höhere Performance auf saisonale Effekte zurückzuführen.

2.12 Die einzelnen Anlagestrategien

Bei den Anlagestrategien, die den Markt übertrumpfen und zu einer Überrendite führen sollen, unterscheidet man solche, die auf der Fundamentalanalyse und damit den Bilanzkennzahlen beruhen, und solche, die sich auf die technische Analyse der Aktienkurse berufen. Alle diese Anlagestrategien wurden wissenschaftlich überprüft und an mehreren unterschiedlichen Zeiträumen getestet.

Obwohl etliche Anlagestrategien alle Tests bestanden, mussten einige im Nachhinein aufgegeben werden. Es stellte sich heraus, dass die zu erzielenden Überrenditen so gering waren, dass die Transaktionskosten (beispielsweise die Bankprovision) und die

Steuern aufgrund der vielen Umschichtungen deutlich höher lagen. Das alte Börsensprichwort „Hin und her macht Taschen leer“ bewahrheitet sich auch hier. Ein anderes Problem ist die so genannte Overpopularity. Wenn viele Anleger auf dieselbe Strategie setzen, müsste der Überrendite-Effekt sich langfristig aufheben; dies gilt insbesondere für unterbewertete Aktien, die durch die starke Nachfrage stark ansteigen, so dass die erzielbaren Renditen deutlich sinken. Obwohl viele dieser Marktanomalien schon lange bekannt sind, gibt es Phänomene wie den Januar-Effekt immer noch.

Alle Anlagestrategien haben das entscheidende Ziel, eine Überrendite zu erzielen, d.h. die Wertentwicklung der auswählten Aktien muss stets höher sein als der Marktdurchschnitt, denn sonst könnte man bequem und ohne komplizierte Strategie auf den Index setzen. Darüber hinaus muss jede Anlagestrategie eine so hohe Überrendite erbringen, dass sich die Anlage auch nach Abzug von Transaktionskosten und Steuern noch lohnt.

2.12.1 Die Dividendenstrategie

Die Dividendenstrategie ist eine der populärsten, bekanntesten und ältesten Anlagestrategien. Ihre wissenschaftliche Grundlage wurde erstmals im Jahre 1988 im Wall Street Journal erörtert. In einer Untersuchung fand John Slatter heraus, dass Aktien mit hoher Dividendenausschüttung in dem Zeitraum von 1972 bis 1987 eine jährliche Wertsteigerung von 18,4 Prozent erreichten, während der als Vergleichsmaßstab verwendete Dow-Jones-Index es nur auf eine jährliche Wertsteigerung von 10,8 Prozent brachte. Damit übertraf die Dividendenstrategie das Indexinvestment um mehr als 7,6 Prozentpunkte.

Dieses Ergebnis löste eine Flut von Folgeuntersuchungen aus, und im Jahre 1992 machten Michael O’Higgins und John Downes in ihrem Buch „Beating the Dow“ die Dividendenstrategie weltweit bekannt. Das in den USA berühmte Börsenmagazin „*Barron’s*“ stellte verblüfft fest, dass die Dividendenstrategie in zwei Jahrzehnten nur drei Verlustjahre mit sich brachte.

Die Dividendenstrategie erschien als ein wahres Wunder und wurde weiter verfeinert. Eine der wichtigsten Dividendenstrategien ging unter dem Namen „Dogs of the Dow" in die Börsengeschichte ein. Diese Strategie funktioniert folgendermaßen: Anfang Januar sortiert der Anleger die 30 Aktien des Dow Jones nach ihrer Dividendenrendite. Der Dow Jones ist zwar nach seiner Berechnung ein veraltetes Börsenbarometer, aber aufgrund der historischen Bedeutung wurde es beibehalten. Der Dow Jones umfasst die 30 größten amerikanischen Standardwerte. Die Aktie mit der höchsten Dividendenrendite ordnen Sie an erster Stelle ein, und dann folgen die anderen Aktien in Höhe der Dividendenrendite. Im zweiten Schritt nehmen Sie die zehn Aktien mit der höchsten Rendite und kaufen Sie. Alle Aktien sollen im Depot den gleichen Anteil einnehmen. Nach einem Jahr schichten Sie Ihr Portfolio um und wählen erneut die zehn Aktien des Dow Jones mit der höchsten Dividendenrendite.

Diese Anlagestrategie ist bestechend einfach, da sie auch ohne großen Rechenaufwand und komplexe Umschichtungen durchgeführt werden kann.

Eine Untersuchung der in den USA sehr beliebten Investmentgemeinde *Motley Fool*, die sich durch ihren populären Stil auszeichnet, zeigte, dass die Dividendenstrategie eine deutliche Überrendite erreicht. Im Zeitraum von 1961 bis 1999 erwirtschaftete man damit eine Wertsteigerung von 14,6 Prozent pro Jahr, wobei das Ergebnis nur in drei Jahren im Minus lag. Eine Indexstrategie, die im selben Zeitraum auf den Dow-Jones-Index gesetzt hätte, hätte eine Rendite von 12,4 Prozent jährlich erbracht.

Wenn Sie diese Zahlen betrachten, erkennen Sie zwei Dinge: Zum einen ist die Aktienanlage jeder anderen Anlageform (wie Anleihen, Bausparverträge, Lebensversicherungen, Immobilien) weit überlegen; denn selbst wenn man nur auf den Index gesetzt hätte, ohne selbst Aktien auszuwählen, hätte man in dem betrachteten Zeitraum problemlos eine Rendite von über 12 Prozent erreicht. Sie sollten allerdings beachten, dass bei jeder Aktienanlage die langen Zeiträume entscheidend sind. Geduld und Disziplin zahlen sich immer aus. Mit der Dividendenstrategie hätten Sie sogar 14,6 Prozent pro Jahr erzielt. Sie müssen natürlich beachten, dass solche Werte nur dadurch zustande kommen, dass man einen sehr langen Zeitraum berücksichtigt. Kurzfristig können bei einer

Aktienanlage deutliche Verluste eintreten; das gilt vor allem dann, wenn Sie einen Zeithorizont von weniger als fünf Jahren zugrunde legen.

Die Dividendenstrategie schnitt in der Boomphase der Technologiewerte Ende der 1990er Jahre wesentlich schlechter ab. Denn die Dividendenstrategie setzt in erster Linie auf Substanzwerte mit einer hohen Ausschüttung; daher rechnet man sie zu den Value-Strategien. Zwischen 1995 und 1999, als der Neue Markt entstand und Technologietitel zu den Favoriten zählten, brachte die „Dogs of Dow"-Strategie lediglich eine jährliche Wertentwicklung von 18,9 Prozent. Sie mögen über diese Zahl staunen, denn sie ist wirklich sehr hoch; aber ein passives Investment in den Dow-Jones-Index hätte Ihnen in demselben Zeitraum eine Superrendite von 27 Prozent jährlich eingebracht. Ende der 1990er Jahren hatten die Wachstumswerte die Substanzwerte überflügelt. Daher war die Growth-Strategie, die auf Gewinnwachstum bei Technologietiteln setzte, die bessere Alternative.

Andere Untersuchungen belegen indes, dass in den letzten Jahrzehnten die Value-Strategien mit ihren Substanzwerten wesentlich besser abschnitten. Nur die zweite Hälfte der 1990er Jahre widersprach diesem Befund. In den Krisenjahren zwischen 2000 und 2004, als die Internetaktien und die Technologietitel ins Bodenlose fielen, erreichte man mit der „Dogs of the Dow"- Strategie immerhin 4,4 Prozent Wertsteigerung im Jahr, während der Dow-Jones-Index es auf magere 0,7 Prozent pro Jahr brachte.

Die „Dogs of the Dow"- Strategie ist nicht unumstritten, denn sie führt zu einigen Fehleinschätzungen. In den letzten Jahren haben sowohl in Deutschland als auch in den USA die Aktienrückkäufe deutlich zugenommen. Durch den Aktienrückkauf erfolgt eine verdeckte Dividendenausschüttung, die dann bei dieser Analysemethode unberücksichtigt bleibt. Ein weiterer Kritikpunkt ist die Gefahr der Overpopularity, d.h. dadurch dass immer mehr Anleger die „Dogs-of-Dow-Strategie" anwenden, werden diese Dividendenschwergewichte im Dow Jones stärker nachgefragt und steigen im Kurs, was zu einer hohen Bewertung führt. Die Aktien sind dann bereits „teuer", und die Chancen auf einen weiteren Kursanstieg schwinden.

Darüber hinaus wird die zu erzielende Rendite durch die Transaktionskosten (wie Bankprovisionen, Depotgebühren) und Steuern gemindert.

2.12.2 Andere Dividendenstrategien

Die Entdeckung der Dividendenstrategie führte zu einer fieberhaften Suche nach weiteren Verbesserungen, um die Überrendite noch zu steigern. Die Experten durchforsteten die Datenberge und fanden weitere Anhaltspunkte. Insgesamt gibt es eine ganze Reihe von Dividendenstrategien, die durch weitere Kriterien optimiert wurden. Wie sich am Ende am zeigen wird, ist die Rendite bei manchen Strategien so gering, dass sie die Transaktionskosten nicht völlig abdeckt.

2.12.2.1 Small Dogs of the Dow

Diese verbesserte Dividendenstrategie wurde von O'Higgins entwickelt und auch nach ihm benannt. Bei dieser Strategie geht man genauso wie bei den Dogs of the Dow vor. Er verwendet jedoch ein zusätzliches Auswahlkriterium, das zu einer höheren Performance führt. Von den zehn dividendenstärksten Werten des Dow-Jones-Index werden diejenigen 5 Aktien ausgewählt, die den optisch niedrigsten Kurs haben. Obwohl dieses Auswahlkriterium sich nicht plausibel rechtfertigen lässt, denn schließlich ist die Höhe eines Aktienkurses relativ willkürlich, wenn man ihn mit anderen Aktien vergleicht, führte dieses Vorgehen zum Erfolg. Ein niedriger Aktienkurs kann von einem starken Kursrückgang herrühren, er kann aber auch dadurch zustande kommen, dass das Unternehmen mehrere Aktiensplits durchgeführt hat oder bei der Emission einen niedrigen Nennwert festgelegt hat. In manchen Ländern haben Aktien traditionell niedrige Werte; man nennt solche Papiere auch Penny-Stocks, weil dort Aktien mit hohen Zahlenwerten unbeliebt sind. Japanische Aktien beispielsweise haben relativ hohe Kurswerte, was aber nur daran liegt, dass der Yen in der Währungsrelation zum Dollar oder Euro ein Vielfaches erreicht.

Einige Plausibilität hat jedoch das Argument, dass Aktiengesellschaften, die häufiger Aktiensplits durchführen, bessere Gewinnchancen haben. Ein Aktiensplit lohnt sich nämlich aus Marketinggründen nur dann, wenn die Unternehmensleitung insgeheim die Hoffnung hegt, dass der Kurs weiter ansteigen wird. Eine Aktie, der ein Kursrückgang bevorsteht, wird man nicht splitten, da dies für die Anleger psychologisch den Kurseinbruch in der Wahrnehmung noch verstärkt. Aktien mit niedrigeren Kursen haben außerdem vielleicht schon eine starke Kurseinbuße erlitten und können dadurch zur Bodenbildung neigen.

Wenn man all diese Gesichtspunkte in Betracht zieht, erscheint das Kriterium, das O'Higgins in seiner Anlagestrategie mit einbezieht, weniger irrational. Untersuchungen haben gezeigt, dass man mit der „Small Dogs of the Dow"-Strategie im Zeitraum von 1961 bis 1999 eine Wertsteigerung von jährlich 14,5 Prozent erzielen konnte. Diese Strategie ist damit um 1, 1 Prozentpunkte besser als die herkömmliche „Dogs of the Dow"-Strategie. Den Dow-Jones-Index übertritt sie im betrachteten Zeitraum um 3,5 Prozentpunkte.

2.12.2.2 Die PPP-Strategie

Die PPP-Strategie heißt im Englischen „Penultimate Profit Prospect"; diese Strategie ist absolut risikoreich und gefährlich, denn sie setzt nur auf eine einzige Aktie. „Penultimate" bedeutet „vorletzte"; man wählt aus den fünf Aktien, den Small Dogs der O'Higgins-Strategie (also den fünf dividendenstärksten Titeln des Dow Jones mit dem niedrigsten Aktienkurs), eine einzige Aktie aus, und zwar jene, die von den fünf Werten den zweitniedrigsten Kurs hat. In der Realität hat sich nämlich gezeigt, dass die Aktie mit dem optisch niedrigsten Kurs schlechter abschneidet.

Solche schon fast kryptisch anmutenden Auswahlverfahren lassen sich nicht mehr vernünftig begründen. Eine Untersuchung der PPP-Strategie für den Zeitraum von 1972 bis 2002 ergab, dass sich damit eine jährliche Rendite von 13,5 Prozent pro Jahr erzielen lässt. Der Dow-Jones-Index wird um 5,6 Prozentpunkte übertroffen. Obwohl dies sehr lukrativ erscheint, ist von dieser Strategie dringend abzuraten, denn das Risiko steigt um mehr als das Dreifache an. Selbst wenn man mit der herkömmlichen Dividendenstrategie oder der „Small Dogs of the Dow"-Strategie etwas schlechter dasteht, lohnt sich der geringe Renditezuwachs bei der PPP-Strategie nicht, wenn man das dreifache Risiko eingehen muss.

2.12.2.3 Die Foolish Four

Die beiden Brüder David Gardner und Tom Gardner gründeten 1994 eine Finanzberatung, die sich in ihrer Ausrichtung völlig von den bisher etablierten Finanzdienstleistern unterschied. Der *Motley Fool* (www.fool.com), wie sie das Unternehmen nannten, wollte vor allem den Anleger in den Mittelpunkt stellen. Leicht verständliche Finanzinformationen sollten unterhaltsam und mit einem neckischen Unterton (daher auch die Bezeichnung „Fool", was Narr bedeutet) vermittelt werden. Natürlich sollten die vorgestellten Strategien und Finanztipps auf einem wissenschaftlich und empirisch fundierten Konzept beruhen. *Motley Fool* wurde in den USA so populär, dass die Finanzberatung inzwischen eine eigene Radiosendung besitzt und regelmäßig in den Tageszeitungen erscheint.

David und Tom Gardner stellten eine Reihe von Strategien vor, die alle auf der Dividendenstrategie beruhen und diese entsprechend modifizieren. Sie knüpfen damit nahtlos an die bisherigen Erkenntnisse und Strategien an.

Die Foolish Four („die närrischen Vier") ist eine solche Vorgehensweise, bei der die Small-Dogs-Strategie mit der PPP-Strategie zusammengeführt wird. Ausgangspunkt ist die von O'Higgins entwickelte Small-Dogs-Strategie. In einem nächsten Schritt wird die Aktie mit dem niedrigsten Kurs aus dem Portfolio entnommen, denn sie entwickelt sich erfahrungsgemäß am schlechtesten. Die übrigen Aktien werden nach einem festgelegten Schema gewichtet: Die Aktie mit dem zweitniedrigsten Kurs von den vier Titeln wird doppelt gewichtet, während die anderen Papiere nur in einfacher Gewichtung in das Portefeuille eingehen. Zu Jahresbeginn erfolgt dann eine erneute Umschichtung.

Nach eigenen Angaben wird in dem Buch „*The Motley Fool Investment Guide*" zwischen 1973 und 1993 mit dieser Anlagestrategie eine jährliche Rendite von 23,8 Prozent jährlich erzielt. Eine erneute Untersuchung für den Zeitraum von 1961 bis 1999 ergab eine durchschnittliche Rendite von 17,6 Prozent, was den Dow-Jones-Index um 5 Prozentpunkte übertrifft. Später wurden von dieser Strategie noch Varianten entwickelt wie etwa die „Foolish Four Unemotional Value".

Inzwischen wurden alle Foolish-Four-Strategien aufgegeben. Der Grund dafür ist eine Untersuchung von McQueen und Torley, die 1999 erstellt und im „*Financial Analyst's Journal*" veröffentlicht wurde. Die langfristig angelegte Studie betrachtete zuerst den Zeitraum von 1949 bis 1972. Erschreckenderweise kam man während dieser Periode nur auf einen Vorsprung von 0,32 Prozentpunkten gegenüber dem Index. In der Praxis bedeutet dies: Ein Anleger, der auf eine passive Indexstrategie gesetzt hätte, wäre deutlich besser gewesen. Denn bei der Foolish-Four-Strategie muss zumindest jährlich umgeschichtet werden. Ein Renditevorsprung von 0,32 Prozentpunkten reicht aber auf keinen Fall aus, um die hohen Transaktionskosten, die durch die Umschichtung entstehen, abzudecken. Deshalb ist die Wertentwicklung nach Abzug aller Kosten sogar niedriger als bei einem Indexinvestment.

Ebenso aufschlussreich war die Analyse für die Jahre von 1973 bis 1993. Es zeigte sich, dass der Umschichtungstermin eine bedeutende Rolle spielt. Wurde das Depot am 1. Juli umgeschichtet, dann kam man auf einen Renditevorsprung von 2,3 Prozent pro Jahr gegenüber dem Dow-Jones-Index. Wenn man hingegen das Depot, wie in den meisten Strategien standardmäßig vorgesehen, am Jahresanfang veränderte, erzielte man einen Vorsprung von 13 Prozentpunkten. Das deutlich bessere Ergebnis war somit nicht auf die Dividendenstrategie, sondern auf den Januar-Effekt zurückzuführen.

Im Jahr 2000 schließlich entschlossen sich Tom und David Gardner, die Foolish-Four-Strategie endgültig aufzugeben; eine interne Studie, die einen Zeitraum von 50 Jahren mit einbezog, kam zu dem ernüchternden Ergebnis, dass der Renditevorsprung sich allenfalls auf 1,74 Prozent belief. Dies ist in der Regel zu wenig, um die höheren Transaktionskosten bei einer solchen Strategie vollständig zu begleichen. Ein Indexinvestment wäre in jedem Fall profitabler.

2.12.2.4 Die Dow-Top-10-Strategie

Während die klassischen Dividendenstrategien nur die jeweiligen Ausschüttungen berücksichtigen, versucht die Dow-Top-10-Strategie auch die Aktienrückkäufe, die in den letzten Jahren erheblich zugenommen haben, mit einzubeziehen. Ein Aktienrückkauf kommt immer einer verdeckten Dividendenausschüttung gleich; daher sind Anlagestrategien, die nur auf Ausschüttungen setzen, fehlerhaft, denn sie spiegeln nicht die wirkliche Rendite wider, die durch solche Programme entsteht. Untersuchungen konnten belegen, dass Unternehmen, die Aktienrückkaufprogramme starten, noch im selben Geschäftsjahr im Durchschnitt um 3,5 Prozentpunkte besser abschneiden als der Index. Auch vier Jahre danach haben die Aktien eine bessere Performance. Der Aktienrückkauf hat verschiedene Vorteile: Das Kurs-Gewinn-Verhältnis der Aktie verbessert sich, da weniger Aktien im Umlauf sind und der Gewinn entsprechend auf weniger Aktien verteilt wird. Dasselbe gilt für die Dividendenausschüttung.

Bei der Dow-Top-10-Strategie wird die Ausschüttungsrendite zugrunde gelegt; diese setzt sich aus der herkömmlichen Dividendenrendite und der Aktienrückkaufsquote zusammen. Studien haben gezeigt, dass US-Unternehmen im Durchschnitt eine Ausschüttungsrendite von zirka 3 Prozent haben. Im Vergleich zu Deutschland werden in den USA weniger Dividenden ausgeschüttet, aber dafür kommen Aktienrückkauf-Programme häufiger vor.

Die Dow-Top-10-Strategie wählt somit die zehn Aktien des Dow-Jones-Index, die die höchste Ausschüttungsrendite vorweisen. Mit dieser ausgefeilten Strategie konnte man im Zeitraum von 1983 bis 1998 immerhin 22,4 Prozent im Jahr erzielen, was einen Renditevorsprung von 4 Prozentpunkten gegenüber dem Indexinvestment bedeutet.

2.12.3 Anlagestrategien mit anderen Kriterien

Neben der weit verbreiteten Dividendenstrategie gibt es natürlich noch eine Fülle anderer Kennzahlen, die sich für eine Anlagestrategie eignen. Auch in diesem Bereich war *Motley Fool* aktiv. Für Aufsehen sorgte beispielsweise die Keystone-Strategie.

2.12.3.1 Die Keystone-Strategie

Als Grundlage diente eine Datenbank in den USA mit 1700 Aktien, die vom Finanzdienstleister *Value Line* betrieben wird. In dieser Datenbank werden alle Aktien in 5 Kategorien untergliedert, wobei die Kategorie 1 alle Aktien mit dem höchsten Kurspotenzial für die nächsten 12 Monate umfasst und die Kategorie 5 alle Werte mit den schlechtesten Kurschancen.

Bei der Keystone-Strategie werden zunächst alle Aktien ausgewählt, die in die Kategorien 1 oder 2 fallen und damit das höchste Kurspotenzial haben. Danach wählt man 30 Titel aus, die die höchste Börsenkapitalisierung aufweisen. Anschließend werden wiederum 10 Aktien herausgefiltert, die in den letzten 26 Wochen die höchste relative Stärke, d.h. den größten Kurszuwachs im Vergleich zum Gesamtmarkt, hatten. Das Ergebnis dieser Strategie ist überaus erstaunlich: In den Jahren von 1987 bis 1998 erzielte man mit der Keystone-Strategie eine gigantische Rendite von 31 Prozent pro Jahr, während der als Vergleichsmaßstab gewählte S&P 500-Index lediglich auf 18 Prozent Wertsteigerung pro Jahr kam.

Bei der Keystone-Strategie handelt sich anders als bei den Verfahren, die auf der Dividendenrendite beruhen und die einen Substanzwert-Ansatz verkörpern, um eine Wachstumsstrategie. Die Growth-Strategie war natürlich vor allem in den 1990er Jahren, als die Wachstumstitel überproportional zulegen konnten, äußerst erfolgreich. Über einen Zeitraum von vielen Jahrzehnten konnten sich jedoch die Substanzwerte besser behaupten.

2.12.3.2 Der KGV-Effekt

Der amerikanische Finanzexperte James O'Shaughnessy führte in den 1990er Jahren etliche Studien durch, die er in seinem Werk „*What Works on Wall Street*" 1997 veröffentlichte. Dabei bediente sich O'Shaughnessy einer Vielzahl unterschiedlicher Kennzahlen, um weitere Überrendite-Effekte aufzuspüren.

Ein wichtiges Phänomen, das in die Fachliteratur einging, ist der KGV-Effekt. Je niedriger das Kurs-Gewinn-Verhältnis ist, desto besser sind die Chancen, eine überdurchschnittliche Wertsteigerung zu erzielen. Aktien mit einem niedrigen KGV schnitten pro Jahr um 2 Prozent besser ab als der Markt. Wallmeier kommt in einer Studie zu dem Resultat, dass die KGV- Strategie in den Jahren von 1967 bis 1994 eine Durchschnittsrendite von 17,58 Prozent erbrachte, während Aktien mit hohem Kurs-Gewinn-Verhältnis nur eine Wertsteigerung von jährlich 10,05 Prozent erreichten.

Als Anleger sollten Sie also darauf achten, dass das Kurs-Gewinn-Verhältnis Ihrer Aktie nicht zu hoch ist. Der optimale Wert liegt knapp unter dem Branchendurchschnitt.

2.12.3.3 Der KUV-Effekt

Nach einer Untersuchung von O'Shaughnessy brachten Aktien ebenfalls eine Überrendite von 2 Prozent mit sich, die ein niedriges Kurs-Umsatz-Verhältnis (KUV) hatten. O'Shaughnessy betrachtete den Zeitraum von 1951 bis 1994. Wenn man 1951 eine Summe von 10.000 US-Dollar in den S&P500-Index anlegte, hatte man 1994 ein Vermögen von 800.000 US-Dollar. Wenn man jedoch dieselbe Ausgangssumme in Aktien mit einem Kurs-Umsatz-Verhältnis von weniger als 1,0 investierte, wuchs das Geld auf 5,6 Millionen US-Dollar im Jahr 1994. Noch besser ist das Resultat, wenn nur die Aktien berücksichtigt werden, die im Vorjahr die beste Wertsteigerung vorweisen konnten. O'Shaughnessy kombiniert auf diese Weise den KUV-Effekt mit einer, wie er es nennt, Winner-Strategie. Der Anleger, der sein Geld so anlegte, hatte im Jahre 1994 mehr als 7,8 Millionen US-Dollar.

2.12.3.4 Der Größen- oder Small-Cap-Effekt

Eine besonders interessante Strategie beruht auf dem Größeneffekt. Wie Sie bereits wissen, unterscheidet man Aktien auch nach dem Grad der Marktkapitalisierung. Es gibt große Standardwerte (Large Caps oder Blue Chips) wie Siemens, Deutsche Bank, SAP oder BASF, mittelgroße Werte oder Mid Caps und Aktiengesellschaften mit geringer Marktkapitalisierung, so genannte Small Caps.

Zur Veranschaulichung können Sie einen Standardwert mit einem Elefanten und den Small Cap mit einer Maus vergleichen. Der Elefant ist schwerfällig und behäbig; genauso verhält es sich mit den riesigen Konzernen, die oft durch Überbürokratisierung und mangelnde Innovationskraft gekennzeichnet sind. Ihr Vorteil ist, dass sie sich eher auf internationalen Märkten behaupten können und weitaus weniger insolvenzgefährdet sind. Small Caps sind gleichsam flink, wendig und flexibel. Sie verkörpern das dynamische, ideenreiche mittelständische Unternehmen, das sich durch hohe Zuwachsraten bei den Gewinnen und Umsätzen auszeichnet. Allerdings haben Small Caps auch Nachteile: In einer Wirtschaftskrise können solche Unternehmen schnell in eine Schieflage geraten.

Eine Studie von *Ibbotson Associates*, die bereits 1991 veröffentlicht wurde, zeigt deutlich auf, wie sehr Small Caps die Standardwerte in der Wertentwicklung überholen können. Hätte man im Jahre 1926 1.000 US-Dollar in den S&P500-Index angelegt, so wären im Jahr 1990 daraus 244.130 US-Dollar geworden. Hätte man indes die 1.000 US-Dollar in kleine Aktiengesellschaften angelegt, so hätte sich die Summe zu einem Vermögen von 339.595 US-Dollar entwickelt. In Deutschland lag die jährliche Rendite von Small Caps im Zeitraum von 1969 bis 1991 bei mehr als 13 Prozent. Die Standardwerte brachten es im selben Zeitraum nur auf eine jährliche Performance von 7,2 Prozent.

Wenn Ihnen Ihr Kundenberater in einem Erstgespräch gleich zu Aktien wie Siemens, BWM, BASF und Co. rät, dann wissen Sie, dass diese Strategie langfristig wenig erfolgversprechend sein kann. Zwar werden diese Aktien immer als sicher und solide angepriesen, aber die Wertsteigerung ist meist geringer als bei Aktien mit mittlerer oder geringer Marktkapitalisierung.

2.13 Anlagestrategien in der Praxis

Als Leser möchten Sie nun sicher wissen, wie man konkret solche Anlagestrategien umsetzen kann. Als erstes sollten Sie beachten, dass es keinen Sinn macht, solche Aktien selbst zusammenzustellen. Das wäre viel zu umständlich und zeitaufwändig. Viel bequemer und einfacher ist es, ein Zertifikat zu kaufen. Ein Zertifikat ist eigentlich eine Schuldverschreibung oder Anleihe einer Bank, die an die Wertentwicklung eines bestimmten Aktienkorbs gekoppelt. Die Experten der Bank führen für Sie gleichsam die Anlagestrategie durch, und die Wertentwicklung spiegelt sich im Kurs des Zertifikats wider. Das hat für Sie den enormen Vorteil, dass Sie nicht selbst die Aktien analysieren und zusammenstellen müssen. Außerdem entfällt die jährliche Umschichtung, die mit hohen Transaktionskosten verbunden ist. Sie müssen die Zertifikate nur einmal kaufen und können sie dann jahrelang im Depot halten. Natürlich hat dieser Service auch einen Preis. Bei solchen Strategiezertifikaten gibt es neben einem Spread, das ist die Differenz zwischen dem Kauf- und Verkaufspreis des Papiers, gelegentlich eine jährliche Managementgebühr. Trotz dieser Kosten ist ein Zertifikat in den meisten Fällen aber günstiger, als wenn Sie selbst eine Strategie umsetzen und das Depot jährlich umschichten müssen – ganz zu schweigen von dem hohen zeitlichen Aufwand. Der einzige Kritikpunkt ist, dass Zertifikate als Schuldverschreibungen natürlich ein gewisses Risiko bergen, falls die Bank, die das Wertpapier herausgegeben hat (der Emittent), insolvent wird. In einem solchen Fall wären Ihre Zertifikate völlig wertlos. Bei Investmentfonds ist dies bei einer Insolvenz der Bank nicht der Fall, da Fondsanteile als Sondervermögen besonders geschützt sind. Kritiker sind daher der Auffassung, dass sich Zertifikate für die Altersvorsorge nicht eignen und dass Fonds besser sind.

Dieses Argument mag eine gewisse Berechtigung haben, ist aber auch nicht besonders plausibel. Investmentfonds erreichen größtenteils noch nicht einmal die Wertentwicklung des Index; sie sind daher eine kostspielige und vergleichsweise wenig rentable Anlageform. Nur bei Spitzenfonds können Sie erwarten, dass sie einen Renditevorsprung (Outperformance) gegenüber dem Index erreichen.

Das Risiko bei Zertifikaten können Sie mindern, indem Sie nur Zertifikate kaufen, die von Banken mit einer hohen Bonität herausgegeben wurden. Es ist höchst unwahrscheinlich, dass eine Großbank Insolvenz anmelden muss. Nehmen Sie im Zweifelsfall nur ein Zertifikat einer Bank, die durchweg ein AAA-Rating aufweisen kann – das ist die höchste Bonitätsstufe, die es gibt. Sie können sich zusätzlich absichern, indem Sie Ihr Depot auf viele Werte streuen. Denken Sie daran, dass Diversifikation (Streuung) eines der wichtigsten Prinzipien der Geldanlage ist.

Es gibt nicht zu allen Anlagestrategien, die wissenschaftlich erforscht wurden, ein Zertifikat. Aber die wichtigsten werden durch Strategiezertifikate abgebildet.

2.13.1.1 Die Dividendenstrategie in der Praxis

Die Dividendenstrategie ist eine der ältesten Strategien; als Anleger lohnt es sich nicht, sie selbst umzusetzen, da es eine ganze Reihe von Zertifikaten und sogar Investmentfonds gibt, die diese Anlagestrategie anwenden. Sie haben dabei auch die Wahl, ob Sie die Dividendenstrategie nur auf die USA, Deutschland oder die gesamte Welt anwenden wollen.

Zusätzlich besteht noch die Möglichkeit, ein spezielles Zertifikat auf den Index zu kaufen. Neben dem eigentlichen DAX wurde vor einiger Zeit ein neuer Index geschaffen, der speziell die dividendenstärksten Aktien des DAX umfasst. Dieser Index heißt DivDAX; auf ihn gibt es Zertifikate, die die Wertentwicklung nachvollziehen.

Name	Bank	Laufzeit	ISIN
DAX Top 10	Deutsche Bank	Open end	DE0004734850
Dividend Stars Germany	Société Générale	Open end	DE000SG0EDK6
Dividend Stars Europe	Société Générale	Open end	DE000SG0EDJ8
Dividend Stars USA	Société Générale	Open end	DE000SG0EDH2
Dividend Stars World	Société Générale	Open end	DE000SG0EDL4
Welt Dividend Plus	UBS	08.10.2009	CH0019514105
Dividend Stars Eastern Europe	Société Générale	Open end	DE000SG9F1Y7
DivDAX Performance	Commerzbank	Open end	DE000CB52598

Abb. 21: Beispiele für Zertifikate auf die Dividendenstrategie

2.13.2 Die saisonale Strategie

Es wird Sie verblüffen, aber die saisonale Strategie ist mit Abstand eine der erfolgreichsten überhaupt. Sie beruht auf dem alten Börsensprichwort „Sell in May and go away". Seit 1988 hätten Sie als Anleger in DAX-Werten damit ohne Probleme eine Durchschnittsrendite von 20,3 Prozent pro Jahr erreicht. Allerdings sollten Sie stets beachten, dass Sie eine solche Strategie mindestens fünf oder besser noch zehn Jahre durchhalten müssen. Denn es gibt immer wieder schlechte und gute Börsenjahre. Eine solche

Anlagestrategie ist nur dann ratsam, wenn Sie genügend Ausdauer haben; denn wenn Sie zu einem ungünstigen Zeitpunkt einsteigen, können deutliche Verluste entstehen. Keine Tugend zahlt sich an der Börse so sehr aus wie die Geduld.

Die hohe Rendite ergibt sich daraus, dass man die schlechten Börsenmonate August und September grundsätzlich meidet. Untersuchungen zeigten, dass im September der Verlust im Durchschnitt bei 4,4 Prozent liegt. Natürlich müssen Sie nun nicht selbst die Aktien im Mai verkaufen und auf den Aufschwung im Januar warten. Vielmehr hat die niederländische *ABN Amro Bank* ein Zertifikat herausgebracht, das genau diese Anlagestrategie simuliert und den Indexstand des Julis einfriert; dadurch überspringen Sie die schlechten Börsenmonate.

Name	**Bank**	**Laufzeit**	**ISIN**
DAXPLUS Seasonal Strategy	*ABN Amro*	Open end	NL0000196301
DAX Best Seasons	*ABN Amro*	Open end	DE0005592828

Abb. 22: Beispiele für ein Zertifikat zur saisonalen Strategie

In den Jahren von 1989 bis Ende 2004 erwirtschaftete ein DAX-Investment eine jährliche Rendite von 7,5 Prozent. Die saisonale Strategie erbrachte im selben Zeitraum eine Wertsteigerung von jährlich 17,7 Prozent. Das Risiko ist sogar geringer als bei einem passiven DAX-Investment.

2.13.3 Die Squeeze-out-Strategie

Bei der Squeeze-out-Strategie geht es darum, auf Abfindungen bei Übernahmen zu spekulieren. Das Risiko ist wesentlich größer, denn der Mehrheitsaktionär kann die restlichen Aktionäre auch zu ungünstigen Konditionen abfertigen. In manchen Fällen kann die Strategie, die sich nicht für die Altersvorsorge eignet, aber lukrativ sein. 2004 machte der SAP Konzern den Aktionären der SAP-SI-Aktien ein Abfindungsangebot von 20,40 Euro. Etliche Anteilseigner schlugen aber das Angebot aus und warteten auf eine höhere Offerte. Das Pokerspiel ging gut aus, denn später fand

SAP die restlichen Aktionäre mit 38,83 Euro für jede *SAP-SI*-Aktie ab. Dies bedeutet eine satte Wertsteigerung von 90,3 Prozent innerhalb weniger Wochen.

Als potenzielle Übernahmekandidaten gelten beispielsweise *Allianz Leben*, *Audi*, der *AXA* Konzern, *DBV-Winterthur* und die Versicherungsgruppe *Ergo*. Bei *Audi* ist *Volkswagen* der Hauptaktionär und bei *Ergo* die *Münchener Rück*.

Diese Strategie gilt als sehr viel risikoreicher und ist allenfalls als Depotbeimischung geeignet. Um das Risiko zu reduzieren, sollten Sie auf keinen Fall einzelne Aktien kaufen, sondern ebenfalls auf ein Zertifikat setzen, sofern Sie überhaupt die Squeeze-out-Strategie einsetzen wollen. Sie eignet sich nur für spekulativ eingestellte Anleger.

Name	**Bank**	**Laufzeit**	**ISIN**
Squeeze-Out-Strategie	*Sal. Oppenheim*	31.03.09	DE000SAL2QZ2

Abb. 23: Beispiel für ein Zertifikat zur Squeeze-out-Strategie

2.13.4 Die Growth-Strategie

Bei der Growth-Strategie setzen Sie ausschließlich auf Wachstumswerte. Während in früheren Jahrzehnten die Substanzwerte die höchste Performance aufwiesen, konnten Ende der 1990er Jahre die Wachstumswerte eine bessere Wertsteigerung erzielen.

Die Vorgehensweise ist folgendermaßen: Sie wählen von den 30 DAX-Werten jene fünf Aktien aus, die das größte Umsatzwachstum haben. Diese Aktien entwickeln sich besonders dynamisch und erfolgreich.

Von 1989 bis 2004 erzielte man mit dieser Strategie eine Rendite von 14 Prozent pro Jahr, während der DAX im selben Zeitraum nur um 7,5 Prozent jährlich zulegte. Das Risiko der Growth-Strategie ist jedoch etwas höher als bei einem Indexinvestment.

2.13.5 Die Insider-Strategie

Die Insider-Strategie beruht darauf, dass Aktienkäufe und -verkäufe des Vorstands oder Aufsichtsrats ab einer gewissen Größenordnung meldepflichtig sind. Anhand der veröffentlichten Informationen lässt sich eine Anlagestrategie entwickeln; denn wenn der Vorstand oder Aufsichtsrat Aktien des eigenen Unternehmen kauft, deutet dies häufig auf eine positive wirtschaftliche Entwicklung hin. Die Insider-Strategie lässt sich durch ein Zertifikat nicht abbilden, da ein starr vorgegebener Aktienkorb nicht der Vielzahl der Unternehmen gerecht werden kann. In diesem Fall gibt es einen Investmentfonds, der sich dieser Strategie bedient und sich auf die USA spezialisiert hat.

Name	Investmentgesell.	ISIN
VCH Insight USA	*VCH*	LU0132800532

Abb. 24: Beispiel für einen Investmentfonds auf die Insider-Strategie

2.13.6 Die Small-Cap-Strategie

Bei der Small-Cap-Strategie setzen Sie auf Aktien mit einer geringen Börsenkapitalisierung. Diese haben den Vorteil, dass sie flexibler und dynamischer auf die wirtschaftlichen Rahmenbedingungen reagieren. In der Vergangenheit konnten Small Caps stets die großen Standardwerte in der Performance übertreffen. Bei der Small-Cap-Strategie haben Sie die Wahl zwischen einigen Zertifikaten und vielen Investmentfonds, die sich darauf spezialisiert haben. Zertifikate haben den Vorteil, dass sie kostengünstiger sind und die Wertentwicklung besser nachvollziehen. Da es aber viele Small Caps gibt und die Unternehmenssituation fortlaufend beurteilt werden sollte, sind deshalb die aktiv gemanagten Investmentfonds trotz höherer Kosten oft besser. Besonders kleine Aktiengesellschaften sind nämlich in keinem Index enthalten, so dass sie einzeln auswählt werden müssen. Ansonsten können Sie auch ein Indexzertifikat erwerben, dass sich auf einen Aktienindex bezieht, der kleine oder mittelgroße Aktiengesellschaften zusammenfasst wie der SDAX und der MDAX.

Name	Bank	Laufzeit	ISIN
MDAX	*Landesbank Berlin*	Open end	DE000BGBDWR6
SDAX	*HSBC Trinkaus*	Open end	DE000TB1CQD9

Abb. 25: Beispiele für Indexzertifikate auf SDAX und MDAX

Bei den Investmentfonds gibt es eine reichhaltige Auswahl, und der Anleger kann sich sogar einzelne Regionen, Länder oder Spezialgebiete aussuchen.

Region, Land	**Name des Investmentfonds**	**Währung**	**ISIN**
Welt	Invesco Global Small Cap Equity	USD	IE0003594896
	Templeton Global Smaller Comp.	USD	LU0029874061
Europa	Henderson Pan Europ. Sm. Comp.	Euro	LU0046217351
	Oyster European Small Cap	Euro	LU0178554332
	Vontobel European Mid& Small Cap	Euro	LU0120694483
Deutschland	Lupus alpha Sm. Germ. Champ.	Euro	LU0129233093
	cominvest Adiselekt	Euro	DE0009769562
	UBS (D) EF-Small Caps Germany	Euro	DE0009751651

Abb. 26: Beispiele für Investmentfonds zur Small-Cap-Strategie

3. Serviceteil

Deutsche Börsen
Berlin (www.berlinerboerse.de)
Bremen (www.boerse-bremen.de)
Düsseldorf (www.boerse-duesseldorf.de)
Frankfurt (www.deutsche-boerse.de)
Hamburg, Hannover (www.boersenag.de)
München (www.boerse-stuttgart.de)

Organisationen
Deutsches Aktieninstitut DAI (www.dai.de)
Bundesverband Investment und Asset Management e.V. BVI (www.bvi.de)
Deutsche Vereinigung für Finanzanalyse und Asset Management e.V. (DVFA) (www.dvfa.de)

Aktionärsvereinigungen
Dachverband der kritischen Aktionärinnen und Aktionäre e.V. (www.kritischeaktionaere.de)
Deutsche Schutzvereinigung für Wertpapierbesitz e.V. (DSW) (www.dsw-info.de)
Schutzgemeinschaft der Kapitalanleger e.V. (SdK) (www.sdk.org)

Direktbanken
Comdirekt (www.comdirekt.de)
Cortal Consors (www.cortalconsors.de)
DAB Bank (www.dab-bank.de)
*E*Trade* (www.etrade.de)
Flatex (www.flatex.de)
Fimatex (www.fimatex.de)
ING DiBa (www.ing-diba.de)
Interactive Bro*k*ers (www.interactivebrokers.de)
maxblue (www.maxblue.de)
netbank (www.netbank.de)

Postbank (www.easytrade.de)
Sbroker (www.sbroker.de)
1822 direkt (www.1822direkt.com)

Tageszeitungen mit Börsenberichterstattung
Börsenzeitung (www.boersen-zeitung.de)
Die Welt (www.welt.de)
Financial Times Deutschland (www.ftd.de)
Frankfurter Allgemeine Zeitung (www.faz.de)
Handelsblatt (www.handelsblatt.com)
Süddeutsche Zeitung (www.sueddeutsche-zeitung.de)

Finanzportale
Aktiencheck (www.aktiencheck.de)
Ariva (www.ariva.de)
Finanztreff (www.finanztreff.de)
Onvista (www.onvista.de)
Wallstreet Online (www.wallstreet-online.de)

Börseninformationsdienste
Bloomberg (www.bloomberg.de)
Reuters (www.reuters.com)
Vereinigte Wirtschaftsdienste VWD (www.vwd.de)

Investmentfonds
Fondscheck (www.fondscheck.de)
Fondsweb (www.fondsweb.de)
Onvista (www.onvista.de)

Zertifikate
Finanztreff (www.finanztreff.de)
Onvista (www.onvista.de)
Zertifikate-Journal (www.zertifikatejournal.de)
Zertifikate Check (www.zertifikate-check.de)

Literatur

Aigner, Tobias; Bilger, Markus: Die besten Börsenstrategien. Welche Wege tatsächlich zum Erfolg führen. München: Finanzbuch-Verlag 2006.

Arnim, Matthias von: Erfolgreich mit Aktien. Alles, was Sie über die gängigste Anlageform wissen müssen. München: FinanzBuch-Verlag 2002.

Carlson, Charles B.: Winning with the Dow's Losers. Harper Business 2005.

Horn, Stefan: Aktien-Einsteiger-Buch. 2., akt. u. erw. Aufl. Rosenheim: TM-Börsenverlag 2006.

Jungblut, Michael; Krafczyk, Claudia; Rauschenberger, Rudolf: ZDF – WISO Aktien, Anleihen und Fonds. Akt. Neuaufl. Frankfurt am Main, New York: Campus Verlag 2006.

Lee, Kenneth: Trouncing the Dow. A Value-Based Method for Making Huge Profits. McGraw-Hill 1998.

Luther, Thomas: Aktien & Co. Mit Strategie zum Börsenerfolg. Berlin: Stiftung Warentest 2004.

Mandelbrot, Benoit M.; Hudson, Richard L.: Fraktale und Finanzen. Märkte zwischen Risiko, Rendite und Ruin. München: Piper-Verlag, 2005.

McQueen, Grant; Shields, Kay; Torley, Steven: Does the Dow-10 Investment Strategy Beat the Dow Statistically and Economically? Financial Analyst's Journal Vol. 53, No. 4, July/August 1997.

McQueen, Grant; Torley, Steven: Mining Fool's Gold. Financial Analyst's Journal. Vol. 55, No. 2, March/April 1999.

O'Higgins, Michael B.; Downes, John: Beating the Dow. Harper Business 2000.

O'Shaughnessy, James P.: What Works on Wall Street. A Guide to the Best-Performing Investment Strategies of All Time. McGraw-Hill 1997.

Schuhmacher, Manfred; Kagelmann, Dorothea: Die Kursmacher. Analysten – Astrologen oder neue Finanzelite? Stuttgart, München: DVA 2001.

Seppelfricke, Peter: Handbuch Aktien- und Unternehmensbewertung. Bewertungsverfahren, Unternehmensanalyse, Erfolgsprognose. 2. überarb. Aufl. Stuttgart: Schäffer-Poeschel 2005.

Wallmeier, M.: Prognose von Aktienrenditen und -risiken mit Hilfe von Mehrfaktorenmodellen. Bad Soden 1997.

Stichwortverzeichnis

Buchanzeigen

FINANZEN UND VERMÖGEN · Geld gezielt einsetzen

Verbraucherschutz

Niebling
Geschäftsbedingungen von A–Z

Neues Schuldrecht – Neue AGB.

5. Aufl. 2002. 474 S. §
€ 13,50. dtv 5066

Sangenstedt/Metzler
Meine Rechte als Verbraucher

Warenkauf, Haustürgeschäfte, Verbraucherkredite, Kleingedrucktes. Wer seine Rechte wahrnehmen will, findet hier die ideale Informationsquelle.

3. Aufl. 2005. 267 S. §
€ 12,50. dtv 5220

Wagener
Produkthaftung Deutschland · USA von A–Z

Rund 380 Stichwörter für den internationalen Geschäftsverkehr und den Verbraucherschutz.
Die wichtigsten Rechtstermini der deutschen und englischen Fachsprache zum Produkthaftungspflichtrecht.

1. Aufl. 2005. 169 S. §
€ 10,–. dtv 50632

Messner/Hofmeister
Endlich schuldenfrei

Ratgeber für Selbständige und Verbraucher.
Alles zu Schuldenabbau und Insolvenzverfahren.

3. Aufl. 2007. Rd. 380 S. §
Ca. € 12,–. dtv 5667
In Vorbereitung für Sommer 2007

Zimmermann
Das Recht des Schuldners von A–Z

Verbraucher- und Schuldnerschutz.
Von Abtretung bis Zwangsvollstreckung bestens informiert.

3. Aufl. 2007. Rd. 320 S. §
Ca. € 12,–. dtv 5657
In Vorbereitung für Herbst 2007

Geldanlage und Banken

BankR · Bankrecht

KreditwesenG, GeldwäscheG, BörsenG, Börsenzulassungs-VO, PfandbriefG, WertpapierhandelsG, WertpapierprospektG, AGB-Banken/Sparkassen, InvestmentG, Bedingungen für Wertpapier- und Termingeschäfte sowie für den Überweisungsverkehr.

Textausgabe.
34. Aufl. 2007. 985 S.
€ 11,50. dtv 5021

Gerke/Kölbl
Alles über Bankgeschäfte

Mehr Kompetenz im Umgang mit Kreditinstituten. Ein schneller und sachkundiger Einblick in die Grundlagen des Bankgeschäfts.

3. Aufl. 2004. 399 S. €
€ 12,50. dtv 5825

P147780-533

Wimmer

So rechnen Banken

Entscheidungshilfen für Geldanlage und Kreditaufnahme.

1. Aufl. 2000. 343 S. €
€ 12,53. dtv 50822

Brost/Rohwetter

Das große Unvermögen

Warum wir beim Reichwerden immer wieder scheitern.
Niemand gibt zu, vom Umgang mit Geld nichts zu verstehen, dabei scheitern wir regelmäßig: an der Börse, bei der Auswahl der richtigen Versicherung usw.
Das Werk macht das Unwissen über Geld zum Thema und vermittelt die nötige finanzielle Allgemeinbildung, die gerade in wirtschaftlich kritischen Zeiten wichtiger denn je ist.

1. Aufl. 2005. 197 S.
€ 9,50. dtv 50889

Schäfer

Financial Dictionary

Fachwörterbuch Finanzen, Banken, Börse.
Englisch – Deutsch / Deutsch – Englisch.
Das bewährte Nachschlagewerk für Studium, Ausbildung und Praxis – jetzt mit 30000 Stichwörtern in einem Band.

4. Aufl. 2004. 895 S. €
€ 22,–. dtv 50886

Bestmann

Börsen- und Finanzlexikon

Rund 4000 Begriffe für Studium und Praxis.

5. Aufl. 2007. 917 S. €
€ 19,50. dtv 5803

Eller/Riechert

Geld verdienen mit kalkuliertem Risiko

Alles über innovative Geldanlagen.
Optionen, Futures, Equivity-Linked-Bonds, Index-Zertifikate. Wie funktionieren diese Anlageprodukte und wann ist ihr Einsatz sinnvoll?

2. Aufl. 2000. 344 S. €
€ 10,99. dtv 5874

Siebers/Siebers

Anleihen

Geld verdienen mit festverzinslichen Wertpapieren. Das Buch gibt einen Überblick über die Vielfalt der festverzinslichen Wertpapiere, erklärt Zusammenhänge und zeigt, wie eine möglichst hohe und sichere Rendite erzielt werden kann.

2. Aufl. 2004. 229 S. €
€ 11,–. dtv 5824

Aehling

Investmentfonds

Klug und sinnvoll anlegen. Anleger, die selbständig in Fonds investieren wollen, finden hier neben einem Überblick auch konkrete Hilfestellung für eine sinnvolle und individuell passende Investmentanlage.

1. Aufl. 2004. 334 S. €
€ 13,–. dtv 50865

Uszczapowski
Optionen und Futures verstehen
Grundlagen und neue Entwicklungen.
Der Band bietet einen schnellen und leichten Zugang zu der komplexen Materie.

5. Aufl. 2005. 382 S. €
€ 12,50. dtv 5808

Beike/Potthoff
Optionsscheine
Grundlagen für den gezielten Einsatz an der Börse.

3. Aufl. 2000. 281 S. €
€ 9,97. dtv 50812

Pilz
Geldanlage in Rohstoffen
Energieträger, Edelmetalle, Industrie- und Agrarrohstoffe.

1. Aufl. 2007. 288 S. €
€ 12,50. dtv 50912
Neu im Juli 2007

Pilz
Zertifikate
Indexzertifikate, Discount- und Strategiezertifikate, Zins-, Rohstoff- und Hebelzertifikate.
Das gesamte Spektrum der Zertifikate mit Daten aus der Finanzmarktforschung, Anlagestrategien und Praxiswissen für die Altersvorsorge mit Zertifikaten.

1. Aufl. 2006. 367 S. €
€ 10,–. dtv 50903

Pilz
Aktien
Grundlagen, Bewertung, Strategien.
Diese gut verständliche Einführung in die Grundlagen der Aktienanlage zeigt, wie Aktien für die Altersvorsorge eingesetzt werden, welche Anlagestrategien und Analysemethoden es gibt, welche Branchen und Märkte die besten Chancen versprechen.

1. Aufl. 2007. 217 S. €
€ 9,50. dtv 50853
Neu im August 2007

Aschoff
Aktienanalyse für jedermann
Praktische Tipps für Ihre Anlageentscheidungen.
Mit konkreten Beispielen aus der Praxis.

1. Aufl. 2005. 296 S. €
€ 12,50. dtv 50880

Kiehling
Kursstürze am Aktienmarkt
Crashs in der Vergangenheit und was wir daraus lernen können.

2. Aufl. 2000. 304 S. €
€ 12,53. dtv 5826

Bergdolt
Meine Rechte als Aktionär
Praktisches Know-how für Neu- und Kleinaktionäre.
Das Buch erläutert leicht verständlich alle Vorgänge vom Aktienkauf bis zum -verkauf.

1. Aufl. 2002. 252 S. §
€ 9,50. dtv 5619

P147780-535.6

Vereine und Stiftungen

Wörle-Himmel

Vereine gründen und erfolgreich führen

Satzung · Versammlungen · Haftung · Gemeinnützigkeit. In diesem Ratgeber erfahren Sie alles, was Sie wissen müssen, wenn Sie einen Verein gründen oder leiten, wenn Sie einem Verein beitreten oder sich darin betätigen wollen. Mit zahlreichen Mustern für die Vereinsarbeit.

11. Aufl. 2007. 296 S. §
€ 9,50. dtv 5231

Menges

Gemeinnützige Einrichtungen

Nonprofit-Organisationen gründen, führen und optimieren.
Eine umfassende Darstellung der rechtlichen, steuerlichen und betriebswirtschaftlichen Grundlagen.

1. Aufl. 2004. 326 S. §
€ 12,50. dtv 5296

Sauer/Luger

Vereine und Steuern

Umfang der Steuerpflicht · Steuerabzugspflichten · Rechnungslegung · ABC der Satzungszwecke und ihre steuerliche Behandlung · Besteuerungsverfahren · Spendenabzug · Sponsoring · Aufwendungen der Mitglieder · Ehrenamtliche Tätigkeit · Besondere Anforderungen an gemeinnützige Vereine · Praxis-ABC · Gesetzesanhang.
Mit Mini-CD-ROM »VEREIN«.

5. Aufl. 2004. 307 S. §
€ 10,–. dtv 5264

Hof/Hartmann/Richter

Stiftungen

Errichtung – Gestaltung – Geschäftstätigkeit.
Das Buch erschließt jedem Interessierten die Möglichkeiten und Vorteile einer attraktiven Rechtsform.

1. Aufl. 2004. 508 S. §
€ 15,–. dtv 5621 →

Fabisch

Fundraising

Spenden, Sponsoring und mehr ...
Vom Spendenbrief bis zum Sponsoringkonzept, von Stiftungsgeldern bis zur Bindung von Spendern, Mitgliedern und Ehrenamtlichen.
Mit vielen Fallbeispielen, Checklisten und Arbeitsbögen.

2. Aufl. 2006. 410 S. €
€ 14,50. dtv 50859